地方公共财政可持续性
与国际治理经验研究

乔 栋◎著

中国财经出版传媒集团
中国财政经济出版社
·北 京·

图书在版编目（CIP）数据
地方公共财政可持续性与国际治理经验研究 / 乔栋著. -- 北京 : 中国财政经济出版社, 2025. 3. -- ISBN 978-7-5223-3772-2
Ⅰ. F812.7
中国国家版本馆CIP数据核字第2025K0F934号

责任编辑：贾延平　　责任校对：胡永立
封面设计：陈宇琰　　责任印制：党　辉

地方公共财政可持续性与国际治理经验研究
DIFANG GONGGONG CAIZHENG KECHIXUXING YU GUOJI ZHILI JINGYAN YANJIU

中国财政经济出版社 出版
URL：http：//www. cfeph. cn
E－mail：cfeph@ cfeph. cn

社址：北京市海淀区阜成路甲 28 号　邮政编码：100142
营销中心电话：010－88191522　编辑部电话：010－88190957
天猫网店：中国财政经济出版社旗舰店
网址：https：//zgczjjcbs. tmall. com
涿州汇美亿浓印刷有限公司印刷　各地新华书店经销
成品尺寸：170mm×240mm　16 开　16.5 印张　224 000 字
2025 年 3 月第 1 版　2025 年 3 月河北第 1 次印刷
定价：92.00 元
ISBN 978－7－5223－3772－2
（图书出现印装问题，本社负责调换，电话：010－88190548）
本社质量投诉电话：010－88190744
打击盗版举报热线：010－88191661　QQ：2242791300

前　言

财政是国家治理的基础和重要支柱，可持续的公共财政是经济社会发展的重要保障。地方政府财政可持续性是国家财政可持续性的重要组成部分。财政可持续的核心是债务可持续。近年来，中国地方政府债务增长迅速，其可持续性问题已经引发广泛关注。党的二十大报告提出要守住不发生系统性风险底线，党的二十届三中全会提出要完善政府债务管理制度，强化人大政府债务管理监督。防范化解地方政府债务风险是直接关系到宏观经济稳定以及发展和安全的重大问题。

20 世纪 90 年代以来，地方政府开始利用城市融资平台举债，以推动城市建设和地方经济发展。2014 年修正的《中华人民共和国预算法》正式赋予地方举债权并纳入预算管理，标志着地方政府举债步入法治化轨道，发行地方政府债券成为唯一合法的举债方式，此类债务被称为显性债务。但是，实践中地方政府继续通过融资平台等渠道违规举债，这些未纳入预算管理的债务被称为隐性债务。从 2017 年起，隐性债务问题引起中央重视，隐性债务进入强监管时代，随后采取的一系列措施包括遏制增量、开好前门、化解存量、强化问责、平台转型等。在中央统一安排下，2018 年地方政府制定了 5 ~ 10 年的隐性债务化解方案，采取多种手段化解债务并取得了一定成效，2022 年以来，广东、北京、上海等地已经完成隐性债务清零。

然而，在疫情冲击和外部环境变化背景下，由于房地产市场低迷、隐性债务底数不清、平台转型缓慢等原因，地方财政不断承压，债务风险化解和经济发展之间的矛盾开始显现。2023 年 7 月 24 日，中共中央政治局会议提出要“制定实施一揽子化债方案”，基于新一轮隐性债务摸底。2024年以来，“一揽子化债方案”逐渐落地实施，目的是有效缓解地方化债压力，使地方政府“轻装上阵”，从而更好地平衡稳增长和防风险。“一揽子化债方案”主要包括：重启并扩大特殊再融资债券发行以置换隐性债务；增加6万亿元债务限额支持隐性债务置换；2024—2028年每年从新增专项债券中安排8000亿元，置换隐性债务4万亿元；2029年及以后年度到期的棚户区改造隐性债务2万亿元，仍按原合同偿还，不必提前偿还。同时，金融部门积极配合防范化解地方债务风险，指导金融机构按照市场化方式开展债务重组、置换。此外，各地加快压降融资平台数量和债务规模，分类推动融资平台改革转型。近年来，地方债务风险防范化解工作取得了阶段性成效，守住了不发生系统性风险的底线。然而，必须认识到地方政府债务风险化解工作既是攻坚战，更是持久战，未来应当继续完善防范化解隐性债务风险长效机制，探索建立同高质量发展相适应的新型政府债务管理机制。

控制地方政府债务规模和增长速度、化解债务偿付风险、增强投资项目决策科学性、提高债务资金使用效益、进一步完善债务管理制度，事关风险防范化解和发展、安全大局，因此，地方财政和债务可持续性研究具有重要的理论意义和现实意义。笔者希望以此课题研究，为健全我国地方财政可持续体制机制、提高地方债务管理水平，作出一点边际贡献。

乔　栋

2025年1月

目　录

第一章　地方政府债务概述 …………………………………………（1）
第一节　为什么要研究地方政府债务的可持续性 …………（1）
第二节　地方政府债务的相关概念 ………………………（5）
第三节　地方政府债务的研究内容与体系 ………………（8）
第四节　对地方政府债务的探寻、溯源和创新 …………（12）

第二章　地方政府债务可持续性的理论分析 …………………（33）
第一节　政府债务可持续性的内涵 ………………………（33）
第二节　政府债务可持续性的主要理论 …………………（39）
第三节　地方政府债务可持续性的影响因素 ……………（53）
第四节　债务可持续性的测度和评价 ……………………（60）

第三章　地方政府债务可持续性的制度背景 …………………（66）
第一节　地方政府债务制度演进 …………………………（66）
第二节　地方政府债务膨胀的机理分析 …………………（77）
第三节　中国地方政府债务问题的复杂性 ………………（80）

第四章　地方政府债务可持续性状况分析 ……………………（84）
第一节　地方政府债务规模 ………………………………（84）
第二节　地方政府债务结构 ………………………………（89）
第三节　地方政府债务负担 ………………………………（91）
第四节　部分地区债务可持续性面临的问题及案例 ……（97）

第五章　地方政府隐性债务状况分析 ……………………………（106）
第一节　2015 年以来隐性债务持续增长的原因 ……………（106）
第二节　隐性债务载体与形式 ………………………………（111）
第三节　隐性债务成本与期限 ………………………………（116）

第六章　地方政府债务可持续性测度：静态视角 ……………（119）
第一节　债务可持续性测度：指数法 ………………………（119）
第二节　债务可持续性测度：财政空间法 …………………（134）

第七章　地方政府债务可持续性测度：动态视角 ……………（141）
第一节　理论分析和研究假设 ………………………………（141）
第二节　基准情景 ……………………………………………（147）
第三节　压力测试 ……………………………………………（149）
第四节　地区异质性分析 ……………………………………（153）

第八章　债务可持续性评价的国际经验借鉴 …………………（160）
第一节　低收入国家债务可持续分析框架 …………………（160）
第二节　市场准入国家主权风险与债务可持续分析框架
……………………………………………………………（168）
第三节　欧盟债务可持续性监测 ……………………………（173）
第四节　国际经验借鉴的启示 ………………………………（182）

第九章　地方债务可持续性的国际治理经验借鉴 ……………（185）
第一节　地方政府债务治理缘何日益重要 …………………（185）
第二节　地方政府债务治理的国际经验 ……………………（188）
第三节　美国市政债的法律规制 ……………………………（198）
第四节　国际治理经验借鉴的启示 …………………………（202）

第十章　地方政府债务可持续性面临的挑战 …………………… (204)
第一节　地方政府债务可持续性面临的挑战 ……………… (204)
第二节　地方政府债务可持续性的基本判断 ……………… (207)
第三节　地方政府债务可持续性面临挑战的原因分析 …… (210)

第十一章　增强地方政府债务可持续性的路径选择 ………… (215)
第一节　融资平台公司及地方国有企事业单位改革 ……… (215)
第二节　开展地方公共部门债务治理 ……………………… (219)
第三节　加强举债需求管理 ………………………………… (223)
第四节　强化地方政府债务管理 …………………………… (226)
第五节　建立地方政府债务可持续性评价框架 ………… (230)

参考文献 ……………………………………………………… (232)

第一章

地方政府债务概述

第一节　为什么要研究地方政府债务的可持续性

一、研究背景

政府债务是一个历史悠久、历久弥新的话题，到底应该如何认识债务、管理债务、防范风险呢？这历来是一个棘手问题。

现代经济中，政府债务无论是被用来平滑税收、宏观调控、还是为资本性项目筹资，均有合理性。然而，政府债务不可能只有益而无害，还可能给经济带来负面作用。例如，过高的债务负担水平可能损害经济增长、导致通货膨胀、引发经济风险、产生福利损失、造成代际负担等。目前，各国对政府债务的基本共识是：善加利用、举借有度、严格管理。历史上，因为债务危机导致严重经济危机，甚至演化为政治、社会危机的例子不胜枚举。过去十几年，希腊、意大利、阿根廷等国都是政府债务危机的受害者。为度过危机，遭受政府债务危机的国家必须勒紧裤腰带进行财政紧缩、削减福利，结果造成民众的强烈不满，使政治纷扰不断，国家经济濒临崩溃。

发展中国家地方政府的财政和债务危机凸显了可持续性的重要性，20 世纪 90 年代以来，阿根廷、巴西、印度、墨西哥、俄罗斯等国均出现过地方政府债务危机，有的甚至引发主权债务危机（Ianchovichina 和 Liu，2008）。

中国地方政府债务是否可持续，已经变成一个全社会关注的热点问题，原因有以下几个方面。

一是地方政府债务高速增长，规模越来越大，债务负担愈来愈重，债务是否可持续，俨然成为亟须解答的问题。经第十四届全国人民代表大会第一次会议审议批准，2023 年全国地方政府债务限额为 421674.3 亿元，截至 2023 年 12 月末，全国地方政府债务余额 407373 亿元。2010—2023 年，我国地方政府显性债务年均增长 14.9%，是同期国内生产总值（GDP）年均增速的 1.66 倍。地方政府债务规模持续膨胀。“十四五”时期，多数省份的债务可持续性堪忧，大约四分之一的省级财政 50% 以上的财政收入用于债务的还本付息（楼继伟，2021）。

二是地方政府债务透明度不够，隐性债务情况复杂，这对债务可持续性构成挑战。地方政府债务缺乏全口径官方数据，除了显性债务（2015 年以后主要是地方政府债券）外，隐性债务规模较大。地方政府债务的界限比较模糊，政府债务和融资平台公司[①]等地方国企债务混杂。近年来，学术界运用各种方法对隐性债务进行了估计，例如：王润北（2018）估计 2017 年底我国隐性债务余额约为 38.5 万亿元；闫衍等（2018）估计 2017 年底我国隐性债务余额约为 34.5 万亿元；国际货币基金组织（IMF）（2020）估计我国 2019 年底隐性债务规模为 42 万亿元。毛振华和闫衍（2018）估算我国隐性债务是显性债务的 1.6 ~2.2 倍。

三是个别地区债务可持续性问题已经开始暴露，融资平台公司债务违约频频发生。我国隐性债务化解工作已于 2018 年启动，个别地区已

① 地方政府融资平台公司，指由地方政府及其部门和机构等通过财政拨款或注入土地、股权等资产设立，承担政府投资项目融资功能，并拥有独立法人资格的经济实体。

经采取了债务重组、坏账剥离等手段，这说明债务可持续性已经存疑。例如，2019 年以来，山西、内蒙古、甘肃等省份与国家开发银行等银团签署债务重组协议，以延长债务偿还期限，降低利率，涉及总金额超过 1 万亿元。内蒙古、贵州等省份，镇江、遵义、湘潭、大连、毕节等地级市均被披露存在债务负担过重等问题。例如，国盛证券 2018 年 8 月的调研报告指出，镇江市 2017 年一般公共预算收入 284. 34 亿元，但其有息负债已经高达 3934. 18 亿元，居江苏省所有地级市债务率首位。一些债务负担较重的地区已经被中央要求暂停一些基建投资项目，如内蒙古自治区 2017 年叫停了包头地铁项目和呼和浩特地铁 3 号、4 号、5 号线项目。

四是经济新常态等不利因素导致地方债务可持续性面临更严峻的考验。2020 年以来，随着经济受到疫情冲击，保增长压力进一步加大，减税降费政策使地方财力增速降低，在实施积极的财政政策的要求下，基建投资又一次成为保增长的核心工具，专项债扩容速度大大加快，显性债务进入快速扩张通道，宏观环境的不利因素和债务压力的叠加，使债务可持续问题更加突出。

二、研究意义

（一）理论意义

首先，试图深化对债务可持续性内涵和本质的理解。通过文献与理论梳理，本书归纳出债务可持续性的核心内涵是具备清偿能力（Solvency）和流动性（Liquidity），并揭示了其预测性本质特征。债务可持续性秉持前瞻性视角，通过预测债务未来路径走势，揭示可能面临的问题，以得到对当前债务政策的启示。债务是否可持续，形式上取决于债务负担和流动性，实质上取决于合理的债务政策和负责任的举债行为。本书区分了影响债务可持续性的形式因素与实质因素，有助于提高债务可持续性认知的科学性。

其次，基于静态、前瞻两个视角，本书构建了两套对债务可持续性的测度体系。静态视角，基于债务可持续性内涵，本书运用层次分析法和熵值法相结合的方法构建了债务可持续性指数，由清偿能力、流动性、承债能力3个层次共9个指标组成，既包括了源于理论、反映债务可持续性要求的指标（如利率－增长率差值），又纳入了具有中国特色的指标（如地方政府资产），有利于提高测度的科学性和适用性，是构建中国地方政府债务可持续性指标体系的有益尝试。前瞻视角，基于预测性、概率性测度思想，本书对负债率、债务率未来路径进行了情景模拟和压力测试，丰富了预测性方法在中国地方政府债务可持续性研究中的应用。

（二）现实意义

首先，有助于识别地方政府债务可持续性的直接影响因素。本书从静态和动态视角对地方政府债务可持续性进行了测度和评价。在静态债务可持续性测度过程中，通过指标赋权识别影响力大的指标，从而确定债务可持续性的主要影响因子。在动态债务可持续性测度过程中，通过研究影响未来债务路径走势的主要因素，识别债务可持续性面临的主要问题。这些发现对于识别债务可持续性的直接影响因素，揭示存在的短板，具有重要的现实意义。

其次，有助于识别地方政府债务可持续性的地区异质性。本书在静态和动态债务可持续性测度中，均对地方政府整体、各省份、东中西部地区的债务可持续性进行了计算和评价，有助于了解哪些地区的债务可持续性可能面临较大的风险，进而对下一步有针对性地采取措施，改善债务可持续性，具有重要的现实意义。

最后，有助于借鉴债务治理的国际经验，提高债务治理制度和政策的有效性。本书分别对政府债务可持续性的评价框架、基于规则的地方政府债务可持续性治理的国际经验进行了归纳、分析和总结。这些国际经验对深入理解地方政府债务可持续性、构建我国地方政府债务可持续性评价框架、完善地方政府债务管理制度有重要的借鉴意义。

第二节　地方政府债务的相关概念

一、地方政府债务

（一）地方政府债务矩阵

世界银行经济学家 Hana Polackova 基于显性（Explicit）与隐性（Implicit）、直接（Direct）与或有（Contingent）双维度，将政府债务划分为四种类型，并建立了财政风险矩阵（Fiscal Risk Matrix），对政府债务风险研究产生了重要影响（Polackova，1998；Brixi 和 Schick，2002；Brixi 和马骏，2003）。参考 Polackova 财政风险矩阵，结合中国国情，本书给出了中国地方政府债务矩阵，如表 1 - 1 所示。本书将中国地方政府隐性债务分为两种：一种为隐性债务 1，指的是地方政府在限额外违规举借或担保形成的债务；另一种为隐性债务 2，指的是真正（学理）意义上的隐性债务。

本书所指的地方政府隐性债务指的是表 1 - 1 中的直接隐性债务 1。自 20 世纪 90 年代以来，我国地方政府债务的典型特征是预算外举债行为的普遍性，大量举债活动脱离财政预算监督监管框架。为全面、准确地把握地方政府债务可持续性问题，本书的债务可持续性研究对象仅为直接显性债务和直接隐性债务 1 在内的全口径地方政府直接债务。或有债务及隐性债务 2 均是广义地方政府债务的组成部分，均有可能对地方政府债务可持续性产生影响。限于篇幅、研究聚焦等原因，本书难以做到面面俱到，所以本书所选择的地方政府债务（Subnational Government Debt）是指地方政府及其部门、融资平台公司等借贷形成的须由财政资金偿还的款项，以及用于公共领域支出而形成的其他中长期财政支出责任。

表1-1　　　　中国地方政府债务矩阵

债务类型		直接债务	或有债务
显性债务		地方政府债券 非债券形式的地方政府债务 外国政府和国际金融组织贷款中央转贷地方 法定（公务员）工资、养老金	地方政府违规或变相担保
隐性债务	隐性债务1	地方政府、融资平台公司、地方国有企事业单位违规举借的须用财政资金偿还的债务或形成的财政支出责任	地方政府对融资平台公司、企事业单位的担保
	隐性债务2	由地方政府承担的社保资金缺口 公共投资项目未来的资本性和经常性支出	对地方金融机构支付危机的救助 地方国有企业亏损救助 自然灾害及其他突发事件救助支出

（二）显性债务与隐性债务

在讨论中国地方政府显性债务时，地方政府直接显性债务一般不包括或有显性债务。赵全厚（2018a）认为，地方政府显性债务一般指有法律依据的债务（即法定债务）。2015年之前，显性债务包括地方政府向国外借款、国债转贷、财政部代发地方政府债券（孙涛和张晓晶，2007），以及审计署认定的其他形式显性债务。2015年后，显性债务仅含地方政府直接举借的债务，其他主体举借的债务均不包括在内。据此，本书所述之地方政府显性债务，是指地方政府及其部门在债务限额内依法举借的、负有明确偿还责任的直接债务。地方政府显性债务包含一般债务和专项债务两类，一般债务列入一般公共预算，不规定具体用途，由地方政府统筹使用；专项债务列入政府性基金预算，规定具体用途，专门用于有一定收益的公共投资项目。

哈维·S. 罗森（1992）最早提出政府隐性债务的概念，认为政府债务不仅包括显性债务，还包括承诺的未来支付，即隐性债务。Polackova（1998）提出了财政风险矩阵，对政府隐性债务给出了更明晰的界定。政府隐性债务在学理上指的是政府基于道义责任、社会期望、政治压力，而非法律和合同规定的支出责任。比如：直接隐性债务包括公共工程未来的维护支出、社会保障资金支出缺口等；或有隐性债务包括对遭遇困难金融企业的纾困支出等。现阶段，中国地方政府隐性债务是相对显性债务而言的，不同于学理上的隐性债务，也不是一个法理概念，而是约定俗成的、管理口径上（或从事实出发）的概念，主要强调的是地方政府在法定限额之外违法违规举借或者担保形成的债务（赵全厚，2018b；李一花等，2022）。

参考国内学术文献和政府部门有关文件对隐性债务的定义，本书给出的隐性债务定义是：地方政府及其下属部门、融资平台公司、其他地方国有企事业单位在法定债务限额之外以银行贷款、公司（企业）债券、PPP、政府购买服务、政府投资基金、专项建设基金、信托、融资租赁、垫资施工、延期付款等形式，承诺以财政资金偿还或者违规提供担保等形成的，用于公益性项目支出而形成的财政偿债义务或中长期支出责任。

二、地方政府债务可持续性

关于政府债务可持续性，已有的文献主要从清偿能力、流动性、债务规模与负担、财政调整等角度进行了定义，核心是关注政府是否能够随时偿付到期债务（张春霖，2000；IMF，2002；IMF，2021）。总结学者们对政府债务可持续性概念的理解，本书认为可持续的政府债务（Sustainable Government Debt），是指未来路径上政府债务出现违约的可能性很小，政府具有清偿能力（Solvency），并且流动性（Liquidity）充足，随时能够满足债务清偿的需要，现行债务政策不需要进行重大调整（Major Correction）。政府债务可持续性（Government Debt Sustainability）是政府债务可持续的状态或能力。一国的政府债务可持续性包括国家整体上的债务可持续性、中央政府的债务可持续性、各级地方政府的债务可持续性。地方政府债务可持续性（Subnational Government Debt Sustainability）是将上述政府债务可持续性定义具体应用到各级地方政府的一种表述。

第三节 地方政府债务的研究内容与体系

一、研究内容

本书的主要研究内容包括概述、理论分析、制度背景、债务可持续性状况分析、隐性债务状况分析、债务可持续性测度、债务可持续性评价和治理的国际经验借鉴、债务可持续性面临的挑战、增强地方政府债务可持续性的路径选择等。全书共 11 章，各章具体研究内容如下：

第一章是地方政府债务概述。主要介绍问题的提出与研究意义，界定了主要概念，阐述了研究内容、体系和主要研究发现，并进行了文献综述和评述，介绍了研究方法和主要创新点。

第二章对地方政府债务可持续性进行了理论分析。首先，梳理政府债务可持续性的内涵，对概念进行了辨析。其次，归纳总结了政府债务可持续性的主要理论模型。一是跨期预算约束理论。跨期预算约束理论是债务可持续性研究的基础，基于政府跨期预算约束方程，推导出债务路径递推公式，提出有利于债务可持续性的若干条件，为后文构建债务可持续性指数提供理论依据。二是财政反应函数理论。财政反应函数运用计量回归方法刻画政府财政行为，可以用于基础财政盈余预测，以及检测财政疲劳现象。三是财政空间理论。以债务收敛、债务阈值等方法求解债务举借上限，与已有债务规模相比较，求得财政空间，并用于债务可持续性的判断。再次，对政府债务可持续性的影响因素，即直接因素和间接因素进行了梳理。最后，整理归纳政府债务可持续性的主要测度指标和评价方法。

第三章讲了地方政府债务可持续性的制度背景。首先，从债务制度演进和现状角度梳理了我国地方政府债务可持续性的制度基础；其次，对我国地方政府债务膨胀的机理进行了分析，阐述分析了我国地方政府债务问题的复杂性。

第四章对地方政府债务可持续性状况进行了分析。本章主要以数据和事实的形式呈现了地方政府债务可持续性的基本状况，为后文开展可持续性测度和分析提供了典型事实依据。首先，从显性债务、隐性债务和全口径债务三个口径分析了我国地方政府债务规模；其次，测算各省地方政府债务，呈现各省显性、隐性债务规模结构，并分析了东中西部债务结构，以刻画地方政府债务的地理特征；再次，运用负债率、债务率等债务负担指标分析了地方政府债务负担；最后，以举例形式分析了我国地方政府债务可持续性面临的问题。

第五章对地方政府隐性债务状况进行了分析。本章专门对影响中国地方政府债务的重要问题——隐性债务进行分析。首先，分析自 2015 年以来隐性债务持续增长的原因；其次，梳理了隐性债务的性质、载体与形式；最后，从成本和期限两个角度分析了隐性债务对债务可持续性的影响。

第六章以静态视角进行了地方政府债务可持续性测度。本章分别运用综合指标法和财政空间法测度了相对和绝对地方政府债务可持续性。首先，选取反映清偿能力、流动性和财政空间的 9 个指标，运用层次分析法和熵值法结合的综合赋权法确定指标权重，将省级数据代入指标体系，得到静态可持续性指数测算结果；其次，分别运用债务负担阈值法计算绝对财政空间，得出债务可持续性的判定结果；最后，分别运用财力分配法、限额法、利差法计算相对财政空间，并对其特征进行进一步揭示。

第七章以动态视角进行了地方政府债务可持续性测度。本章首先对债务路径递推公式中的核心参数进行了设定，运用全国地方政府债务数据对2023—2030年地方政府债务演化路径进行了情景模拟，通过负债率、债务率与债务负担阈值比较来判断债务可持续性及其变化情况；其次，本章设置设定了经济增长放缓等四种单项压力测试情景和两种综合压力测试情景，对2023—2030年全国地方政府债务演化路径进行了压力测试；最后，对30个省（直辖市、区）2023—2030年债务路径分别进行了情景模拟和压力测试；以分析各省和东中西部地区债务可持续性的动态异质性。

第八章讲述了债务可持续性评价的国际经验借鉴。本章对世界银行—国际货币基金组织低收入国家债务可持续分析、市场准入国家主权风险与债务可持续分析、欧盟债务可持续性监测这三个债务可持续性分析框架的发展沿革、分析对象、分析方法进行了归纳总结。依据以上国际经验和做法，提出了对我国开展政府债务可持续性分析的三点启示。

第九章是地方政府债务可持续性的国际治理经验借鉴。本章主要从法律层面讲述了如何对地方政府债务进行治理以提高其可持续性。首先，从国际上的财政分权和地方政府债务危机的角度分析了地方政府债务治理缘何日益重要；其次，以财政责任法律的渊源和兴起，分析了基于财政规则的法治化债务治理在发达国家和发展中国家的实践情况；再次，分析了美国市政债所面临的法律规制；最后，根据上述国际治理经验，总结归纳了对我国开展政府债务可持续性治理的几点启示。

第十章讲述了地方政府债务可持续性面临的挑战。首先，从债务扩张等角度阐述分析了我国地方政府债务可持续性面临的主要挑战；其次，总结全文，对我国地方政府债务可持续性给出了基本判断，并提出了债务可持续性面临的主要风险点；最后，对地方政府债务可持续性面临挑战的原因进行了分析。

第十一章讲述了增强地方政府债务可持续性的路径选择。依据前文对我国地方政府债务可持续性面临挑战的现状及原因分析，本章提出了增强地方政府债务可持续性的路径选择，具体包括融资平台公司及地方国有企事业单位改革、开展地方公共部门债务治理、加强举债需求管理、强化地方政府债务管理、建立地方政府债务可持续性评价框架等。

二、研究体系

本书的主要研究思路和体系如图 1－1 所示。

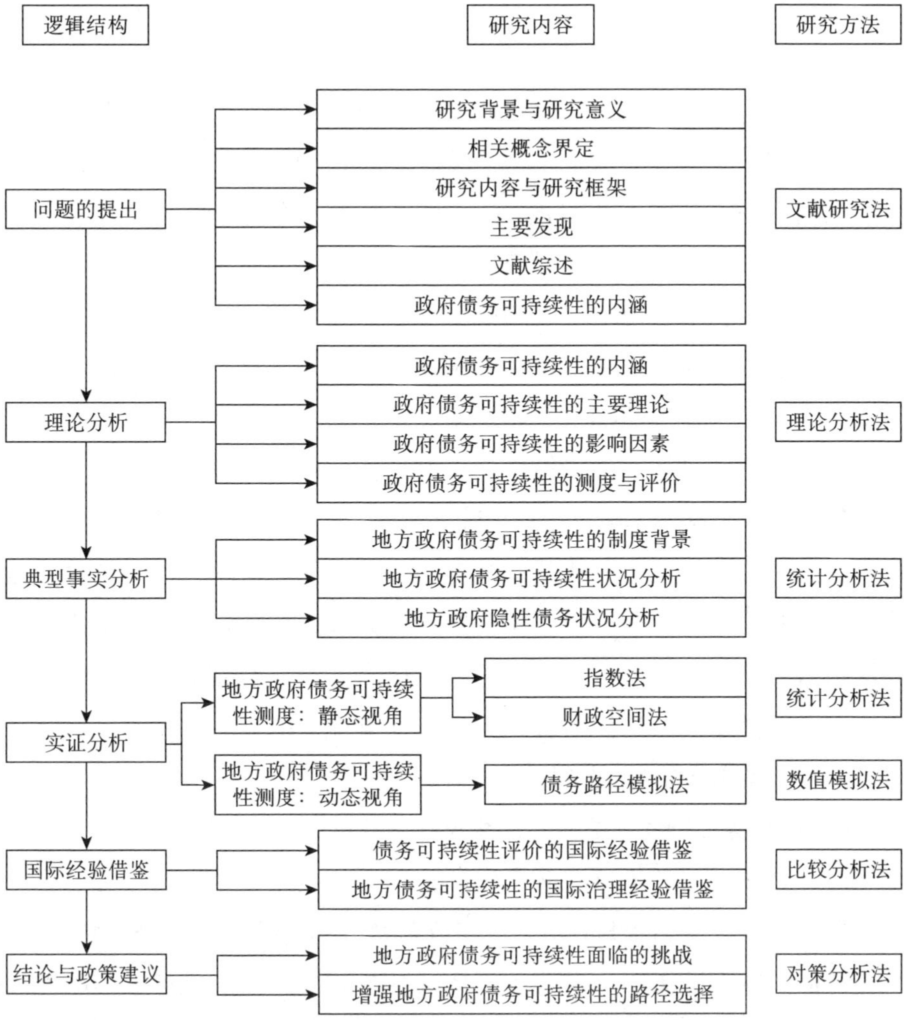

图 1－1　本书研究思路和体系

第四节 对地方政府债务的探寻、溯源和创新

一、探寻

在已有政府债务可持续性理论的指导下，本书对中国地方政府债务可持续性进行了研究。本书沿着“理论分析→典型事实分析→债务可持续性测度→可持续性面临的挑战→国际经验借鉴→政策建议”的思路进行了研究。其一，本书对政府债务可持续性的定义和核心内涵进行了深入挖掘，有助于更准确地理解债务可持续性的本质特征；其二，本书对中国地方政府债务可持续性的现状和典型事实进行了刻画总结，得出了债务规模和债务负担方面的基本结论；其三，构建了静态和动态两套地方政府债务可持续性指标体系，对地方政府债务可持续性进行了测度；其四，根据典型事实分析和可持续性测度的结果，总结归纳出地方政府债务可持续性面临的挑战；其五，对国际上主流的政府债务可持续性评价分析框架和部分国家基于规则的地方政府债务可持续性治理经验进行了归纳总结；其六，总结后，本书提出了增强地方政府债务可持续性的路径选择建议。具体而言，基于文献与理论梳理、典型事实分析和实证分析，本书主要得到了以下结论。

（一）债务可持续性的核心内涵与本质特征

通过对文献与理论进行深入梳理，本书归纳出债务可持续性的核心内涵是具备清偿能力（Solvency）和流动性（Liquidity），而预测性是其本质特征，本书试图深化对债务可持续性内涵及本质的理解。前瞻性和预测性是债务可持续性研究区别于一般的债务风险研究的主要特征。本着前瞻性视角，债务可持续性研究通过预测未来债务路径，揭示了可能

面临的问题，获取对当前债务行为及债务政策的启示。政府债务是否可持续，形式上取决于债务负担和流动性，实质上有赖于合理的债务政策和负责任的举债行为。通过测度债务可持续性，本书获取了影响债务可持续性的形式因素；通过研究政府举债行为及其产生的制度性背景，本书揭示了影响债务可持续性的实质因素。

（二）地方政府债务规模大、负担重

研究发现，我国地方政府债务规模大、负担重。典型事实分析发现，自 2008 年以来，地方政府债务规模持续膨胀，年均增速远高于同期 GDP 增速。地方政府隐性债务增长迅速，增速快于显性债务，隐性债务存量大于显性债务。2021 年底，地方政府全口径地方政府债务余额 84.23 万亿元。其中，显性债务 30.42 万亿元，隐性债务 53.81 万亿元①。地方政府债务负担呈现逐步加重趋势，若只考虑显性债务，2021 年地方政府债务负担总体处于合理范围，但约四分之一省份债务负担已经偏高，不利于债务可持续性。纳入隐性债务后，2021 年 22 个省份全口径负债率超过警戒线，28 个省份全口径债务率超过警戒线②，地方政府全口径债务负担已经明显过重，债务可持续性面临严峻考验。

（三）地方政府债务可持续性测度

1. 静态视角债务可持续性测度及评价

其一，本书构建了地方政府债务可持续性指数，围绕债务可持续性内涵，从清偿能力、流动性、承债能力三个角度，利用层次分析法与熵值法结合的方法对九个指标进行综合赋权。赋权结果显示，清偿能力权重超过 40%，流动性权重接近三分之一，承债能力权重最小。二级指标权重从高到低分别为：负债率、GDP 偿债率、综合财力偿债率、债务率、政府资产、债务依存度、利率－增长率差值、居民储蓄率、利

---

① 隐性债务为本书测算得到，具体计算过程参考本书第四章第一节。

② 本书给出的负债率警戒线为 52.90%，债务率警戒线为 132.26%，给出的依据参考本书第四章第三节。

差。负债率和GDP偿债率是地方政府债务可持续性的前两大影响因子，合计权重超过三分之一。指标赋权结果与本书总结归纳的债务可持续性内涵一致。可持续性指数测度结果显示，地方政府整体债务可持续性自2008年以来呈总体下降趋势，采用均匀分布划分法评价，2021年债务可持续性评价为可持续。东部省份债务可持续性较强，中西部省份较弱。指数法测度的实质是相对可持续性，适合横向比较，无法根据债务阈值进行债务可持续性的直接判断，存在一定的局限性。

其二，为弥补指数法测度的不足，本书运用财政空间法对地方政府债务可持续性进行了测度。首先利用债务负担阈值法计算绝对财政空间，仅考虑显性债务的情况下，2021年绝大多数省份财政空间大于零；将隐性债务纳入后，全口径财政空间不容乐观，约三分之二省份的财政空间已为负数，债务可持续性堪忧；然后分别运用综合财力分配法、显性债务限额法、债券利差法计算相对财政空间。经研究发现，上海、北京等地的财政空间较大，天津、黑龙江等地的财政空间较小；东部省份财政空间较大，中西部省份财政空间较小。

通过指数法和财政空间法对静态视角债务可持续性进行测度，结果发现：债务规模过大、债务负担过重，是中国地方政府债务可持续性面临的首要威胁。遏止地方政府债务负担继续升高及化解流动性风险，是保持地方政府债务可持续性的关键。

2. 动态视角债务可持续性测度及评价

利用债务路径递推公式，对核心参数进行设定，本书运用情景模拟和压力测试对2023—2030年地方政府债务演化路径进行了研究。基准情景模拟结果显示，2023—2030年，全口径地方政府债务仍将继续增长，债务负担将呈现缓慢下降趋势，在经济增长和隐性债务化解情况符合预期的情况下，地方政府债务负担情况将略有缓解，到2030年，负债率将低于本书设置的警戒线值，债务率则仍高于债务率警戒线值。与基准情景比较，在压力测试情景下，2030年地方政府债务规模更大，债务负担和偿债压力更重，债务空间严重萎缩，债务可持续性面临较大风险。分地区模拟结果显示，基准情景下，到2030年，大部分省份的债务负担仍将较重，偿债压力较大，债务空间较小，债务可持续性不容乐观。相较于东部地区，中西部地区的债务负担及债务可持续性问题更值得关注。

动态视角债务可持续性测度结果表明，当遇到经济增长放缓、隐性债务化解进度不及预期等情况下，地方政府债务可持续性将面临严峻的考验。然而，静态及动态地方政府债务可持续性测度结果所反映的仅为债务可持续性的表象，举债行为特征及其产生的制度环境才是债务可持续性的实质根源。

（四）地方政府债务可持续性评价和治理的国际经验借鉴

国际货币基金组织、世界银行、欧盟等国际组织均有较为科学和成熟的政府债务可持续性评价框架，长期对成员国债务可持续性进行追踪分析评价，并将评价结果作为发放国际开发贷款、提供经济和财政政策评估与咨询的重要依据。这些评价框架的做法可以作为我国开展地方政府债务可持续性评价框架建设的重要参考。本书研究发现，基于财政规则的法治化债务治理，是全球很多国家提高地方政府债务可持续性的重要手段，实践效果较好。这对于我国进一步从制度建设和约束角度加强地方政府债务治理、提高地方政府债务可持续性，具有重要的借鉴意义。

（五）增强地方政府债务可持续性的路径选择

依据本书对中国地方政府债务可持续性面临挑战的现状及原因分析，增强地方政府债务可持续性必须从多个角度入手予以综合治理。隐性债务是导致地方政府债务问题复杂和债务可持续性面临挑战的重要原因，因此必须加强隐性债务治理，深化融资平台公司及地方国有企事业单位改革，并开展地方公共部门全口径债务治理。为制止地方政府债务的无序扩张，还应当加强地方政府债务需求管理，抑制过度举债冲动，并从制度约束角度完善地方政府债务制度的顶层设计，强化地方政府债务管理，提高债务治理的有效性。我们应借鉴国际经验，建立科学的地方政府债务可持续性评价框架，对地方政府债务可持续性进行持续的追踪分析，及时进行债务预警和干预，避免爆发债务危机。

二、溯源

（一）政府债务可持续性的定义

对于政府债务可持续性，学术界主要从保证政府具有清偿能力、政府债务规模适度、政府债务具有流动性等方面进行定义。

第一，清偿性角度。债务可持续的直观含义是政府随时具备能力偿付到期债务。国际货币基金组织（2002）基于跨期预算约束角度给出了债务可持续的定义：给定融资成本，且无须进行重大财政调整（Major Fiscal Correction）的情况下，如果债务满足清偿能力（Solvency）条件，则债务是可持续的。欧洲央行（2012）给政府债务可持续性下的定义是：政府积累的债务在任何时候均可被及时清偿，政府具有清偿能力和流动性。清偿能力是一个中长期的概念，要求政府满足现值约束，即保证政府未来基础财政盈余现值至少与现有政府债务存量一样大。

第二，债务规模和负担角度。政府债务（绝对及相对）规模不能过大，负担不可过重，是债务可持续的基本条件。Domar（1944）最早关注到了债务规模对可持续性的影响，提出国债可持续性的定义是：国内生产总值应当保持相对稳定的增长速度，在这种情况下，国债相对规模就不会无限制地增加，而是趋向于一个极值。其核心思想是只有名义GDP增长率高于债务余额增长率时，未来负债率方能收敛，即债务是可持续的。Chalk（2000）指出，债务可持续性不能只关注清偿能力，赤字及债务存量规模不能过大。邓晓兰等（2014）认为，可持续的公共债务是指不会造成政府违约的公共债务水平或债务路径，一个稳定的债务负担率并不能证明公共债务的可持续性。

第三，流动性角度。流动性（Liquidity）是一个短期概念，是指确保偿还即将到期的短期债务的能力。债务不可持续既包括缺乏清偿能力

(Insolvency) 的情况，还包括流动性不足 (Illiquidity) 的情况 (IMF, 2002; Wyplosz, 2011)。一个完全具有清偿能力的政府可能会遭遇流动性危机，而一个无清偿能力的政府可能会持续很长时间后，才会出现流动性不足问题。一方面，流动性要求政府债务期限结构合理，偿债率不能过高；另一方面，在现代金融市场条件下，政府若能在资本市场随时以合理的成本借入足够的资金以归还到期债务，则流动性较强 (IMF, 2018)。伏润民等 (2012) 认为，债务可持续性指的是政府具备筹资能力，只要政府能够随时借到新债，债务就具有可持续性。

第四，财政调整角度。当债务可持续性遇到问题时，如果财政当局能够进行适当的财政调整避免出现债务违约，则债务是可持续的 (Debrun, 2019)。如果必须进行重大财政调整，则必须从政治、经济、社会等角度考虑调整是否可行 (Feasible)，如果这种重大调整是不可行的，则债务就变得不可持续。

（二）政府债务可持续性的要求

1. 满足跨期预算约束

一是跨期预算约束和横截面条件。Barro (1979) 推导出了跨期政府预算约束条件，已经成为政府债务可持续性研究的理论前提，对之后的研究产生了深远影响。政府不必保持每一期预算平衡，可以举债，但它应当保证跨期预算平衡，即用未来时期的基础财政预算盈余和通货膨胀税偿还当前债务，该条件称为跨期预算约束条件 (Intertemporal Budget Constraint, IBC)。引入政府购买、税收、债务利率、价格、GDP 等变量，根据前后期债务余额间数学关系，推导出负债率变化的动态公式，债务可持续需要未来基础财政盈余现值等于初始债务值，条件是：折现的未来债务应当收敛于零，该条件称为横截面条件 (Transversality Condition, TC)。

二是非庞式博弈条件 (No Ponzi Conditon)。政府借款能力受制于贷款人出借资金的意愿，将贷款人条件结合横截面条件，就得到债务非庞式博弈条件。违反该条件意味着债务将永远不会被偿还（庞式骗局，以债养债），理性的贷款人是不会购买这种债务的。满足非庞式博弈条件需要探讨政府债务利率和 GDP 增长率的大小。如果债务利率高于 GDP 增长率（动态有效），必须满足非庞式博弈条件，债务才可持续。如果 GDP 增长率高于债务利率（动态无效），在满足一定条件下，政府是可以进行庞式博弈的。

三是金融市场约束。在一般均衡模型中，除了要同时考虑政府融资需求和投资者购买意愿两个条件外，还需要满足欧拉方程。假设在有效金融市场上存在政府债、公司债等多种投资标的，理性投资者会在综合衡量各种工具风险收益特征后进行资金配置。理性投资者对所有金融产品进行定价的定价核（Pricing Kernel）都相同，投资者认购政府债务的前提是其风险收益特征与其他金融工具一致。

2. 债务负担适度

从理论上分析，政府举债是具有合理性的，债务资金至少有以下几个方面的用途：弥补财政赤字、平滑税收、为受益期较长的投资项目筹资、进行宏观调控等。但政府举债并不能没有限制，债务负担如果过高，债务可持续性将面临挑战，因此必须对赤字规模和债务负担进行控制。

其一，过高的债务负担是不可持续的，会导致债务违约、破产等风险事件的发生，并可能引发严重的通货膨胀，甚至导致经济崩溃。国债手段的运用既有积极影响又有消极影响，理论和实践中均需要合理确定国债规模（贾康和赵全厚，2000）。完全没有任何债务并不是什么好事，但举债也必须谨慎，谨慎原则是财政政策的立足点，即应追求收支平衡（李扬，2003）。

其二，过高的债务负担会阻碍经济增长，从而降低债务可持续性。Reinhart 和 Rogoff（2010）对 44 个国家 200 余年政府债务和经济增长间的关系进行了实证分析，发现负债率超过 90% 后，政府债务就会对经济增长产生显著的负面作用，该研究产生了很大反响。虽然有人不认同这一具体阈值，但过高债务对经济增长具有负面作用是共识。欧盟马约

（Maastricht Treaty）及稳定与增长公约（The Stability and Growth Pact，SGP）给出的负债率 60% 指标，一直以来被广为引用，尽管其科学性受到一些质疑，但目前国际社会仍将该阈值作为一个重要参考指标。对于债务率指标，美国、新西兰等国家给出了 100%~150% 的预警标准（郭玉清，2019），可以供参考。

其三，不同国家的债务负担能力有显著差异，制度质量的提高有助于提高债务可持续性。债务负担与债务可持续性有强烈相关关系，这是毋庸置疑的，但二者间并非线性关系。Debrun 等（2019）指出，日本在负债率超过 200% 情况下债务仍可持续，而阿根廷在负债率 60%、乌克兰在负债率 30% 就发生了债务违约。Reinhart 等（2003）发现，某些国家债务违约时的负债率仅为 15%，最不发达国家是政府债务违约的主力军，其债务负担远远低于发达国家的水平。主要原因是最不发达国家外债太多，刚性较强，不易重组，易导致风险事件的发生。发达国家债务负担比发展中国家总体上高得多，但其债务可持续性比发展中国家更强。国际货币基金组织（2018）在其低收入国家债务可持续分析框架（Low Income Countries Debt Sustainability Framework，LIC－DSF）中，以制度质量等为解释变量，利用计量回归方法给出了承债综合分类指数（Composite Indicator，CI），根据指数从高到低划分为强、中、弱三类，三类国家公共债务上限分别为 GDP 的 35%、55% 和 75%，作为债务可持续性的主要判断标准。

3. 债务资金使用效益高

公共选择学派代表人物詹姆斯·布坎南（James Buchanan）认为，公债确实会形成私人负担，其合理性取决于债务资金支出的预期收益，公债应仅限于为公共工程和资本项目融资。西方文献主要关注债务路径上是否会违约的“表象可持续性”，我国不少学者则强调债务效益是债务可持续性的根本条件之一。债务资金运用效益与债务可持续性正相关。公债不等于税收，债务是有成本的，会产生（代际）负担，也会有一定的挤出效应。债务资金运用效益高，会对经济产生正面作用，使经济和财政实力得以增强，债务可持续性得以增强。若债务资金运用效益低，可能降低全社会资源配置效率，不利于经济发展，并导致财政状况恶化，降低债务可持续性。

其一，债务资金的使用应促进经济社会发展。债务可持续不是指债务在时间上连续运行、不被中断，而是指在某些经济约束条件下，能够通过有效的借贷机制和债务良性发展战略来增强地方经济增长活力（杜威和姚健，2007）。债务可持续性表面是清偿能力问题，实质是政府收支的宏观经济影响，必须考虑债务资金效益的可持续性，债务应与经济社会发展相适应。从长期看，政府能够通过管理和运用债务促进经济社会发展（王晓霞，2007；胡娟等，2016）。地方政府债务可持续与否，主要应考察政府债务是否被合理使用，在未来能否产生等额或超额的社会经济效益，债务可持续性取决于收益效应与成本效益的对比，债务成本效应相对较为固定，因此主要取决于债务的收益效应，即债务是否能够有效推动地方经济发展和赶超（缪小林和伏润民，2014）。

其二，债务资金的使用应有助于提高资源配置效率。Buffie 等（2012）将公共投资、经济增长和债务可持续性联系起来，发现高质量的公共投资能够提高产出和消费并维持债务可持续性。缪小林和史倩茹（2016）认为，地方财政风险的内核是财政资金配置效率。基于政府间的竞争，理性的地方政府以财政支出规模替代财政资金效率，地方政府债务膨胀是财政低效率积累的结果。贾俊雪（2017）认为，政府债务资金必须用于有意义的领域，且遵循黄金法则（Golden Rule），只能用于投资性支出，不可用于消费性支出。

4. 债务货币化与债务可持续性

2020 年以来，国内出现了要不要赤字货币化的争论，反映了对待政府债务本质的认识差异。赞成赤字货币化的，依据的是现代货币理论（Modern Monetary Theory）。该理论认为货币起源于债权债务关系，货币仅承担记账功能，财政支出先于收入，政府可以用创造货币的方式进行支出，在主权货币不破产的条件下，可有条件打通国债发行与货币政策，货币政策应以通货膨胀为锚。若现代货币理论成立，政府债务就不需要满足跨期预算约束条件。日本央行近年大量买入本国国债，财政赤字率持续保持较高水平，负债率攀升至250%，也未见引发通胀。这样的“功能财政+通胀稳定”实践使越来越多的发达国家开始认同现代货币理论。刘尚希（2020）认为，现在的通货膨胀机理发生了很大的变化，面对前所未有的冲击，应破除传统观念，适度赤字货币化可以减轻发行特别国债导致的挤出效应，有助于畅通货币政策的传导机制。但现代货币理论始终未能解决“量化退出”问题。理论上，退出的路径有两种，一是通过高通胀，但这会引发衍生经济问题及民众不满；二是通过推高资产价格，而这又会进一步恶化收入分配，还可能引发市场大幅震荡，甚至重演次贷危机。反对赤字货币化的观点认为，现代货币理论还不成熟，尚未被主流经济学界接受，赤字货币化可能导致政府刺激经济行为失控，进一步引发恶性通胀等严重衍生危害。

在财政方面，20世纪90年代后，Woodford（1994）、Sims（1994）、Cochrane（2001）提出了价格水平财政理论（Fiscal Theory of the Price Level，FTPL）。该理论认为，政府跨期预算约束不是约束条件，而仅为一个均衡，价格水平由政府债务与财政政策单独决定，货币政策最多扮演间接角色。邓晓兰等（2014）认为，在FTPL框架下，传统的政府债务可持续性检验只是一个统计问题而不具有理论意义。如果FTPL理论成立，对政府债务可持续性研究的影响无疑是颠覆性的。Buiter（2002，2017）从理论上对FTPL进行了驳斥，认为其存在严重缺陷，是不能成立的。

无论是现代货币理论还是价格水平财政理论，其如果成立，则我们对货币、财政赤字、政府债务的认识将会出现颠覆性变化。然而，迄今这两个理论尚未得到广泛认可。对政府债务看法的改变会极大地影响财政实践和债务可持续性，目前主流观点还是较为坚持长期以来的传统财政思想，故尚未对政府债务可持续性研究产生较大的理论冲击。

（三）中国地方政府债务可持续性

1. 基于债务负担指标体系的研究

胡娟等（2016）构建了多维多层级的债务可持续性测度体系，较早利用权威数据评价了我国及各地方政府性债务可持续性程度，分别从静态、动态、结构三个方面选择可持续性指标。其中，静态指标包括负债率、债务率；动态指标包括长期负债能力、长期偿债能力；结构指标包括直接债务比重、短期债务比重、逾期债务率等。胡娟利用熵值法，计算得到了各评价指标的权重。根据2013年审计署公告数据，计算了各省市债务可持续性指数，将地方债务可持续划分为高度可持续、可持续、一般、不可持续四种情况。总体上，该研究说明我国地方性债务是可持续的，但存在地区不均衡性，不同地区差别较大。

刁伟涛和徐匡迪（2016）通过估测地方基本赤字率，对经济发展速度、通货膨胀率、债券利率水平进行了假设，预测了2016—2020年地方政府负债率水平走势。以负债率是否稳定作为债务可持续性的评价标准，研究认为，地方政府债务总体上是可持续和可控的。由于地方政府债务的平均期限较短，结构不合理，地方债务存在流动性风险。

占霞和汤钟尧（2018）通过短期流动性和中长期可偿性两个方面评估了地方政府债务可持续性。在短期流动性方面，建立了偿债能力和偿债意愿评价指标体系，涵盖经济实力、财政收支状况、地方债务状况等方面共8个指标，运用主观法赋予权重（主要参考了相关研究对地方政府债务信用评级）。在中长期可偿性方面，基于地方政府跨期预算约束公式进行了负债率预测。研究发现，东部地区债务可持续性较强，短期流动性风险低、偿债能力强；中西部地区短期内债务具有可持续，但流动性风险值得关注，需要维持较高GDP增速以避免负债率过快增长。

沈雨婷和金洪飞（2019）通过构建基于综合指标的地方政府债务风险预警体系，对中国地方政府债务进行了经验分析。他们选取了相对偿债能力、相对债务水平、举债融资压力、外部经济环境等方面共8个指标，利用层次分析法和熵值法综合赋权法构建了地方政府债务风险预警指标体系。研究发现，中国地方政府债务风险总体上可控，但平均风险水平呈现略微上升趋势，隐性债务和融资压力是威胁地方政府债务可持续性的主要因素，北部及中部地区的部分省份，在隐性债务问题及融资需求等压力下，风险较高。

2. 基于财政（债务）空间的研究

以财政（债务）空间的大小判断债务可持续性是债务可持续性分析的一种常见方法，如何测度财政空间以及确定债务上限是运用该方法的关键。很多学者使用了财政（债务）空间法测度中国地方政府债务可持续性，当然，具体运用的方法不尽相同。

洪源（2012）测度了融资平台公司的债务可持续性，将债务可持续规模设定为未来偿付期内融资平台公司的偿债资金现值，测算出可持续债务规模适度区间，并将当期债务的实际规模与可持续规模进行对比，判断债务可持续性，然后以中部某市融资平台公司为研究对象，对其债务风险进行了评价。

睢党臣和李盼（2013）构建了一个动态可持续性模型以测算地方政府债务的可持续规模，将地方政府可用财力、刚性与弹性收支、还本付息支出、利息成本与资本性支出所产生的经济收益等因素包含在内。利用模型计算得出可持续债务规模，与实际规模对比，就可以得出债务可持续性状况。睢党臣和李盼对 2011 年某地的地方政府总体债务可持续性进行了判断，发现已超过该地的政府总体债务可持续范围。

缪小林和伏润民（2014）构建了一个基于单一主体的地方政府债务可持续性测度模型，利用 30 个省（直辖市、自治区）地方政府债务审计公告数据进行了实证测度。测度模型引入债务平均成本和收益效应，采用反映发展规模和承载能力的地方综合收入份额进行初次分配，再采用债务综合风险系数进行修正，得到各省可持续性地方政府债务规模。通过比较可持续性债务与实际存在债务得到债务溢出比例，如果债务溢出比例大于 1，说明地方政府债务不可持续；否则，还在可持续范围内。测度结果表明，我国地方政府债务总体上处于可持续，但存在区域分布上的结构差异，有的西部地区表现出债务不可持续。

魏向杰（2014）认为，应该透过地方财政收支运行体系，从宏观经济运行中的公共资金配置来判断地方政府债务可持续性问题。他构建了一个包括预算收支（财政收支）、预算外收支（债务收支）在内的动态可持续模型，实证研究发现，2012 年全国及绝大部分地方政府债务新增规模均在可持续债务规模水平之下，债务实际规模呈现东高西低的特征，最优规模则不具有这种特征。

陈宝东和邓晓兰（2018）通过估计省级面板财政反应函数测度了地方政府债务可持续性。利用财政反应函数回归结果参数，计算了地方政府负债率理论上限值。研究发现，大部分省份负债率的真实值与上限值之间存在较大差距，地方财政表现出可持续的状态，但个别省份的财政面临或接近不可持续的状态。

杜彤伟等（2019）构建了“有效财政空间”指标，量化分析了地方财政可持续性。对省级财政反应函数的估计，未发现财政盈余对地方债务存在正向反应，认为既有财政行为不可持续，而且发现了“财政疲劳”现象，但大部分地区尚有充足空间进行财政调整。转移支付对地方财政可持续性有正面影响，能够发挥降低财政纵向失衡的作用。

张金清和聂雨晴（2020）以基础盈余主动调整的有效性条件作为分析前提，结合中国地方政府的财政反应特征，构建地方政府债务违约风险评估模型。通过测度地方政府债务不可持续概率和条件期望债务空间评估了违约风险，发现部分地区期望债务空间较小，需要防范债务不可持续风险。

3. 基于政府资产负债的研究

洪源和李礼（2006）引入资产负债分析框架，构建了我国地方政府公共部门的资产负债表，发现可用于清偿债务的最大资产总量小于地方政府负债可能的最小估计规模，地方政府净值已为负值。动态分析认为，地方政府的债务规模将会进一步增加，地方政府债务运行模式从动态来看显然是不可持续的。

袁佩佳（2006）认为，政府负债应由政府资产来提供保障，为防止出现偿债危机，应始终保持政府净值为正，这样才可确保地方财政的长期可持续性。以四川省某市为例，袁佩佳通过建立资产负债管理框架下的地方政府平衡表，分析了其财政可持续性，发现该市资产净值为负数，认为应从资产和负债两方面双管齐下进行缺口弥补，并进行相应的财政调整。

沈沛龙和樊欢（2012）认为，当政府资产低于其负债时，政府债务将面临一定风险。基于政府资产负债的视角，他们结合中国实际编制了一个简化的政府可流动性资产负债表，并对 2009—2010 年的政府债务风险进行了分析。研究认为，若不考虑政府或有债务，2010 年基本上没有政府债务违约风险，如果考虑或有债务，政府债务违约风险明显增加。由于赤字规模不断扩大，随着国内债务余额逐年增长，发债规模不断扩大，存在一定隐性的政府债务违约风险。

刁伟涛（2016a）构建了基于政府资产存量的地方政府债务的风险测度模型，引入可以变现的地方国有企业国有资产和土地资产，通过资产与负债的对比来测度地方政府债务风险。对土地资产与地方国有企业国有资产存量进行了估计，在国有资产不同的变现比例以及或有债务转化为政府债务的不同比例设定下，刁伟涛对 2015 年全国地方政府债务违约率进行了测度。测度结果显示，无论在哪种情况下，出现地方政府资不抵债这种根本性风险的可能性微乎其微。但不排除部分地区的债务规模已经超出了地方政府国有资产的市场价值，对于地方政府债务风险，我们要高度重视、加强防范。

潘琰和吴修瑶（2017）认为，地方政府可流动性资产越多就越有利于改善债权人对未来违约风险的预期，可流动性资产越多，其财务状况越好，政府隐性担保变得更可信，债券违约的可能性就越小。他们运用城投债数据进行了实证检验，发现人均地方可处置资产越大，城投债的平均利率越低，说明可流动资产可以降低地方政府债务违约风险。

杨志勇（2017a，2018）认为，如果政府有足够的资产，变现后能满足包括偿债在内的政府其他支出的需要，那么政府对债务危机就可以做到游刃有余。拥有大量资产是我国政府应对债务风险的一大特点和优势。中国社会科学院财政税收研究中心研究结果显示，若不计入社保基金缺口的参考值，我国政府净资产规模的波动区间为 50 万 ~ 60 万亿元，总资产完全可以覆盖总负债，且还有较大空间。

4. 基于债务违约风险的研究

徐占东和王雪标（2014）将财政收入分解为税收收入、土地出让收入以及其他收入，利用伊藤引理和投资组合理论，建立地方政府债务违约概率测算 KMV 模型。研究发现，税收收入和其他收入对违约风险影响较大，土地出让收入的影响相对较小。东、中、西部的违约概率存在显著差别，西部省份违约风险最高，东部发达地区的违约风险最低。

刁伟涛（2016a）利用资产价值和债务规模的相对大小来判断债务风险的思路，测度了地方政府债务风险，基于对存量土地资产和国有企业国有资产估计的基础上，运用 CCA 模型估计了 2015 年地方政府债务的违约距离和违约概率，研究发现，在 60% 的国有资产变现比例下，地方政府债务违约概率小于 1%。

王永钦等（2016）从交易城投债的金融市场角度，将城投债券收益率利差分解成流动性风险利差部分和违约风险利差部分，通过外生冲击和双重差分法识别了地方政府债务违约风险。研究结果显示，地方政府层面的违约风险并没有被定价，金融市场将地方债视为国家债，这意味着中国的地方债存在严重的软预算约束。

贾晓俊和顾莹博（2017）从经济实力、财政实力、债务情况及信用环境四个角度构建了地方政府债务风险预警指标体系，采用线性加权综合评价模型，通过 AHP 方法确定指标权重和功效系数法为指标打分，最后确定综合分值以评价地方债风险并进行预警。运用 2012—2015 年省级数据实证研究结果显示，部分省份债务风险呈增大的趋势。

马恩涛和吕函枰（2017）利用灰色关联方法与 BP 神经网络两种理论在非线性处理方面的优势，构建了基于 GM - BP 神经网络的地方政府债务风险预警系统，将影响地方政府债务风险的因素分为债务规模、宏观经济环境、政府偿债能力三个系统共 8 个指标，运用主客观组合的方法对指标进行赋权。他们运用重庆市 38 个区县数据，测算了 2015 年度各县区的风险评价等级。

洪源和胡争荣（2018）基于流量和存量双重维度地方政府偿债能力框架，将偿债能力分解为财政可担保收入、基金可偿债收入、可流动性国有资产变现，构建了 KMV 修正模型，测度了 2015 年和 2016 年地方政府债务违约风险，如果不考虑债务置换，债务违约风险较高，债务置换的确能够大幅降低地方政府债务违约风险。可流动性国有资产变现对债务违约概率的冲击影响最大。

何德旭和王学凯（2020）基于灰色系统理论的 GM（1，1）模型预测数据，以债务率反推可担保地方政府财力比例，利用 KMV 模型测算了 2013—2019 年各省区市地方政府债务违约风险。研究认为，整体看地方政府债务几乎不存在违约风险。对“十四五”期间的压力测试结果表明，大部分地方政府债务违约风险较小。

（四）文献评述

通过文献梳理可知政府债务可持续性的重要性，是财政可持续性的核心。地方政府债务可持续性问题逐渐引起更多的关注，中国地方政府债务可持续性问题，更是与现实联系紧密的重大课题。已有文献为本书提供了丰富的理论解释，也提供了很多经验和证据。

1. 债务可持续性评价方法的多样性

迄今尚不存在一种占绝对优势的债务可持续性评价方法，不同方法的角度不同，各有优劣，债务可持续性评价往往需要综合运用不同研究方法。财政数据平稳性及协整检验、估计财政反应函数、财政空间估算等方法往往基于较多的假设，所依据的数据或模型相对简单，因而得出的结论说服力不强。Bohn（2007）通过数学推导认为债务时间序列只要满足非常弱的任意阶数的协整条件，就能满足跨期预算约束条件，故平稳和协整不能用于判断债务是否可持续。Bohn 提出的财政反应函数模型产生了较大影响，通过回归分析观察基础财政盈余对债务的反应，如果反应系数为正，则得出政府债务是可持续的结论。尽管 Bohn 在几篇文章中均从数学角度证明其结论是成立的，但实际上，其科学性值得进一步商榷，不少学者指出该理论是存在缺陷的。如果一国存在广泛的预算外财政行为，这一判断方法是否仍能运用显然存疑。财政反应函数基于回归模型中某个系数的正负的判断，进而得出债务可持续性的结论，目前看来是失于武断，或者是判断长期较为适用，而短期则未必一定成立。该方法虽然还在用（用于刻画财政行为），但很少直接用于判断债务是否可持续方面。

计算财政空间的方法可以用于检验债务可持续性，然而，如何确定债务上限是具有挑战性的，如果能够科学地给出债务上限（阈值），该方法就可以作为一种较为可靠的评价方法。国际货币基金组织、世界银行、欧盟委员会等国际机构主要利用基于预测未来债务路径的分析框架进行国别债务可持续性评价。该方法的优势在于数据翔实、采用预测性方法、结果直观；缺点在于对数据的要求高，依赖于较多的假设条件，且对影响债务可持续性的其他因素考虑得比较少，近似于一种“就债务论债务”的方法。资产负债表或净资产方法适用于评价清偿能力，对流动性的考虑较少，且政府（公共）资产如何准确估值、变现能力如何，操作上存在较大的主观性和不确定性，因而往往可以作为一种补充性方法。

2. 对地方政府债务可持续性的关注和研究较少

由于地方政府层级少，多数国家的地方政府债务规模较小，中央政府债务规模较大，西方学者研究政府债务问题时，通常将一国债务总量作为研究对象，或者只用中央政府债务数据，原因在于大部分西方国家一般只有三级政府，中央政府无论在财政收支还是债务举借规模及债务存量方面均占较大比例。中国政府层级较多，有五级政府，是世界上政府层级最多的国家（贾康，2010），省级及以下政府均是地方政府，考虑转移支付和政府基金性预算支出后，在财政支出中占有很大的比例。

不同于西方国家，中国政府债务中，地方政府债务占有更大的比重，其可持续性的重要性更大。相当长时间内，国内对债务可持续性的研究主要集中在对国债的研究上。在地方政府债务研究上，对债务风险及其预警的研究比较多，对债务可持续性的关注还不够。中国地方政府举债历史较短，地方政府债务是在2008年以后才大规模出现的，正式合法发行政府债券是2015年才开始。长期以来，地方政府主要通过融资平台公司等渠道举借债务，因此债务口径、规模存在较大的模糊性和争议性，债务数据可获得性较差。这些因素极大地阻碍了对地方政府债务可持续性的实证研究。

3. 预测性方法在研究中运用不足

可持续是指行为、政策的可持续性、可行性。债务可持续性研究的最重要的特点就是视角上的预测性，通过分析未来的情况对现行政策是否合理进行判断。国内对地方政府债务可持续性研究主要还是静态研究，通过分析现状和历史，得出债务是否可持续的结论。例如，胡娟等（2016）的研究是以2013年审计署公布的省级债务数据为基础所做的静态研究，未考虑到债务动态演化问题。静态研究较难捕捉债务动态演进中有关因素的作用，忽略了很多有价值的信息，因此得出的结论的可信度、科学性均有所欠缺。预测性研究的难点在于债务数据的全面性和准确性，以及未来宏观环境的不确定性。预测性研究需要赤字、债务的详尽数据，最好能细化到每笔债务还本付息数据，还需要影响债务负担路径的债务利率、经济增长、通货膨胀等宏观数据。研究可能需要引用一些机构的宏观经济预测数据，如果不可得，则必须自行进行一些预测。随着地方政府债务透明度改善和宏观经济预测研究的丰富，我国对地方政府债务可持续性的研究的条件逐步具备。

4. 忽视隐性债务对债务可持续性的影响

债务可持续性研究的前提是准确厘清债务内涵、外延、规模、结构，如果忽视这一问题，则债务可持续性研究的可靠性无从谈起。隐性债务已经成为中国地方政府债务的重要组成部分，并且不是一般意义上的隐性债务，而是由地方政府违规“绕道”举债形成的。地方政府隐性债务规模庞大、形式隐蔽、成本高昂，严重威胁着债务可持续性。已有的地方政府债务可持续性的研究大多数都没有考虑到隐性债务的影响，也没有深究地方政府债务的边界问题，是债务可持续性研究中的一大缺憾。

基于以上对国内外研究的梳理，本书所做的主要工作是：一是将预测性、概率性的方法引入我国地方政府债务可持续分析；在测度债务可持续性时引入动态债务可持续性指数；在分析隐性债务化解效果时对未来债务可持续性指数的演化进行路径预测。二是将预测性方法和静态评价相结合，构建可持续分析框架。只考虑未来债务路径的走势也是具有局限性的，还必须结合静态的、历史的因素，不能落入就债务论债务的陷阱。三是将隐性债务纳入地方政府总债务，作为整体分析地方政府债务可持续性，并结合隐性债务的特征，分析其对债务可持续性的影响。

三、创新

（一）研究地方政府债务可持续性的方法

本书旨在定性、定量研究我国地方政府债务可持续性问题，主要采用了以下研究方法。

1. 统计分析法。在第四章的典型化事实分析中，本书测算了省级地方政府债务总规模、隐性债务规模，运用了统计分析法分析了债务总量、增长、结构、负担、地区异质性等基本事实。在第六章的静态地方政府债务可持续性测度中，本书运用了层次分析法（Analytic Hierarchy Process）和熵值法（Entropy Method）结合的综合赋权法，用于构建静态债务可持续性指数。

2. 数值模拟法。在第七章的地方政府债务可持续性测度中，运用数值模拟、压力测试等方法对未来地方政府债务路径进行了模拟，根据模拟结果计算负债率、债务率等债务负担指标取值，以反映债务可持续性的走势。

3. 比较分析法。本书第八章和第九章分别对政府债务可持续性评价方法和地方政府债务可持续性治理的国际经验进行了归纳总结，通过与我国地方政府债务治理与评价相比较，本书得出对加强我国地方政府债务可持续性评价和治理的若干启示。

（二）地方政府债务可持续性研究的创新

在已有债务可持续性研究文献的基础上，本书在以下三个方面进行了尝试。

1. 研究视角的拓展

一直以来，学术界对国债（政策）可持续性研究得较多。地方政府债务高速发展的历史不过十几年，但膨胀速度惊人，债务制度演进迅速，债务实践速度比学术研究速度更快，因此，对中国地方政府债务可持续性的研究是极具研究意义的新领域。本书在研究中突出了债务可持续的前瞻性视角，以更准确地反映可持续性的本质。

2. 研究方法的创新

一是将债务可持续性的测度分为静态与动态两部分。静态部分运用指数法和财政空间法进行测度，动态部分运用债务路径模拟法进行测度。二是从清偿能力、流动性、承债能力 3 个维度构建综合指标法可持续性指数，指标选取既考虑了债务可持续性的常规性要求，又引入了政府资产等指标，以体现我国地方政府债务可持续性的特色。三是借鉴西方文献中债务可持续性研究方法，运用情景模拟和压力测试对未来债务路径进行模拟，以体现债务可持续性的预测性特征。

3. 研究内容的创新

一是将隐性债务纳入地方政府债务可持续性研究。长期以来，已有文献对我国地方政府债务可持续性的研究忽视了隐性债务。本书通过科学的方法估计了地方政府隐性债务，并将其纳入地方政府债务，以全口径地方政府债务为对象测度和研究了地方政府债务可持续性，以期得出更佳科学的研究结论。二是增加政府债务可持续性评价和治理的国际经验借鉴。国际货币基金组织、世界银行和欧盟委员会均有较为成熟的政府债务可持续性评价框架，本研究梳理了上述框架的主要做法，以财政责任法律的渊源和兴起视角，分析了基于财政规则的法治化债务治理在发达国家和发展中国家的实践情况，并归纳总结了对我国开展债务可持续性评价和治理的启示。

第二章

地方政府债务可持续性的理论分析

第一节　政府债务可持续性的内涵

一、什么是债务可持续性

汉语中有很多包含可持续思想的成语、谚语，例如，“坐吃山空”“竭泽而渔”，就是通过反映未来惨淡前景，从而提示人们要调整当下行为模式。此外，“火燎眉毛，只顾眼前”“小车不倒只管推”“人无远虑，必有近忧”“留得青山在，不愁没柴烧”“寅吃卯粮”等，都包含了一些可持续的思想。《辞海》给可持续性下的定义是：指一种可以长久维持的过程或状态。可持续发展（Sustainable Development）是一个20世纪70年代后才开始广泛使用的名词，主要源于当时对人口过快增长、能源危机、资源枯竭、环境污染、温室效应等问题的深深忧虑（徐成龙，2021）。可持续发展概念最早在1980年由联合国环境规划署（UNEP）、世界自然保护基金会（WWF）、国际自然保护联盟（IUCN）共同发布的《世界自然保护大纲》中提出，以尽快达到自然资源永续利用为目标，确保全球可持续发展。此后，可持续发展逐渐成为全球共识。

可持续发展被提出的早期主要呼吁大家关注环境保护领域，后来，该概念逐步扩展到其他领域，例如人口可持续、经济可持续、财政可持续、债务可持续等，重点关注现有行为模式、推行的政策是否一直可行，若继续沿用，就关注未来路径上是否会遭遇问题，进而导致不良后果的出现。1997 年党的十五大把可持续发展战略确定为我国“现代化建设中必须实施”的战略，此后，可持续发展成为我国经济社会发展的重要理念和时代特征（邓力平，2008）。

政府债务可持续性（Government Debt Sustainability）是指政府债务的未来路径上出现违约的可能性很小，政府具有清偿能力（Solvency），流动性（Liquidity）充足，随时能满足其债务清偿需要，现行债务政策无须进行重大调整（Major Correction）。

二、理解政府债务可持续性应注意的几个方面

理解政府债务可持续性应注意以下几个方面。

1. 债务可持续性是一个前瞻性（Forward Looking）概念，视角是面向未来的（Wyplosz，2011），因此本质上是预测性的（Predictive），存在较大的不确定性，带有概率性质（Probability）。债务可持续性就是债务可持续（Debt Sustainable）的概率或可能性。

2. 可持续的政府债务一定是基于适度债务规模基础之上的，具有清偿能力（Solvency）最重要是要求债务负担不能过高。过度膨胀的债务规模，意味着沉重的本息负担和频繁的展期需求，是债务不可持续的主要威胁。

3. 债务可持续性要求政府必须时刻保证有充足的流动性（IMF，2018a）。流动性不同于清偿能力，即便政府具有清偿能力，如果不能保证任何时候都有足够的资金偿还到期债务，则债务仍然是不可持续的。流动性重点关注财政收入、存量可用资金和当期应偿债务的关系。如果

为了保证到期债务不违约，必须实施不可行（Unfeasible）的债务重组或财政紧缩，则意味着债务不可持续。

4. 债务可持续性的政策启示。债务可持续性研究的主要目的是对当前债务政策及行为是否合理进行判断，有“从未来看现在”“回顾性”的意思（IMF, 2013a），即进行预测性回顾（Predictively Retrospective）。如果当前债务政策是合理的，则债务可持续性就会比较强；反之，如果当前债务政策是不顾以后影响的、得过且过的，甚至盲目的、冲动的，债务可持续性就会面临较大风险。若研究发现未来债务可持续性将出现问题，则必须对当前债务政策进行调整，以期影响未来，即“回到未来”（Back to the Future）。

5. 债务可持续性的第三人视角。债务是否可持续并非由政府自身完全决定，而是具有第三人视角的主观性。债务可持续与否其实较大程度决定于市场主体的主观判断，只要市场认为政府债务有可能违约，就会对债务可持续性产生很大压力。如果由于某种原因，市场对政府债务风险的看法发生变化，流动性压力就可能会突然升高，借贷成本可能会爆炸，清偿能力会立即成为问题。债务危机具有自我实现性质（Self-Fulfilling），使可持续性评估变得复杂。一定程度上，债务可持续性是一个事关信心的问题，重合同、守信用的政府形象，往往比债务负担本身对债务可持续性的影响更大。

6. 并不存在满足债务可持续的权威条件。Debrun 等（2019）认为，债务可持续性并没有可操作的意思（Operational Implications）。什么样的债务是可持续的？目前并没有一条或数条可供作为判断条件的“金科玉律”。正因为债务可持续性本质上的不确定性，所以在一定程度上仍依赖于主观判断。

7. 政府债务可持续性中的“政府”的概念应当是广义的，一般理解为公共部门。当财政法治化程度有限、财政纪律比较宽松时，为规避限制，公共部门可能存在较多脱离预算监督的举债行为。为了避免“漏网之鱼”产生负面影响，按照国际货币基金组织（2018）债务可持续性框架做法，在评价债务可持续性时应尽量将能涵盖的债务主体均纳入其中，如融资平台公司等地方国有企业。

三、债务可持续性概念辨析

（一）债务可持续性与财政可持续性的联系与区别

财政可持续性（Fiscal Sustainability）和债务可持续性（Debt Sustainability）两个概念具有密切联系。Keynes（1923）指出，公共债务占GDP的比重过高可能会导致财政可持续性缺失，如果政府财政收入不足以支付发行新债所需的费用，国家财政将面临可持续性问题。这可能是关于财政可持续性的最早论述。Buiter（1985）认为，财政可持续性是指作为经济实体的国家财政的存续状态或能力。邓子基（2001）认为，财政可持续是指在无限期界内，在能够借新债还旧债和保持币值稳定的前提条件下，当前政府债务余额应当等于未来财政盈余的现值。Buckle和Cruickshank（2013）认为，财政可持续是指政府现行财政政策能够维持其养老金、医疗、福利及其他财政支出而不需要进行财政调整，或者现行财政政策不会导致过度负债而迫使其进行财政调整。邓晓兰（2014）认为，关于政府清偿能力问题的表述中，"公共债务可持续性"含义更为准确，因为"财政可持续性"缺乏直接的研究对象。

上述财政可持续性定义多数包含了对债务的要求，如果政府债务可持续性出现了问题，财政可持续性也就出现了问题。政府债务可持续是财政可持续的核心要求，政府债务不可持续是财政不可持续的主要原因或表现。无论是财政可持续性还是债务可持续性，都强调政策和行为的可持续性。例如，积极财政政策是否可持续，曾是我国经济学界讨论较多的一个问题（杨萍，2001；国家发改委经济研究所课题组，2012）。因此，财政可持续性和债务可持续性关系密切，学者经常将二者联系起来，认为二者可以相互替代。

二者的区别在于，财政可持续性涵盖的范围超过债务可持续性，涉及全面的财政收支活动，包括财政收入的可持续性、财政支出的可持续性、财政调整的可行性等。财政收入的可持续性指的是税收等财政收入的稳定性是否可能由于某些原因而下降进而出现预算缺口。财政支出的可持续性指的是某些财政支出增加（例如人口老龄化导致的养老及医疗支出）是否会超出财政承受能力而导致债务过度累积。财政调整的可行性指的是当财政风险出现并危及可持续性时，政府应进行相应的财政调整，所采取的措施在政治、经济、社会等方面必须是可行的，例如，当财政缺口较大时，增加财政收入（如增税、举债、通胀）或财政紧缩（Fiscal Austerity）是可行（Feasible）的。

（二）债务可持续性与债务风险的联系与区别

债务风险与债务可持续性是两个联系紧密又有一定区别的概念。政府债务风险（Government Debt Risk）是指政府无法清偿到期债务的偿债风险和资不抵债的破产风险（沈沛龙和樊欢，2012），以及由此引发的经济、社会等风险的可能性（马海涛和吕强，2004；杜威和姚健，2007）。结合已有研究对政府债务风险的理解，本书认为政府债务风险是指政府出现无法履行到期偿债义务及由此引发的财政、经济及社会损害的可能性。

二者的联系是，债务可持续性和债务风险主要关注的是债务到期清偿问题，即是否会出现债务违约。债务风险的主要表现或后果就是债务不可持续，或者说债务不可持续风险。债务风险并不一定必然导致债务不可持续，只有当债务风险较大，或者发生概率较高时，才会威胁到债务可持续性。债务风险和债务可持续性是对同一个问题的不同表述方式，二者往往可以相互指代。

二者的区别在于，债务风险侧重于关注债务本身存在的问题，如债务负担水平和债务成本是否过高，债务期限结构、持有者结构是否合理，能否按期偿付等。债务可持续性侧重于债务主体行为，重点关注：延续现有债务政策和行为，未来债务路径上是否可能出现偿债困难，遇到风险事件时是否有能力开展可行的财政调整。债务风险分析多从债务历史和现状考察债务问题，侧重于从现在看未来；债务可持续性分析则更多地从预测角度考察债务问题，侧重于从未来看现在，并对现行债务政策、行为是否合理进行判断，因此经常表述为“财政（债务）政策的可持续性”。

（三）地方政府与中央政府债务可持续性的联系与区别

地方政府债务可持续性与中央政府债务可持续性的联系是，地方政府债务可持续性是全国债务可持续性的重要组成部分，中央政府对地方政府债务可持续性至少负有监管责任，甚至负有救助和兜底责任。一般，这种联系在央地关系相对松散的情况下（例如联邦制）比较弱，在央地关系相对密切的情况下（例如单一制）比较强。地方政府层级较多、地方财政收支规模较大的情况下，地方政府债务可持续性对一国债务可持续性的重要性就越强。

二者的主要区别有：其一，地方政府不具有货币发行权，无铸币税收入，因此很难直接运用债务货币化手段改善债务可持续性。Ianchovichina 和 Liu（2006）认为，地方政府通常没有权力发行货币，因此铸币税在其长期预算约束中没有角色，由于在组织收入、转移支付等方面受制度约束，地方政府调整财政盈余的能力是受限的。而中央政府拥有财政、货币等政策工具，在维护和保持债务可持续性上具有更强的能力。其二，地方政府债务可持续性与中央、地方财政关系有关。如果地方财政独立性较强，纵向转移支付规模较小，则地方政府债务可持续性通常与中央政府关系较小。相反，如果地方财政收入比较有限，中央政府集中了更多收入，纵向财政不平衡问题较为突出，存在大量转移支付，则地方政府债务可持续性与中央政府关系较为密切。转移支付（尤其是专项转移支付）意味着地方政府在资金运用中要贯彻中央政府意志，若由此形成债务，则隐含着中央政府担保。如果存在中央政府对地方政府的隐性担保，可能会提高地方政府债务可持续性，但也会导致地方政府预算软约束。由于可以将债务风险转嫁给中央政府，弱化地方政府财务约束，可能出现助长地方政府无序甚至过度举债，从而损害债务可持续性的情况。

第二节　政府债务可持续性的主要理论

一、跨期预算约束理论

跨期预算约束理论（Intertemporal Budget Constraint, IBC）是政府债务可持续性研究的重要理论基础。本节主要参考 Bohn（2005, 2007）归纳总结跨期预算约束理论。政府预算连接着财政收入、财政支出和政府债务，当政府出现赤字时用举债弥补。DEF_t为 t 期含利息赤字，T_t为政府收入，G_t为不含利息支出，D_{t-1}为 $t-1$ 期债务余额，均为现价。i_t为债务余额的平均名义利率。在 t 期，预算约束如式（2-1）所示，赤字等于财政盈余加上债务利息支出。如式（2-2）所示，t 期债务余额等于 $t-1$ 债务余额加上 t 期赤字。

$$DEF_t = G_t - T_t + i_t D_{t-1} \tag{2-1}$$

$$D_t = D_{t-1} + DEF_t \tag{2-2}$$

由式（2-1）和式（2-2）可以得到：

$$G_t + (1 + i_t) D_{t-1} = T_t + D_t \tag{2-3}$$

将不包含利息支出的基础财政盈余（Primary Balance）定义为：$PB_t \equiv T_t - G_t$。当 PB_t为负时，代表存在基础财政赤字。将基础财政盈余代入式（2-3），得到式（2-4）：

$$D_t = (1 + i_t) D_{t-1} - PB_t \tag{2-4}$$

在式（2-4）两侧同时除以名义 GDP（Y_t），得到：

$$\frac{D_t}{Y_t} = (1 + i_t)\frac{D_{t-1}}{Y_{t-1}}\frac{Y_{t-1}}{Y_t} - \frac{PB_t}{Y_t} \tag{2-5}$$

定义 GDP 名义增长率为 y_t，则式（2－5）可以变为：

$$d_t = \left(\frac{1 + i_t}{1 + y_t}\right)d_{t-1} - pb_t \tag{2-6}$$

用通货膨胀率对式（2－6）中名义利率和名义 GDP 增长率进行调整，得到：

$$d_t = \left(\frac{1 + r_t}{1 + g_t}\right)d_{t-1} - pb_t \tag{2-7}$$

式（2－7）中，r_t、g_t 分别代表真实利率和 GDP 实际增长率。$t+n$ 期债务负债率可以用式（2－8）表示：

$$d_{t+n} = \left[\prod_{k}^{n}(1 + r_{t+k})\right]d_{t-1} - \sum_{j=0}^{n}\left[\prod_{k=j+1}^{n}(1 + r_{t+k})\right]pb_{t+j} \tag{2-8}$$

将式（2－8）中 r_t 设为固定值 r，等式两边取条件期望，并除以 $(1+r)^n$，移项后得到：

$$d_t^* = \sum_{j=0}^{\infty}\frac{1}{(1 + r)^j}E_t(pb_{t+j}) + \frac{1}{(1 + r)^n}E_t d_{t+n} \tag{2-9}$$

假设贴现值之和收敛，取极限得到：

$$d_t^* = \sum_{j=0}^{\infty}\frac{1}{(1 + r)^j}E_t(pb_{t+j}) + \lim_{n\to\infty}\frac{1}{(1 + r)^n}E_t d_{t+n} \tag{2-10}$$

式（2－10）中 d_t^* 代表初始 t 期的负债率。政府债务如果是可持续的，要求未来财政盈余的现值等于初始债务，意味着式（2－11）成立，称为跨期预算约束条件（Intertemporal Budget Constraint，IBC），即政府债务不应超过未来所有财政盈余的现值，初始债务必须由财政盈余所抵消。

$$d_t^* = \sum_{j=0}^{\infty}\frac{1}{(1 + r)^j}E_t(pb_{t+j}) \tag{2-11}$$

将式（2－11）代入式（2－10），意味着式（2－12）成立，被称为横截面条件（Transversatlity Condition，TC）。

$$\lim_{n\to\infty}\frac{1}{(1+r)^n}E_t d_{t+n}=0 \tag{2-12}$$

除满足自身债务清偿条件外，政府举借债务还需要考虑贷款人（出借人）的意愿。假设潜在的贷款人是永远生存的追求效用最大化的理性人，金融市场是完备的，贷款人对所有金融产品均施以同样的定价核（$U_{t,n}$），应用到政府债务上，给出贷款人的横截面条件，也称为广义横截面条件。

$$\lim_{n\to\infty}E_t(U_{t,n}d_{t+n})=0 \tag{2-13}$$

政府债务最终是必须偿还的，没有人愿意接受无法兑现的政府债务，政府必须让贷款人相信其还款意愿。违反横截面条件意味着初始政府债务永远不会被偿还，这就构成了庞式骗局（Ponzi Game）。理性的贷款人不会接受这样的债务，因此，横截面条件对政府举债行为构成了约束。式（2-13）也称为非庞式骗局条件（No Ponzi Condition）。

结合式（2-13）和式（2-8），可以得到：

$$d_t^* = \sum_{n=0}^{\infty}E_t(U_{t,n}d_{t+n}) \tag{2-14}$$

式（2-14）为广义跨期约束条件，是根据贷款人最优行为推导出来的，意味着初始债务必须由未来盈余现值支持，与式（2-11）的不同之处是未来债务的折现率。如果贷款人风险中性且具有恒定的折现率 $\beta=1/(1+r)$，那么 $U_{t,n}=\beta^n=1/(1+r)^n$，则式（2-14）简化为式（2-11），式（2-13）简化为式（2-12）。只有协方差项 $cov_t(u_{t,n},\ pb_{t+n})$ 等于0，上述简化才能成立，这需要以下条件中至少一项成立（Mendoza和Ostry，2007）：（a）没有不确定性；（b）私人部门是风险中性的；（c）未来财政盈余与未来消费的边际效用无关。这三项条件中（a）、（b）显然是不现实的，很多实证研究结果证明（c）也不成立，因此，协方差项并不等于0。因此，上述简化过程存在较大缺陷，故式（2-11）和式（2-12）被称为形式上的跨期预算约束条件和横截面条件（Bohn，2005）。

根据式（2－11）跨期预算约束条件，假如未来财政盈余均为负，则式（2－11）不可能成立。而现实中一国长期保持财政赤字状态的情况十分普遍，这就是狭义 IBC 的缺陷。若假设 $u_{t,n}=\beta^n\mu(c_t/c_{t+n})$，$\mu$ 为边际替代率，c 代表消费，并假设 $cov_t[\mu(c_t/c_{t+n}),pb_{t+n}]=\sigma_n$，则有：

$$d_t^* = \sum_{j=0}^{\infty}\frac{1}{(1+r)^j}E_t(pb_{t+j})+\sigma \qquad (2-15)$$

式（2－15）中 σ 为常数。假如财政盈余均为负，如果常数 σ 为正，则式（2－15）仍可能成立。因此，将定价核简化为利率 r 是有严重缺陷的。横截面条件是基于贷款人是永远生存的、金融市场是完备的从而推导出的，如果这两个条件不满足，政府债券又具有流动性优势，则贷款人横截面条件未必适用。

负债率演化路径主要取决于真实利率、GDP 实际增长率及财政盈余率。在式（2－7）两侧减去 d_{t-1}，得到负债率变化。

$$\Delta d_t = d_t - d_{t-1} = \left(\frac{r_t-g_t}{1+g_t}\right)d_{t-1}-pb_t \qquad (2-16)$$

如果要负债率收敛（即 $\Delta d_t \leqslant 0$），需要在不同情况下分别进行讨论。如果存在基础财政盈余，即 $pb_t>0$，如果 $r_t<g_t$，则 $\Delta d_t<0$ 恒成立，负债率确定收敛；如果存在基础财政赤字，即 $pb_t<0$，如果 $r_t<g_t$，则 $\Delta d_t<0$ 可能成立，负债率可能收敛；如果 $r_t>g_t$，只有当 $pb_t>0$ 时，负债率才可能收敛。负债率动态取决于两方面因素，债务利率低于 GDP 增长率，并不一定能保证负债率收敛，还取决于基础财政盈余的正负及大小。当 GDP 增长率超过资本边际产量（可以用利率衡量）时，经济可能会出现过度积累的均衡，这样的经济被称为动态无效经济；反之称为动态有效（Dynamic Efficiency）经济。当利率低于 GDP 增长率时为动态无效，庞式骗局可以成立。庞式骗局仅适用于发新债还旧债，给定赤字大小，显然 GDP 增长率超过利率是更有助于负债率收敛的，因此是债务可持续的一个有利条件。但是如果基础赤字很大，负债率将无法收敛。因此，GDP 增长速度高于利率并不是负债率收敛的充分条件。例如，我国经济在相当长时间内均处于动态无效状态，但地方政府负债率并未收敛，而是持续攀升，主要原因是实际赤字较大。刘立峰（2002）、李扬等（2012）认为，只要 GDP 增速足够快、举债利率足够低，就意味着政府债务风险不大，这种观点是值得商榷的，根本原因在于忽略了基础财政盈余的作用，即式（2 - 16）右边第二项。如果基础财政盈余长期为较大负数，负债率仍可能迅速上升。近年来，我国地方政府债务的膨胀就与此有关。

跨期预算约束理论对于政府债务可持续性分析有如下几点启示。其一，政府债务是受到跨期预算约束的，跨期预算约束理论中关于债务路径动态方程及相关推导是债务可持续性分析的基础。其二，跨期预算约束理论涉及贷款人行为和金融市场有效性等假设，而政府债务折现率的确定比较复杂，简单地将无风险利率作为折现率存在重大缺陷。因此，通过检验形式上的跨期预算约束条件，无法得到债务可持续的确定性结论。例如，早期文献中基于跨期预算约束的财政收支、赤字的单位根和平稳性检验、协整检验，并不能用于判断债务是否具有可持续性。广义跨期预算约束计量检验可以作为检验跨期预算约束条件的一种方法，即为财政反应函数理论。其三，GDP 增长速度较高和债务发行利率低均有利于政府债务可持续性，但并不能保证负债率一定收敛，负债率走势还取决于财政赤字的大小。在一定情况下，政府可以仅通过借新还旧（庞式骗局）对到期债务进行延展，这不意味着债务一定具有可持续性。

二、财政反应函数理论

Bohn（1998，2005）最早提出了财政反应函数（回归）模型（Fiscal Reaction Function，FRF），认为基础财政盈余与政府债务余额存在稳定的关系。财政反应函数模型从动态角度分析财政逐渐调整为可持续的过程，能够反映债务可持续性作为一种长期均衡状态的本质特征，加之对变量平稳性没有要求，已经成为研究政府债务可持续性的一种重要方法。

Bohn（2005）证明，如果（DEF_t，D_{t-1}）协整并满足式（2-17）条件，则跨期预算约束条件和横截面条件满足。其中，DEF_t为 t 期的财政赤字（含利息），为保证收敛，参数 $\lambda \in [0, 1+r]$。

$$DEF_t - \lambda DEF_{t-1} \sim I(0) \tag{2-17}$$

根据协整条件及式（2-17），可以推出式（2-18），其中 $\alpha > 0$，是反映（DEF_t，D_{t-1}）线性组合的参数。

$$DEF_t = -\alpha D_{t-1} + \varepsilon_t \tag{2-18}$$

将式（2-18）两侧同除以 Y_t，由于 $pb_t = -DEF_t/Y_t$，得到式（2-19），意味着基础财政盈余率和滞后一期负债率之间存在一种线性关系。

$$pb_t = \rho d_{t-1} + \mu_t \tag{2-19}$$

式（2-19）就是财政反应函数的基本形式，即基础财政盈余率是负债率的线性函数。μ_t 是其他影响基础财政盈余率的因素集合。式（2-20）意味着，相较于庞式骗局，负债率的增长速度会减少（$1-\rho$），对于任何一个正的 ρ，都会使负债率收敛于0，横截面条件满足。

$$E_t(u_{t,n}d_{t+n}) \approx (1-\rho)^n d_t \to 0 \tag{2-20}$$

Bohn（1998）给出了如下形式的财政反应函数：

$$pb_t = \alpha_0 + \rho d_{t-1} + \gamma ygap_t + X_t\beta + \varepsilon_t \tag{2-21}$$

式（2-21）中，ρ 代表财政反应系数，$ygap$ 代表产出缺口，X_t代表一组控制变量，ε_t为随机扰动项。Bohn（2005）证明，如果满足跨期预算约束和非庞式骗局条件，政府负债率就会体现出一种均值回归（Mean-Reversion）特征，因而债务是可持续的。不少国内外文献应用该方法评价财政政策是否负责任（Responsible）及债务是否可持续。根据 Bohn（2005）的解释，一般，当负债率上升时，政府应当以增加财政盈余或减少财政赤字的方式应对，才是负责任的财政行为，此时财政反应系数应为正数。维持财政盈余并不是财政反应系数为正的必要条件，在存在财政赤字的情况下，通过减少赤字，财政反应系数也可为正。当财政反应函数估计出的财政反应系数为正时，就认为政府债务可能具备可持续性。

需要说明的是，财政反应系数为正既不是政府债务可持续的充分条件，也不是必要条件。财政反应函数主要反映的是政府财政政策对债务可持续性的影响，也就是政府对待债务的态度。即便财政反应函数回归结果表明长期债务是可持续的，但债务可持续并非随时随地能够被满足（Mauro 等，2015），不能排除负债率在某段时间内持续上升并到达大部分市场参与者认为不可持续的水平，以及长期和短期可能存在的不一致（即长期系数可能为正，某个子区间系数可能为负，故短期不可持续）。另外，财政反应函数并未包含对基础财政盈余应符合的边界要求，这使太多负债率路径和水平均能满足清偿能力条件。

大量运用财政反应函数的实证文献结果表明，尽管财政反应函数直接用于判断债务是否可持续是存在一定缺陷的，但基础财政盈余率和负债率之间确实存在较为稳定的关系，因此成为刻画政府财政行为的一个良好工具。研究者能够根据过去政府财政行为，用财政反应函数回归获得有关参数，并利用负债率递推公式对未来基础财政盈余进行预测。

假设 r 和 g 为常数，并令 $\beta=0$，将式（2－21）代入式（2－7），得到：

$$d_t=\left(\frac{1+r}{1+g}-\rho\right)d_{t-1}+pb_t-\gamma ygap_t-\varepsilon_t \tag{2-22}$$

对式（2－22）进行后推（Backward－solution），得到：

$$d_t=\sum_{j=0}^{\infty}\left(\frac{1+r}{1+g}-\rho\right)^j(pb_t-\gamma ygap_{t-j}-\varepsilon_{t-j}) \tag{2-23}$$

由式（2－23）可知，负债率要收敛，则应满足：

$$\left(\frac{1+r}{1+g}-\rho\right)<1 \tag{2-24}$$

式（2－24）说明政府财政行为（增加盈余或缩减赤字）必须对债务增长有足够强的反应，使 ρ 平均比 $\frac{r-g}{1+g}$ 大，才能保证负债率收敛。

当负债率上升到较高水平后，政府持续保持财政盈余以控制债务增长的能力逐渐减弱的现象称为财政疲劳（Fiscal Fatigue）。Ostry 等（2010）较早提出了这一概念，并通过在财政反应函数回归分析中加入负债率平方项和立方项等方式，验证了财政疲劳现象的存在。

在式（2－16）基础上，将 t 向前推一期，并利用$\frac{r_t-g_t}{1+g_t}\approx r_t-g_t$，移项后得到式（2－25）。

$$d_{t+1}-d_t=(r_t-g_t)d_t-pb_{t+1} \tag{2－25}$$

式（2－25）说明，负债率变化受两个因素影响：利率－增长率差值（Interest Rate－Growth Rate Differential）和基础财政盈余率。较低的政府债务利率、较高的 GDP 增长率、较大的基础财政盈余均有利于控制负债率增长。

将财政反应函数方程改写为式（2－26）形式，负债率通过非线性连续可微函数 $f(d_t)$ 对财政盈余率产生影响。

$$pb_{t+1}=\mu+f(d_t)+\varepsilon_{t+1} \tag{2－26}$$

假设式（2－26）中扰动项期望值$\overline{\varepsilon}=0$。$\tilde{d}$代表债务上限，可以通过求解方程（2－27）最大的根得到。

$$\mu+f(\overline{d})=(r^*-g)\tilde{d} \tag{2－27}$$

图 2－1 中黑色实线为财政反应函数曲线（pb）。在负债率水平很低的情况下，基础财政盈余对负债率上升的反应很弱。随着负债率的升高，基础财政盈余响应变得积极，曲线斜率变得陡峭，但随着负债率的进一步上升，财政调整空间逐渐变小，曲线斜率变平缓，因为加税或进一步削减财政支出会变得越来越困难，最后曲线开始下降，斜率变为负数。从原点出发的虚线为利率支付曲线（Interest Payment Schedule），由利率－增长率差值（$r-g$）乘以负债率 d 得出：$(r-g)d$。在负债率较低的情况下，利率是无风险利率 r^*，假设 GDP 增长率与负债率水平或利率无关，则利率支付曲线为直线，斜率由无风险利率与 GDP 增长率之差给定。财政反应函数曲线与利率支付曲线的左下方交点是一个均

衡，代表负债率长期将收敛到 d^*。如果外来冲击将负债率提高到该均衡点以上（但不超过右上方交点），此时基础财政盈余将足以抵消较高的利息支出，从而使负债率恢复至长期均衡水平 d^*。财政反应函数曲线与利率支付曲线还存在一个右上方交点，该点定义了债务上限$\tilde{d}$。在该债务上限之上，债务变得不可持续：如果负债率超过此点，它将永远上升。在没有进行特别调整的情况下，财政盈余永远不足以抵消不断增长的偿债需求，因此债务是不可持续的，此时利率变得无限大，政府失去了市场准入，无法展延其债务。

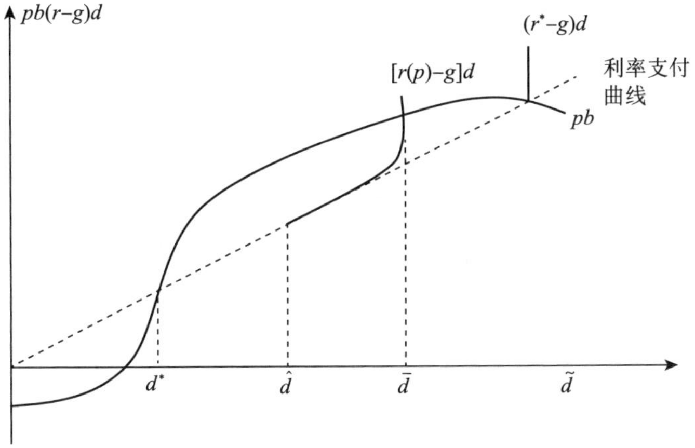

图 2－1 财政疲劳

图片来源：Ostry 等（2010）。

上述分析是基于将债务利率设定为无风险利率，但该假设并不完全合理，财政盈余会受到随机因素冲击影响，利率对风险上升存在内生反应，利率支付曲线并非由无风险利率减去 GDP 增长率所定义的直线，而是随着负债率接近极限向上弯曲。此时利率变成违约概率的函数，利率支付曲线变为$[r(p)-g]d$。其中，p 代表债务违约概率。当负债率超过某一值 $\hat{d}$ 后，市场需要收取风险溢价，因为，此时一旦出现对基础财政盈余的负面冲击，就有可能将负债率推高至不可持续水平。债务上限 $\bar{d}$ 定义为：超过此点后，不存在一个固定的利率能够解决“更高违约风险需要更高风险溢价、更高风险溢价导致更高违约风险”的问题。如图 2－1 所示，利率支付曲线在 $\bar{d}$ 点左侧已经开始向右上倾斜，利率已经随着负债率趋近于极限而开始上升，到 $\bar{d}$ 点时已经成为垂线，利率已经由于违约风险极高变得无穷大，债务变得不可持续。

可见政府调整财政盈余的态度越积极（财政反应函数曲线越陡峭），以及利率－增长率差值越大，$\bar{d}$点的位置就越靠右，债务上限就越高。若出现对基础财政盈余或利率－增长率差值的负面冲击，那么市场若认为该负面冲击比之前预期的要大，就意味着对于任何给定的债务水平，违约的可能性更高。因此，风险溢价也需更大，这将使利率支付曲线更加陡峭，并可能导致债务上限左移，也可能使原本可持续的债务陷入不可持续的局面。

财政疲劳的政策含义是：其一，如果出现财政疲劳，意味着财政当局应对负债率上升的调整能力被削弱，债务上限出现下降，财政空间被压缩，债务不可持续的风险上升；其二，财政疲劳导致市场要求更高的政府债务利率风险溢价，对债务可持续性产生负面影响。财政当局调整财政盈余的积极态度和保持较小的利率－增长率差值有利于提高债务可持续性。

在实证研究中，如果需要考虑财政疲劳，可在财政反应函数回归模型中加入负债率平方项和立方项，如式（2－28）所示：

$$pb_t = \alpha + \rho_1 d_{t-1} + \rho_2 d_{t-1}^2 + \rho_3 d_{t-1}^3 + \sum \beta_i X_{i\ t} + \varepsilon_t \quad (2-28)$$

式（2－28）中，ρ_1、ρ_2、ρ_3分别代表负债率、负债率平方项、负债率立方项系数。X_{it}为控制变量集合，一般包括产出缺口、财政支出波动、制度质量等。系数 ρ_2 和 ρ_3 可以用于判断是否存在财政疲劳。一般，如果存在财政疲劳，系数ρ_2和ρ_1符号方向相反，系数ρ_3和ρ_1符号方向相同。

三、财政空间理论

广义财政空间是指预算调整空间，定义为：在不危及市场准入和债务可持续性的情况下，相较于基准情景增加财政支出或降低税收的预算空间（Heller，2005；IMF，2018b）。广义财政空间增加财政支出的资金来源包括举债。狭义财政空间就是指举债空间，定义为：与债务上限相比，政府还能够举借的最大债务规模（Ostry 等，2010）。一般，财政空间指的是狭义财政空间，即举债空间。财政空间为正时，说明政府还可以继续举债，当财政空间为零或为负时，说明政府已经无法举债，或者继续举债的负面作用将较大。财政空间的大小就成为衡量债务可持续性的一种方法，较大的财政空间意味着较强的债务可持续性，财政空间狭小，意味着债务可持续性较差。计算财政空间的关键在于获得债务长期收敛值（Debt Convergence Value）、债务上限（Debt Limit）或债务阈值（Debt Threshold）。

（一）利用财政反应函数计算财政空间

Mendoza 和 Ostry（2007）给出了一种通过估计财政反应函数模型计算负债率收敛值的方法。将财政反应函数简写为式（2－29）的形式，其中，ρ 为财政反应系数，d_{t-1}为 $t-1$ 期负债率，ε_t为期望值为 0 的误差项。

$$pb_t = \rho d_{t-1} + \mu_t + \varepsilon_t \tag{2-29}$$

式（2－29）中，μ_t可以从估计式（2－30）得到。其中，$\tilde{g}_t$和$\tilde{y}_t$分别用于衡量政府财政支出和 GDP 增长率波动。

$$\mu_t = \beta_0 + \beta_1 \tilde{g}_t + \beta_2 \tilde{y}_t \tag{2-30}$$

如果$\bar{\mu}$和$\bar{r}$平稳，可以依据式（2－29）和跨期预算约束条件推导出负债率收敛值的计算公式，如式（2－31）所示。根据式（2－31），ρ 与负债率收敛值负相关，ρ 越大，负债率期望值越小，因为 ρ 反映了政府对待债务的态度，更大的 ρ 意味着当债务增加时，政府应对更积极，或安排了更大的财政盈余，或缩小了财政赤字。

$$E(d_t) = \frac{-\bar{\mu} + (1-\rho)\mathrm{cov}(1+r_t, d_{t-1})}{\rho(1+\bar{r}) - \bar{r}} \tag{2-31}$$

式（2－31）可以进一步简化，若忽略式（2－31）等式右边利率与滞后一期负债率的协方差，则式（2－31）可以简化成为式（2－32）：

$$E(d_t) \approx -\bar{\mu}/[\rho-\bar{r}(1-\rho)] \tag{2-32}$$

通过计算式（2－32），可以得到负债率期望收敛值，减去当期负债率，即可得到财政空间。

财政反应函数模型还可以用于求解债务上限，并用于计算财政空间。唐文进等（2014）、陈宝东和邓晓兰（2018）、王涛等（2019）基于式（2－27），通过求解一元三次方程计算了全国和地方政府债务上限。具体思路是：首先对式（2－25）进行变形，得到：

$$\Delta d_t=(r_{t-1}-g_{t-1})d_{t-1}-pb_t \tag{2-33}$$

当债务达到上限后，令 $\Delta d_t=0$，将式（2－28）中 X_{it} 简化为只含有 GDP 增长率变量（还可以包括居民储蓄率、产出缺口、财政支出缺口等），将式（2－33）代入，可以得到：

$$pb_t=\alpha+\rho_1 d_{t-1}+(r_{t-1}-g_{t-1})d_{t-1}+\rho_2 d_{t-1}^2+\rho_3 d_{t-1}^3+\beta g_t \tag{2-34}$$

式（2－34）成为关于 d_{t-1} 的三次函数，将基础财政盈余率、平均利率、平均 GDP 增长率等数据代入后，得到一元三次方程，解得方程较大的根，即为负债率上限值。

上述基于财政反应函数模型计算财政空间的方法存在的主要缺陷是：其一，如何保证参数估计的准确性，否则得到的长期债务收敛值的科学性可能存疑；其二，负债率收敛值和债务上限可能还是存在差异的。从图 2－1 可以看出，债务上限很有可能高于长期负债率收敛值，因此若以负债率收敛值计算财政空间，可能会低估债务可持续性。

（二）通过估计债务阈值计算财政空间

债务阈值（Debt Threshold）一般低于债务上限，指债务适度到过度的边界，一旦超过此边界，债务可持续性就可能面临考验。如果能确定一国适用的债务阈值，就可以计算出财政空间。确定债务阈值的方法有以下几种。

一是经验性阈值。例如，欧盟马斯特里赫特条约和稳定与增长条约建议的负债率60%就是被广为参考的阈值之一。但这一阈值的科学性一直受到质疑，也并不适用于所有国家。大部分发达国家负债率早已突破60%的阈值，也未产生严重后果（杨志勇，2017a）。

二是根据政府债务对经济增长的影响确定的阈值。如果能找到一个负债率水平临界值，高于此临界值，债务就会对经济增长产生明显负作用，则该临界值可以作为债务阈值。例如，Reinhart 和 Rogoff（2010）研究发现，负债率90%是一个负债率临界点，超过以后，债务就会对经济产生显著负面作用，该研究产生了广泛的影响。然而，运用不同估计方法和数据得到的债务阈值可能会有较大差异，例如，Checherita - Westphal C 和 Rother P（2012）实证研究了欧元区国家政府债务与经济增长间的关系，发现当负债率达到70%至80%时，债务对经济的负效应可能已经出现。

三是通过计量回归估计债务危机（Debt Distress）发生概率确定阈值。IMF（2018a）通过识别债务危机（含债务违约、债务重组、获IMF救助、通胀率超过35%、主权利差超过其他国家均值1000基点或2个标准差等），进行 Probit 回归，模型如式（2-35）所示：

$$P(y=1)=\Phi(\beta_0+\beta_1 d_i+\beta_2 res_i+\beta_3 res_i{}^2+\beta_4 rem+\beta_5 g_i+\beta_6 g_w+\beta_7 CPIA_i) \tag{2-35}$$

式（2-35）中包括债务负担 d_i（负债率、债务率、偿债率、偿债出口比率等）、储备（Reserve，*res*）、汇款（Remittance，*rem*）、GDP 增速（g_i）、世界 GDP 增速（g_w）、*CPIA*（制度质量）等。计算概率临界值，求得能使损失函数一类错误和二类错误最小的$\overline{P}^*$。

$$Threshold^c=[\Phi^{-1}(\overline{P}^*)-(\hat{\beta}_0+\sum\hat{\beta}_i\overline{X_i}+\hat{\beta}_7 CPIA^c)]/\hat{\beta}_1 \tag{2-36}$$

式（2-36）中，$i=2,3,4,5,6$。Φ^{-1}为累积分布函数的逆函数。X_i代表式（2-35）方程右边除 *CPIA* 外各控制变量。$CPIA^c$代表三种制度质量（弱、中、强）得分，代入式（2-36）可计算得到三个债务阈值。

四是依据地方政府相对财力分配债务阈值。关于确定地方政府财政空间，可以先将全国债务阈值在中央和地方政府间进行总体分配，再在各地方政府间以适当的方式进行分配，与现有债务规模进行比较，从而获得债务空间（缪小林和伏润民，2014）。式（2－37）中 FS 代表全国债务阈值，FS_C 和 FS_L 分别代表中央和地方政府债务阈值，W_C 和 W_L 分别代表中央和地方政府权重。在财政分权体制下，中央和地方政府应当主要以其财力作为债务权重分配依据。我国存在中央政府向地方政府大规模转移支付，且财政预算分为四本预算，在考虑分配权重时应当将这些实际因素考虑在内。

$$FS = FS_C W_C + \sum FS_{Li} W_{Li} \tag{2-37}$$

依据式（2－37）可计算得出单个地方政府应分配的债务阈值：

$$FS_i = \frac{FS_{Li}}{\sum W_{Li}} W_{Li} \tag{2-38}$$

得到单个地方政府的债务阈值后，减去其当期债务余额，就得到了财政空间。

综上所述，已有的政府债务可持续性理论提供了十分有益的洞见，然而并没有任何理论可以提供一种权威的判别方法，据以判定政府债务就是可持续的。因此，债务可持续性的判断在很大程度上是不确定的，需要从多个角度进行综合考虑。笔者将债务可持续研究理论中涉及的一些因素及其对债务可持续性影响列出，如表 2－1 所示。

表 2－1　　债务可持续性判断条件

影响因素	状态或取值	对债务可持续性的影响	是否可以作为债务可持续性判断条件
债务利率	低	有利	否
经济增长速度	高	有利	否
财政（债务）空间	大	有利	否

续表

影响因素	状态或取值	对债务可持续性的影响	是否可以作为债务可持续性判断条件
财政反应函数系数 ρ	正	有利	否
财政收支、赤字序列	协整、平稳	有利	否
债务数据序列	收敛	有利	否
负债率、债务率	低	有利	否
内债比例	高	有利	否
债务资金运用效益	高	有利	否
制度质量	高	有利	否
隐性债务	少	有利	否
金融发展水平	高	有利	否
老龄化	低	有利	否

资料来源：作者根据相关文献总结。

第三节　地方政府债务可持续性的影响因素

一、直接影响因素

（一）经济增长

经济增长对政府债务可持续性的影响主要体现在以下两个方面：

一是经济增长能够稳定债务负担，有助于保持债务可持续性。负债率是衡量债务负担的最重要指标，虽然债务余额持续增长使负债率分子变大，经济增长使负债率分母扩大，债务负担得以稳定，因此能够使债务具有可持续性。Bohn（2005）研究了美国财政可持续性，发现1792—2003 年的年均财政赤字率为 1.2%，扣除利息后的基础赤字率（Primary Deficit）为 0.3%，2003 年负债率仍维持在 1792 年水平，名义

GDP 增长几乎完全抵消了赤字和利息对负债率的负面影响。

二是经济增长具有财力效应，有助于削减政府债务（马勇和田拓，2016），涵养中长期税基（郭玉清，2019）。债务负担并不一定与债务可持续性线性负相关，更高的经济发展水平意味着更强的承债能力。Reinhart 等（2003）研究发现，发达国家债务耐受度（Debt Tolerance）高，日本负债率达到 120%，但仍可持续，发展中国家债务耐受度低，墨西哥 1982 年债务违约时负债率为 47%，阿根廷 2002 年债务违约时负债率为 50%。保持经济增长是提高债务可持续性和防范债务风险的重要武器（李扬等，2012）。

（二）债务利率

债务利率是影响负债率路径的核心因素之一，债务利息影响财政盈余（赤字），从而影响债务规模和负担；债务付息支出是偿债支出的一部分，因而也影响流动性。Bohn（1998）研究了美国公共债务和赤字，1916—1995 年，美国政府债券年均实际利率仅为 0.1%，远低于同期 GDP 年均实际增长率 3.3%，这是美国长期存在基础财政赤字但仍保持债务可持续的重要原因之一。负债率演进路径的一个重要影响因素是利率和 GDP 增长率之差，利率越低，增长率越高，负债率向稳定水平的收敛速度就越快（李扬等，2012）。采取庞氏策略偿债、以低于经济增长率的利率借新债、财政预算平衡是地方政府债务可持续的三个条件（徐占东和王雪标，2016）。如果政府举债的低利率是通过金融抑制实现的，对经济增长可能产生负面作用（程宇丹和龚六堂，2015）。

（三）财政赤字

赤字是由财政收不抵支导致的，很多文献里财政赤字可持续性与债务可持续性几乎是等同的（邓晓兰等，2014），控制和削减赤字是改善债务可持续性的终极手段。如果财政赤字只能通过发行国债弥补，赤字规模大小的问题等同于政府是否能满足跨期预算约束（郭庆旺等，2003）。债务累积源于弥补财政赤字，赤字是负债率演进路径的决定因素之一，即使债务利率低于 GDP 增长率，如果赤字规模较大，负债率仍然会升高。在考察我国地方政府债务可持续性时，应注意赤字口径问题，一般公共预算赤字远小于全口径财政赤字①。例如，刘陈杰估计2017年我国广义财政赤字率为11.6%，而预算内赤字率仅为3.5%②。全口径地方政府债务之所以比显性债务规模大得多，核心原因在于隐性财政赤字的长期累积。

二、间接影响因素

（一）财政分权与政府间财政关系

一是财政分权程度与制度化水平。由于外部性、信息不对称、激励相容等原因（楼继伟，2013），财政分权是有效率供给公共产品的必然选择。财政分权是否彻底、是否制度化对于债务可持续有重要影响。如果财政分权彻底且制度化，并且不存在严重的纵向财政不平衡，地方政府面临的是预算硬约束，一般会提高地方政府债务可持续性。相反，如果财政分权不彻底，且制度化水平不高，地方政府较依赖纵向转移支付，地方政府虽然能在遇到债务危机时得到中央政府的救助，或有助于其债务可持续性，但也很可能会导致地方政府的道德风险，从而过度举债，不利于债务可持续性。

二是政府间职能划分的合理性。合理的政府间财政关系的前提是政府职能和市场职能的合理划分，政府职能应界定在弥补市场失灵领域，既不应当“越位”，也不应当“缺位”。如果政府职能“越位”，承担了大量应当交由市场承担的事项，常常面临较低的供给效率和较高的供给成本，容易引发因此导致的过度负债。合理的政府间财政关系要求在中央政府和地方政府之间，地方各层级政府之间进行合理的职能划分，

---

① 高培勇．2016年中国实际赤字远超10%　不能扩大赤字减税［EB/OL］.（2017-2-20）. http：//opinion.jrj.com.cn/2017/02/20130622079661.shtml.

② 刘陈杰．中国地方政府债务与金融稳定［EB/OL］.（2018-10-3）. https：//xw.qq.com/amphtml/20181003A13PCP00.

并且在财权安排上进行相适应的安排。如果中央政府集中了大部分财力，而事权却大量地由地方政府承担，即出现了典型的财权事权不匹配情况，就容易导致地方政府因履行职能而过度举债，进而影响其债务可持续性。

（二）预算软约束

上述财政分权和政府间财政关系安排容易导致的问题是地方政府预算软约束，是导致地方政府过度举债的重要原因，也是影响债务可持续性的重要因素。预算软约束将从以下几个角度影响地方政府债务可持续性。

一是引发地方政府道德风险。大量文献将预算软约束作为地方政府债务膨胀的核心原因之一（Persson 和 Tabellini，1996；方红生和张军，2009；龚强等，2011；陈志勇和陈思霞，2014；王永钦等，2016）。地方政府对中央政府救助（预算软约束）或成本分担（公共池）的预期，使地方政府行为出现机会主义倾向，并可能引发道德风险，扭曲其面临的真实融资约束，导致过度的信贷需求（郭玉清等，2016）和地方政府债务风险定价扭曲（邹瑾等，2020）。地方政府举债行为受到政府间财政关系的强烈影响，中央政府的救助行为，会破坏地方政府财政可持续性并鼓励民粹主义财政策略（Liu 和 Waibel，2010），解决预算软约束问题是有效治理地方政府债务必要的前提条件。

二是预算软约束会弱化地方政府资金约束，使大量劣质投资项目也获得债务资金，从而导致资源配置效率降低（Qian 和 Roland，1996），导致地方政府出现盲目投资、过度投资、低效投资等现象（郑华，2011；曹春方，2014；李尚蒲等，2015），不利于债务可持续性。

三是对政府官员行为产生负面影响。官僚体系偏好于预算支出最大化进而增加其寻租机会，因此预算软约束会导致财政支出的浪费（马恩涛和于洪良，2014）。由于债务借还周期和官员任期不一致，预算软约束往往会使官员只管在任期内多举债，而忽略债务可持续问题（罗长林和邹恒甫，2014）。

四是预算软约束会弱化地方债务管理。Akai 和 Sato（2009）通过动态模型分析研究了地方债务管理中的预算软约束问题，地方借债事前激励与中央政府事后救助或成本分担行为相结合，就有可能导致地方政府过度举债。

（三）金融因素

一是金融分权。Qian 和 Roland（1998）最早提出了金融分权概念，并认为金融分权会导致预算软约束。傅勇（2012，2016）较早分析了我国金融分权对地方政府债务的影响，认为地方政府通过融资平台公司作为其向金融部门融资的代理人，从而建立与金融部门的联系，是地方政府债务膨胀的主因。傅勇和李良松（2017）认为，中国在财政分权的同时保持金融集权，分税制改革后中央政府更倾向于调整金融分权边界，以达到调控目的。在经济下行周期时，中央政府放手地方政府进入金融体系获取信贷资源，以稳定经济增长，从而使地方政府性债务增长迅速。陈宝东和邓晓兰（2017）认为，财政分权及财政缺口解释了地方债务增长的原因和动机，金融分权则通过影响信贷投放，成为地方债务增长的重要载体和催化剂。马文涛和马草原（2018）认为，金融分权一方面体现在财政分权体制下地方政府的财权与事权矛盾对金融体制的“倒逼效应”，另一方面体现在资本市场均衡效应下的“政府担保效应”，金融分权是解释债务膨胀的重要因素之一。毛捷和徐军伟（2019a）提出了“间接金融分权”概念，组合使用资源禀赋和动能禀赋，地方政府举债过程中的政府信用金融化是我国地方政府债务的重要制度特征。毛捷等（2019）认为，中国金融分权的典型特点是显性集权和隐性分权并存，地方政府通过隐性化方式争夺金融资源，导致地方政府融资约束变弱，是地方公共债务持续增长的制度原因之一。刁伟涛和朱军（2019）认为，地方政府金融控制权的大小可以用政府性债务规模来替代，金融分权状况也可以用央地之间政府性债务规模的相对比例来衡量，单独构建并测算了央地债务分权，对金融分权进行了测度。李一花和乔栋（2020，2024）认为，隐性债务形成过程中，地方政府在保增长压力下，将融资平台公司作为信用载体，金融分权发挥了资源配置机制，在隐性债务膨胀中发挥了重要作用。马万里和张敏（2020）基于金融体制角度，分析了地方政府隐性债务非理性扩张的形成机制，认为“地方政府—融资平台—金融机构关联”是地方政府利用隐性金融分权进行债务扩张的重要原因。

二是金融资源储备。金融分权从资源分配角度提供了政府债务扩张的制度基础，而金融资源储备则从可用金融资源角度为政府债务扩张提供了物质基础。充足的私人部门储蓄若通过金融市场进行有效配置，能够成为政府债务的坚强后盾，在金融抑制背景下也可能成为政府债务无序扩张的助燃剂。Broda 和 Weinstein（2004）发现，日本投资者有较强的本土偏好，即便政府信用状况正在迅速恶化，债券持有人还是在盲目购买政府支持的债券资产，这使政府债务得到了私人部门储蓄的强力支持。Hoshi T 和 Ito T（2014）研究了日本政府债务可持续性，虽然日本的负债率是 OECD 国家中最高的，但市场也没有什么担忧，其中一个重要的原因是庞大的私人部门金融资产，无论政府发行多少债券，似乎都能完全吸收。唐文进等（2014）认为，居民储蓄存款是政府财政调整的“储备渠道”，由于我国的金融市场限制和投资者本土偏好，相对过剩的居民储蓄支撑了地方政府债务扩张，不利于债务可持续性。

三是金融抑制。时红秀（2010）认为，造成地方政府债务问题的真正原因，是在“国有资源、国有资产、国有银行”的制度环境下，没有破产清算的各级地方政府、国有银行造成的“不合格”的债务人与债权人错配，以及财政危机金融化解。陈斌开和林毅夫（2012）认为，政府发展战略是造成金融抑制背后的根本原因，中国金融监管机构依然对存贷款利率进行管制，对银行业准入严格限制，导致国民收入分配不断从居民向企业和政府倾斜。随着地方政府债务规模的持续扩张，金融抑制使地方政府源源不断地从金融体系获得大量低成本资金，并且可以在上级统一安排下，以牺牲商业银行部分利益为代价（崔兵和邱少春，2016），置换和重组政府及融资平台公司债务，以改善债务可持续性。梁琪和郝毅（2019）认为，金融抑制成为解决中国当前债务不可持续问题的唯一选择，现阶段利用金融抑制解决存量债务的措施主要表现为对存量债务进行置换。

（四）制度质量

制度质量（Quality of Institutions）是影响政府债务可持续性的重要因素。多数西方文献将制度质量作为影响政府债务可持续性的重要因素（IMF，2003；Celasun 等，2006；Hevia，2012；Melou 等，2014）。制度质量从以下三个方面影响政府债务可持续性。

一是在高水平的制度质量下，债务人必须珍视信誉，以降低借贷成本。债务可持续性本质上是信心问题，制度质量促使政府重视债务管理，尽量避免违约，从而增强债务可持续性。Reinhart 等（2003）认为，制度缺陷是一个国家债务不耐受的真正障碍，发达国家制度质量较好，发生债务违约情况极少，债务违约多的主要是制度质量较差的发展中国家。

二是高水平的制度质量可以提高公共决策质量、约束举债行为。制度环境较差、腐败程度较重的地区更倾向于增加地方投资性公共支出，良好的制度环境有利于约束地方政府预算超额扩张（陈志勇和陈思霞，2014）。预算透明度的提高可以降低地方政府性债务的负债水平，对于强化地方政府的财政纪律，约束地方政府的负债行为具有根本性的作用（马海涛和任致伟，2016）。

三是高水平的制度质量有助于降低举债成本。高水平的制度质量可以促进金融发展（Beck 和 Levine，2004），进而可以较低利率举借债务，降低债务利息成本，增强债务可持续性。

（五）债务管理制度与管理水平

完备的债务管理制度和高水平的债务管理是债务可持续性的重要前提。从地方政府债务管理实践情况来看，有的国家以金融市场约束为主（如美国），有的以行政控制为主（如中国），有的则结合了市场约束和行政控制（如日本）。从规则发挥作用的时间上来分，有事前和事后两类。其中，事前财政规则（Ex - ante Fiscal Rules）主要通过破产机制提高预防规则的有效性以减少债务违约，事后监管（Ex - post Regulation）则主要针对违约风险的处置，为有序开展债务重组和财政调整以及继续提供基本公共服务提供适当的空间（Liu 和 Waibel，2010）。

直到 2014 年新《预算法》颁布实施，我国地方政府才正式获得举借债务的权力，因此地方政府债务管理制度起步较晚。在相当长的时间里，地方政府债务管理制度严重滞后，缺少相应的偿还机制和决策失误的责任机制，债务管理体制条块分割、各自为政（郭琳和樊丽明，2001）。关于地方政府债务管理存在缺陷的代表性观点有：债务管理不严（缪小林和伏润民，2015）、债务资金筹集与使用缺乏科学性和规范性（马海涛和吕强，2004）、债务预算管理存在缺陷（马蔡琛，2018）、债务制度与政策设计存在漏洞（封北麟，2018）等。

第四节　债务可持续性的测度和评价

一、政府债务可持续性的测度

（一）债务负担指标

一般，债务负担与债务可持续性成反比，因此，债务负担指标也是债务可持续性度量的核心指标。负债率是最常用的衡量债务负担的指标。负债率（又称债务负担率，Debt GDP Ratio），是指债务余额/GDP，是政府债务可持续性测度中使用最广泛的指标。GDP 反映了一国经济规模，是清偿能力的基础，用来衡量债务负担最为恰当。匡小平（2004）认为，如果说用某种单一指标去衡量一国财政状况的话，采用债务占 GDP 的比重自然是首选指标，如果负债率保持稳定，此种条件下债务就是可持续的。

常见的衡量债务负担的指标还有债务率（债务余额/财政收入，Debt - Revenue Ratio）、偿债率（还本付息额/财政收入，Debt Service Ratio）、债务出口比率（债务余额/出口额，Debt Export Ratio）、债务依存度（债务收入/财政支出，Debt Expenditure Ratio）、逾期债务率等。

（二）缺口指标

一是税收缺口。Blanchard（1990）提出了一个可持续税率缺口指标（Tax Gap Indicator），是指能够维持负债率不升高的税率。当实际税率低于可持续的税率时，就存在税率缺口。根据比较标的不同，税率缺口指标具体包括基本税率缺口、中期税率缺口和长期税率缺口。运用税收缺口进行债务可持续性研究的代表性文献有 Broda 和 Weinstein（2004）、Doi 等（2011）、Benassy - Quere 和 Roussellet（2012）等的相关研究。

二是财政缺口。财政缺口（Fiscal Gap）是用于衡量一定时期内使负债率降至某一目标（通常为 60%）而进行预算调整需要缩小的缺口（以 GDP 百分比衡量）的大小，缺口越大说明可持续性越差。运用财政缺口进行债务可持续性研究的代表性文献有姚东旻等（2013）、European Commission（2018）等的相关研究。

三是趋势缺口。Zhao 和 Coyne（2013）构建了财政收支趋势缺口（Trend Gap）指标来反映地方政府财政可持续性。运用计量回归方法估计去除短期经济周期影响后的趋势收入、趋势支出，计算收支趋势缺口，用于判断地方财政可持续性，并分析导致缺口的主要原因。

（三）单个债务可持续性指标

Buiter 等（1985）认为，可持续的公共债务能够使政府净资产不变，因此存在一个保持净资产不变的赤字水平，在此基础上利用政府净资产、债务实际利率、经济增长率、负债率构造了一个公共债务可持续性指标。Celasun 等（2006）、Hevia（2012）、Melou 等（2014）等利用预测的债务路径中负债率变动概率构建了债务可持续性指数（Sustainability Index)，定义为未来某期负债率较当期下降的概率乘以“1－负债率比当期升高一定比例（如10%）的概率”，指数越大，代表债务可持续性越强。田新民和杜永潇（2015）基于政府跨期预算约束条件，排除庞氏博弈路径，利用基本盈余现值、贴现因子、负债率等构造了一个国债可持续性指标，并对1986—2013年国债可持续性进行了实证研究。

（四）债务可持续性指标体系

由于债务可持续性的复杂性，以单个债务可持续性指标进行判断是较为困难的，债务可持续性衡量往往需用多指标组成的指标体系综合进行。例如，国际货币基金组织和世界银行于2005年共同建立了低收入国家债务可持续性框架（Low Income Countries Debt Sustainability Framework, LIC－DSF)，选用负债率、债务出口比率、偿债率、偿债出口比率四个债务负担指标，运用债务路径模拟、压力测试等方法进行债务可持续性评价。根据被评估对象国家制度质量和政策执行能力，构建国家综合指数（Composite Indicator, CI)，按得分高低划分为强中弱三组，相应地为每个债务负担指标设置了高中低三个阈值。依据债务路径分析中各债务负担指标超过阈值情况，设置四个可持续评级：低风险、中等风险、高风险、债务危机，得到债务可持续性评价结果，据以指导各国制定合适的借贷政策。

二、政府债务可持续性的评价方法

（一）财政数据平稳性及协整检验

基于政府跨期预算约束条件，通过检验财政收入、财政支出、赤字、政府债务等时间序列数据的平稳性（Stationary）和协整性（Cointegration)，由此判断政府债务是否可持续。此类研究出现较早，数量也较多，例如：Hamilton 和 Flavin（1985）、Trehan 和 Walsh（1988）、Ahmed 和 Rogers（1995）、郭庆旺等（2003）、Afonso（2005）、张虎和赵慧芳（2004）、周茂荣和骆传朋（2007）、Mahdavi 和 Westerlund（2011）、孙玉栋（2013）、朱军和聂群（2014）、孙超（2019）等的相关研究。

（二）估计财政反应函数

Bohn（1998，2005）最早提出财政反应函数（Fiscal Reaction Function，FRF），运用计量回归方法判断政府债务可持续性。Bohn 从数学上证明，如果基础财政盈余（Primary Balance）和政府债务余额之间呈现稳定的正相关关系，则从财政政策角度看，债务是可持续的。该方法的优点是无须考虑债务利率和经济增长率的相对高低，再加上没有对变量平稳性的要求，避免了一些复杂和不确定的前提条件，使这一方法更易于运用，成为检验债务可持续性的一种常用方法。国外运用财政反应函数进行债务可持续性研究的文献较丰富，例如 Ghosh 等（2013a，2013b）、Medeiros（2012）、Melou 等（2014）、Paret（2017）等。在 Bohn 的财政反应函数基础上，一些学者进行了许多有意义的创新，例如 Ostry 等（2010）通过在反应函数中添加负债率高次项，提出了财政疲劳（Fiscal Fatigue）概念，定义了财政空间（Fiscal Space）等衡量债务可持续性的新指标。国内运用财政反应函数方法对财政或债务可持续性进行研究的代表性文献有唐文进等（2014）、李婧和伊楠（2014）、王学凯（2016）、李丹等（2017）、陈宝东和邓晓兰（2018）、杜彤伟等（2019）、刘方（2020）、李丹和方红生（2021）等的相关研究。

（三）测算债务空间

狭义的财政空间指的就是债务空间，而估算债务上限成为计算债务空间的关键。估算债务上限的方法有：利用跨期预算约束方程，通过求解微分方程得到债务上限（余永定，2000）；利用长期财政收支、利率、经济增长率等参数计算自然债务上限（Mendoza 和 Oviedo，2006）；利用财政反应函数估计得到的参数，代入债务收敛公式计算出债务上限（Ghosh 等，2013a；唐文进等，2014；王学凯，2016；李丹，2017）；根据中央和地方政府收入分成比例分配地方政府债务上限（刘尚希等，

2012）；依据地方综合财力分配地方政府举债上限（缪小林和伏润民，2014）。将估算出的债务上限与当前债务水平比较，就能够计算得出债务空间，用于评估政府债务可持续性，债务空间越大，则债务可持续性越强。

（四）测算政府资产对债务的覆盖程度

大部分债务可持续性研究是基于债务和财政收入、经济产出等流量指标的关系，忽略了债务与政府资产等存量指标的关系。有些学者认为只要政府资产对债务的覆盖程度较高就意味着债务可持续，因此可以通过对政府资产、负债、净资产的分析，评价政府资产对债务的覆盖水平以及资产变现能力，并据此判断债务是否可持续。代表性文献有 Barnhill 和 Kopits（2003）、洪源和李礼（2006）、Xu 和 Zhang（2014）、刁伟涛（2016a）、杨志勇（2017a）等的相关研究。

（五）预测未来债务负担演变路径

预测性是债务可持续性的本质特征，仅研究债务静态特征是不够的，必须研究债务的动态变化，关注债务未来是否可能出现问题，因此很多学者把研究重点放在了债务路径演变上。预测性方法首先要构建债务路径递推公式，确定未来相关参数取值，对债务负担变化路径进行预测，结合敏感性分析（Sensitivity Analysis）、压力测试（Stress Test），基于事先确定的债务上限，给出可持续性评价。

如果递推公式参数是给定的，则属于确定性（Determinstic）预测。例如，Ianchovichina 和 Liu（2008）以印度泰米尔纳德邦为例研究了地方政府债务可持续性，运用中期财政规划（MTFP）建立基线预测（Baseline Case），通过调整利率、GDP 增速、基础盈余等变量进行敏感性分析和压力测试，以分析债务负担在未来若干年的走势，还研究了基础设施建设开支增加、政策变化等可能对地方政府债务的影响。Broda 和 Weinstein（2004）、Doi 等（2011）的研究也运用了这种预测方法。

预测未来债务路径还可以运用随机性（Stochastic）方法。由于债务路径递推公式中宏观经济和财政参数存在不确定性，根据参数概率分布或历史取值，运用蒙特卡罗模拟（Monte Carlo）或自抽样法（Bootstrap），得到大量债务路径模拟结果，运用扇形图、箱型图、可持续性指数等方法来反映债务可持续性。运用随机性预测方法研究债务可持续性的代表性文献有 Celasun 等（2006）、吴许璐（2012）、王亚芬（2013）、Melou 等（2014）、Paret（2017）、IMF（2018a）、European Commission（2019）等的相关研究。

第三章

地方政府债务可持续性的制度背景

第一节　地方政府债务制度演进

一、债务制度演进

（一）缺乏举债法律依据阶段

新中国成立初期，地方政府可根据自身需求发行地方经济建设公债，这是地方政府债券的雏形，如 1950 年东北人民政府发行的“东北生产建设折实公债”。1962—1978 年，地方公债停止发行。1979 年地方政府举债重启，此后各地开始陆续举债，但举债规模总体较小。1985 年，为控制地方政府投资规模，中央决定暂停地方政府发行债券。1995 年 1 月 1 日起施行的《中华人民共和国预算法》第二十八条“地方各级预算按照量入为出、收支平衡的原则编制，不列赤字，除法律和国务院另有规定外，地方政府不得发行地方政府债券”，从法律层面否定了地方政府的举债权，极大限制了地方政府的直接举债行为。

（二）借助融资平台公司举债阶段

为解决城市建设资金匮乏问题，部分大城市开始设立城市投资公司，最早设立的是上海市。1987 年，上海组建了久事公司，作为融资主体，引进外资投入城市基础设施及重大项目建设。1992 年，上海市又成立了城市建设投资开发总公司等 10 家融资平台公司。2002 年前后，重庆市构建了“八大投”（即由市国资委控股的八家市级城投平台），产生了显著的示范效应。此后，城市融资平台公司作为一种制度创新，在全国范围内逐步扩散普及开来。

2008 年后，在世界经济危机的背景下，地方政府通过融资平台公司融资，成为扩大内需地方配套资金的主要渠道。《关于加快落实中央扩大内需投资项目地方配套资金等有关问题的通知》（财建〔2009〕631 号）、《关于进一步加强信贷结构调整促进国民经济平稳较快发展的指导意见》（银发〔2009〕92 号）等中央文件均鼓励地方政府设立合规的投融资平台公司，通过市场机制筹措资金。2009 年一年就新增 2000 多家融资平台公司，当年地方政府债务余额比上年增长了 61.92%。融资平台公司依靠政府信用从市场融入资金进行基础设施建设，并主要依赖国有土地出让收益偿还债务，成为地方政府主导的投融资工具。此后，融资平台公司逐渐呈泛滥态势，个别地区甚至连乡镇政府都设立了融资平台公司，有的县融资平台公司数量就有数十家（毛捷和徐军伟，2019b）。

融资平台公司债务规模迅速膨胀引发中央的关注，2010 年国务院出台《关于加强地方政府融资平台公司管理有关问题的通知》（国发〔2010〕19 号），对融资平台公司进行清理规范，加强对融资平台公司的融资管理和银行业等金融机构的信贷管理。2011 年，基建投资萧条，于是 2012 年我国放松了对融资平台公司的监管。2013 年，原银监会开始对融资平台公司进行名单制分类管理，加强了对贷款风险的管控。进行名单制分类管理之初，名单包括 1 万多家企业。由于缺乏实质性约束，融资平台公司举债行为并未收敛，融资平台公司债务规模继续扩张，游离于预算监督之外，政府、企业债务界限不清，债务风险迅速累积，债务可持续性受到严峻挑战。

（三）新旧制度交替阶段

1994 年分税制改革后，部分地区出现县乡财政困难现象，财政收支矛盾突出，基层政府债务问题首次浮上台面。2006—2010 年，我国陆续安排化解乡村债务、普九债务、高等学校债务等问题。受亚洲金融危机影响，中央政府从 1998 年起将国债转贷地方用于交通、农林水利、城乡电网等建设项目，该政策一直执行到 2010 年，共计转贷约 6500 亿元。2008 年下半年世界金融危机爆发后，在法理上地方政府仍不具备举债权的背景下，为扩大内需、保持经济平稳较快发展，财政部自 2009 年起开始代理部分省级政府（含计划单列市）发行地方政府债券。该政策执行至 2014 年，先后经历了代发代还、自发代还、自发自还等三个阶段，共计发行约 16000 亿元。

在此期间，《中华人民共和国预算法》（1995 年实施）禁止地方政府发行债券，但现实情况是既要加强融资平台公司债务监管，又要满足地方政府合理的融资需求，在新制度尚未建立的情况下，通过国债转贷地方、财政部代发地方债券等过渡性制度安排，阶段性地满足了地方政府部分融资需求。但这些政策无法取代融资平台公司的融资功能，距离满足地方政府融资需求有很大差距，重构地方政府债务顶层设计迫在眉睫。

（四）新制度的建立和完善阶段

国家审计署在 2010 年和 2013 年分别对全国地方政府债务进行了全面审计，并发布了审计结果报告，提供了地方政府性债务存量规模、性质、结构、举借主体、资金用途等关键信息，基本摸清了地方政府债务家底，为重构地方政府债务制度提供了依据。2014 年 8 月，全国人大常委会审议通过《中华人民共和国预算法》修正案，地方政府举债的法理基础得以确立，在明确允许地方政府适度举债的基础上，对举债主体、举债方式、规模控制、预算管理、举债用途、风险控制、责任追究等方面进行了明确规定。2014 年 9 月，国务院颁布《关于加强地方政府性债务管理的意见》（国发〔2014〕43 号），细化了地方政府新融资机制的具体要求，成为地方政府债务的新顶层设计。随后，财政部颁布一系列配套管理办法，地方政府债务进入了以政府债券为主的规范化发展时代，崭新的地方政府债务制度逐步成型。随后，债务置换工作展开，地方政府债券迅速成为债券市场第一大债券品种，专项债券品种逐步增加，期限品种不断丰富，利差逐渐扩大。一个规范有序、欣欣向荣的地方政府债券市场已经形成。

二、债务制度现状

（一）预算管理制度

2014 年修订的《中华人民共和国预算法》（以下简称《预算法》）明确，经国务院批准的地方政府预算中必需的建设投资的部分资金，可以在国务院确定的限额内，通过发行地方政府债券举借债务的方式筹措。《预算法》要求将所有政府收入全部列入预算，因此，地方政府债务收支也必须纳入预算管理。《关于加强地方政府性债务管理的意见》将“把地方政府债务分门别类纳入全口径预算管理”作为加强地方政府债务管理的总体要求之一。《关于印发〈地方政府一般债务预算管理办法〉的通知》（财预〔2016〕154 号）、《关于印发〈地方政府专项债务预算管理办法〉的通知》（财预〔2016〕155 号）进一步明确了纳入预算的债务范围，明确了债务限额和余额、预算编制和批复、预算执行和决算、监督管理等具体要求。

将地方政府债务收支全面纳入预算管理，是新债务制度的核心，是保障债务可持续的重要举措。从 2015 年开始，经甄别认定的地方政府存量债务逐步置换为地方政府债券，到 2018 年置换基本结束，约 12. 18 万亿元的存量债务置换成为地方政府债券，加上剩余的少量非债券债务，全部纳入了地方政府预算管理。

（二）限额管理制度

《预算法》规定地方政府可以在国务院下达的限额内举借债务。

《关于加强地方政府性债务管理的意见》明确，地方政府债务规模实行限额管理，地方政府举债不得突破批准的限额。《关于对地方政府债务实行限额管理的实施意见》（财预〔2015〕225 号）对限额管理的操作予以了细化，明确了限额的确定、批准权限、调整程序等事项。《关于印发〈新增地方政府债务限额分配管理暂行办法〉的通知》（财预〔2017〕35 号）对于限额分配遵循的原则、限额分配管理权限和程序、新增债务限额分配计算公式等予以了明确。《中华人民共和国预算法实施条例》（国务院令第 729 号，以下简称《预算法实施条例》）重申地方政府债务余额实行限额管理，各省、自治区、直辖市的政府债务余额不得突破国务院批准的限额。限额管理构建了以行政控制为特点的地方政府债务管理模式，辅以债券市场约束，构建了维护地方债务可持续性的重要制度基础。

（三）债务风险评估、预警制度

《预算法》要求国务院建立地方政府债务风险评估和预警机制，《预算法实施条例》要求财政部和省、自治区、直辖市政府财政部门建立健全地方政府债务风险评估指标体系，组织评估地方政府债务风险状况，对债务高风险地区提出预警，并监督化解债务风险。《关于加强地方政府性债务管理的意见》要求建立地方政府性债务风险预警机制，由财政部测算债务率、偿债率、逾期率等指标，评估各地区债务风险状况，对债务高风险地区进行风险预警，高风险地区要积极采取措施，逐步降低风险。定期对地方政府债务风险进行评估，建立风险预警制度，是保证债务可持续的重要手段。

（四）应急处置及责任追究制度

《预算法》要求建立地方政府债务风险应急处置机制以及责任追究制度，国务院财政部门对地方政府债务实施监督。《关于加强地方政府性债务管理的意见》明确要建立债务风险应急处置机制，硬化预算约束，中央政府实行不救助原则；各级政府要制定应急处置预案，出现偿债困难时，要通过控制项目规模、压缩公用经费、处置存量资产等方式，多渠道筹集资金偿还债务；地方政府难以自行偿还债务时，要启动债务风险应急处置预案和责任追究机制，化解债务风险并追究相关人员责任。《关于印发地方政府性债务风险应急处置预案的通知》（国办函〔2016〕88 号）对债务风险应急处置的操作给出了指引，包括工作原则、组织指挥体系及职责、预警和预防机制、应急响应、后期处置、保障措施等。《关于印发〈地方政府性债务风险分类处置指南〉的通知》（财预〔2016〕152 号）对不同种类债务（政府债券、银行贷款、BT 债务、企业债券、信托、个人借款）、不同性质债务（政府债务、担保债务、救助债务）的风险处置给出了指引。应急处置及责任追究制度为债务风险事件发生后提供了处理依据，是地方政府债务制度的重要配套措施。

（五）债务报告和公开制度

《关于加强地方政府性债务管理的意见》提出要完善债务报告和公开制度，建立权责发生制的政府综合财务报告制度，全面反映政府资产负债情况，地方政府要定期向社会公开政府性债务及其项目建设情况，自觉接受社会监督。《关于印发〈地方政府债务信息公开办法（试行）〉的通知》（财预〔2018〕209 号）对地方政府债务信息公开的适用范围、公开原则、公开渠道、预决算公开、债券信息公开、违法违规情形公开、职责分工、绩效评价、日常监督、社会监督等进行了明确。

（六）监督和考核问责机制

《预算法》明确国务院财政部门对地方政府债务实施监督。《关于加强地方政府性债务管理的意见》要求把政府性债务作为一个硬指标纳入政绩考核，明确责任落实，省级政府对本地区地方政府性债务负责任；对脱离实际过度举债、违规使用债务资金、恶意逃废债务等行为，要追究相关责任人责任。《关于印发〈地方政府隐性债务问责办法〉的通知》（中办发〔2018〕46 号）对隐性债务追责作出了明确要求。2017 年 7 月全国金融工作会议要求：严控地方政府债务增量，终身问责，倒查责任。《关于进一步深化预算管理制度改革的意见》（国发

〔2021〕5号）要求加强督查审计问责，严格落实政府举债终身问责制和债务问题倒查机制。

此外，财政部门还出台了一些规范其他举债行为的政策文件，包括政府和社会资本合作（PPP）、政府投资基金、政府购买服务等。2014年以来，我国已经基本构建完成了一套以行政控制为主、市场约束为辅的符合现代公共财政理念要求的地方政府债务法律法规体系，奠定了维护地方政府债务可持续性的制度基础。然而，近年来的地方财政实践表明，这套制度本身存在明显短板，执行和落实效果有待加强，尤其是隐性债务尚未纳入制度框架，将成为今后继续完善债务制度的工作重点。

三、几项重要债务政策

（一）债务置换（2015—2018年）

根据《关于加强地方政府性债务管理的意见》的规定，对经审计甄别认定后纳入预算管理的地方政府存量债务，各地区可申请发行地方政府债券进行置换，以降低利息负担，优化期限结构，腾出更多资金用于重点项目建设。依据审计署和各省审计机关的审计结果、《地方政府存量债务纳入预算管理清理甄别办法》（财预〔2014〕351号），各地进行了清理甄别并上报了2014年底政府性债务存量。经国务院批准，2015年起各地区在财政部下达的限额内发行地方政府置换债券，用于置换甄别认定的存量政府性债务。

2015—2018年各年分别发行置换债券3.20万亿元、4.88万亿元、2.77万亿元、1.33万亿元，合计约12.18万亿元。2015—2018年各年置换债券发行额分别占当年地方政府债券发行总额的83.4%、80.6%、63.5%、32.0%。从置换债券发行方式看，招标公开承销8.30万亿元，占比68.1%，定向承销3.88万亿元，占比31.9%。置换债券发行期限以5年、7年、10年为主，其中，10年期占比最高，为43.2%，3年期（含）以下占比合计为14.4%。2018年8月，置换债券发行工作结束。

在此之后，新发行的用途为偿还到期债券本金的地方政府债券，称为再融资债券。

各地区债务置换规模存在显著差异，置换债券发行额最大的 3 个省份是江苏（0.88 万亿元）、山东（0.85 万亿元）、贵州（0.84 万亿元），最小的 3 个省份是宁夏（0.08 万亿元）、青海（0.09 万亿元）、甘肃（0.10 万亿元）。东中西部地区[①]债务置换金额分别为 5.51 万亿元、2.70 万亿元、3.98 万亿元。债务置换规模受以下三个因素影响：一是债务余额，举债越多，则需要置换的债务规模就越大；二是置换积极性，在甄别上报置换债务规模时地区间行为存在差异，置换积极性越高，债务置换规模就越大；三是对置换政策的理解与执行，不同地区债务统计口径存在差异，部分地区融资平台公司存量债务并未充分显性化且被低估（闫衍，2018），导致债务置换规模存在差异。

债务置换显著降低了地方政府债务成本。财政部（2015）估计，截至 2014 年底的地方政府债务余额中，90% 以上是通过非政府债券方式举借，平均成本在 10% 左右，置换后成本降至 3.5% 左右，每年预计将为地方节省利息 2000 亿元[②]。2015—2018 各年发行的置换债券加权平均利率分别为 3.47%、3.01%、3.92%、3.92%，不但低于同期银行贷款基准利率，更远低于信托等非标融资成本，地方政府付息压力大大降低。

财政部《关于 2016 年中央和地方预算执行情况与 2017 年中央和地方预算草案的报告》指出，经过 2015 年、2016 年两年置换，2016 年全年共降低地方政府利息成本约 4000 亿元。《关于山东省 2018 年预算执行情况和 2019 年预算草案的报告》提及，截至 2018 年底，全省存量政府债务全部完成置换，仅利息支出每年就节约 400 多亿元。《贵州省

① 东部：北京、天津、河北、辽宁、上海、江苏、浙江、福建、山东、广东、海南；中部：山西、吉林、黑龙江、安徽、江西、河南、湖北、湖南；西部：内蒙古、广西、重庆、四川、贵州、云南、陕西、甘肃、青海、宁夏、新疆。以后各章东中西部定义与此相同，不再专门解释。

② 国务院．关于规范地方政府债务管理工作情况的报告［EB/OL］．（2015-12-12）．http://www.npc.gov.cn/zgrdw/npc/xinwen/2015-12/22/content_1955661.htm.

2018 年全省和省本级预算执行情况与 2019 年全省和省本级预算草案的报告》提及，政府债务已全部置换为政府债券，2015—2018 年累计节约利息约 1000 亿元，极大缓解了集中还本付息压力。《2016 年贵州省政府债券信息披露文件》提及，2015 年成功发行了 2264 亿元的置换债券，置换部分债务平均年限从原来的 3.5 年拉长到 6.5 年，政府债券平均发行利率为 3.44%，比以前年度债务平均利率降低 4.36 个百分点。财政部统计数据显示，截至 2017 年底，累计置换存量政府债务 10.9 万亿元，累计为地方政府节约利息支出约 1.2 万亿元，缓解了存量政府债务集中到期偿还风险。

融资平台公司在 2015 年之前面临较为严重的中短期银行贷款依赖（徐忠，2018）。财政部债务统计数据显示，债务置换使地方政府债务期限明显延长，2015—2020 年新发行地方政府债券平均期限分别为 6.6 年、6.4 年、6.3 年、6.2 年、10.3 年、14.7 年；2018—2020 年地方政府存量债券剩余平均期限分别为 4.4 年、5.1 年、6.9 年。随着地方政府债券发行和存量规模的持续扩大，地方政府债务期限结构得到了显著改善，短债长投的投融资期限错配矛盾得到了一定程度的缓解。

综上所述，作为《关于加强地方政府性债务管理的意见》的核心措施之一，经过债务置换后，地方政府债务进入了一个全新的发展阶段。通过债务置换，地方政府债务实现了显性化、规范化、现代化，大幅减轻了还本付息压力，为改善地方政府债务可持续性奠定了制度基础。

（二）隐性债务化解（2018 年以来）

《预算法》和《关于加强地方政府性债务管理的意见》颁布实施以来，在债务限额管理下，地方政府显性债务增长受到了明显抑制（向辉和俞乔，2020；李一花等，2022）。与此同时，地方政府以融资平台公司为载体的违规举债行为并未停止，隐性债务问题开始逐步显露。2017 年 7 月 24 日，中央政治局会议首次正式提到“隐性债务”，强调要积极稳妥化解地方政府债务风险，坚决遏制隐性债务增量。事实上，隐性债务问题一直存在，并未随着债务置换而得到解决。主要原因有：

一是债务置换不彻底。由于政府债务认定口径不一致、置换积极性存在差异等原因，融资平台公司存量债务未充分显性化（闫衍等，2018）。二是新增债券额度不足。债务置换主要是处理存量债务，新增债券额度不足以满足地方政府新增举债需求（刘若鸿等，2021）。三是融资平台公司转型缓慢。2015 年以来，融资平台公司市场化转型进展缓慢（张立承，2018），转型路径比较模糊，融资平台公司事实上还是存量及增量隐性债务载体（李丽珍和刘金林，2019）。四是一些新形式的隐性债务出现。例如，一些实施不规范的 PPP 项目、政府投资基金、政府购买服务等也可能构成隐性债务（李升，2018）。

支持防范化解重大风险攻坚战，重点是着力防范化解地方政府隐性债务风险，要引导地方逐步压减隐性债务规模，坚决遏制隐性债务增量（刘昆，2019）。党的二十大报告提出，要加强和完善现代金融监管，强化金融稳定保障体系，依法将各类金融活动全部纳入监管，守住不发生系统性风险底线。2022 年 12 月中央经济工作会议强调，要加强金融、地方债务风险防控，守住不发生系统性风险的底线，防范化解地方政府债务风险，坚决遏制增量、化解存量。

自 2018 年以来，加强隐性债务监管的系列文件陆续出台，包括《中共中央国务院关于防范化解地方政府隐性债务风险的意见》（中发〔2018〕27 号）、《中共中央办公厅 国务院办公厅关于印发〈地方政府隐性债务问责办法〉的通知》（中办发〔2018〕46 号）、《国务院办公厅关于防范化解融资平台公司到期存量地方政府隐性债务风险的意见》（国办函〔2018〕40 号）等。2018 年中，审计署统一部署各省对隐性债务进行了一次全面审计，随后，地方政府按要求制定了隐性债务化解方案，隐性债务化解工作启动，并通过停建、缓建、压减项目等措施遏制了隐性债务增量。

2018 年以来的隐性债务化解的指导思想是：坚决遏制新增隐性债务，按照市场化、法治化原则稳妥化解存量隐性债务。隐性债务化解未再安排新的大规模债务置换。为避免必要的在建项目工程烂尾、防范存量隐性债务资金链断裂风险，《国务院办公厅关于保持基础设施领域补短板力度的指导意见》（国办发〔2018〕101 号）要求金融机构按市场化原则保障融资平台公司合理融资需求，不得盲目抽贷、压贷或停贷；在不增加地方政府隐性债务规模的前提下，对存量隐性债务难以偿还的，允许融资平台公司在与金融机构协商的基础上采取适当展期、债务重组等方式维持资金周转。《关于配合做好防范化解融资平台公司到期存量政府隐性债务风险工作的通知》（银保监发〔2019〕45 号）和《银行保险机构进一步做好地方政府隐性债务风险防范化解工作的指导意见》（银保监发〔2021〕15 号）均要求金融机构依法合规配合化解地方政府隐性债务，在自主决策、自担风险、自负盈亏的前提下，以市场化方式合规、适度向融资平台公司提供化债融资，承接债权债务关系清晰、对应资产清楚、项目具备财务可持续性、化债方案明确且切实可行，短期偿债压力较大的到期地方政府隐性债务。

2019 年下半年，建制县（区）隐性债务化解试点工作启动，允许纳入试点的县（区）发行地方政府债券（省代发）置换部分隐性债务。首批纳入试点的地区有贵州、云南、湖南、甘肃、内蒙古、辽宁等，2020 年以后大部分省份均有县（区）纳入试点。2021 年底以来，经国务院批准，上海市、广东省、北京市等经济体量大、财政实力强的地区，率先开展全域无隐性债务试点工作，实现隐性债务清零，为全国其他地区全面化解隐性债务提供有益探索。2022 年 1 月 20 日，广东省宣布如期实现存量隐性债务“清零”目标；2023 年 1 月 15 日，北京市宣布完成中央提出的全域无隐性债务试点任务要求。建制县（区）隐性债务化解试点、全域无隐性债务试点工作中，再融资债券用途进行了放宽，用于置换隐性债务的再融资债券被称为“特殊再融资债券”。截至 2022 年 3 月，特殊再融资债券共发行 1.04 万亿元[①]，相较于庞大的隐

---

① 池光胜，陈雨田．2022 年以来特殊再融资债发行进度如何？[R]．深圳：安信证券股份有限公司，2022：3.

性债务存量而言规模很小。可见，隐性债务存量化解工作始终坚持了中央既定原则（市场化、法治化、中央不救助）。2023 年 7 月 24 日政治局会议提出要“制定实施一揽子化债方案”，扩大特殊再融资债券发行范围和规模，额度分配倾向于债务风险相对高、财政实力相对弱的省份倾斜。2023 年下半年，特殊再融资债券发行加速，额度约 1.5 万亿元。

第二节　地方政府债务膨胀的机理分析

地方政府举债是全世界的普遍现象，具有其合理性。其理论依据有：一方面，为受益期较长的基础设施建设项目筹资，通过举债筹资进行资本性投资是合理的；另一方面，赋予地方政府举债权，是缓解纵向财政不平衡（Vertical Fiscal Imbalance，VFI）的一种做法。然而，中国地方政府债务膨胀背后还有很多自身独特的逻辑，这些特点深刻地影响着地方政府行为，也构成了影响债务可持续性的重要制度基础。

一、突破举债限制形成的举债主体泛化

融资平台公司的部分经济活动是财政或准财政性质，因此才会变成隐性债务，举债主体泛化，即替政府隐蔽举债的载体不断增加，是导致隐性债务不受控的最主要原因。2015 年之前，《预算法》禁止地方政府举债，融资的现实需求主要通过举债主体泛化实现。20 世纪 80 年代，为解决城建资金来源，一些地区就开始利用融资平台公司举债。2008 年后，为应对世界经济危机影响，中央出台了一揽子刺激计划，地方需用大量资金进行配套，在政策鼓励支持下，融资平台公司呈现了爆发式增长，并成为地方举债的主要载体。2015 年后融资平台公司举债受到了较大限制，一些地区开始通过其他地方国企或建立新平台进行融资，

甚至通过事业单位举债。融资平台公司等地方国有企业的债务扩张是隐性债务问题形成的主要原因。地方政府不仅仅作为融资平台公司等国有企业的股东，人事权、经营权往往也由地方政府控制。通过控制这些地方国有企业，地方政府可以获得控制权收益（周雪光，2012），一方面将其作为表外财政工具，为各类投资项目融资；另一方面将其作为推进各类项目的主要抓手，是完成地方政府确定的重点项目的保证，特别是政策性强而经济效益欠佳的项目，更需要融资平台公司的大力配合。2015 年以来的 PPP、政府购买服务、政府投资基金等新型举债方式，开始利用项目公司、社会资本方等作为举债主体。正因为长期对融资平台公司泛化举债主体的管理不到位，才导致地方政府债务问题逐渐放大，并最终演变成隐性债务问题。

二、双重财政压力下的财政“出表”

一是财权事权不对称压力。分税制改革以来，财权一直呈现向上集中的趋势，但央地间事权调整相对缓慢，尤其省以下事权仍未明确划分，在属地管理的要求下，基层财政承担的事权有增无减，导致地方政府需要做事，但财力不足，只好开辟新的财源。早期，地方政府通过土地财政缓解了财政压力，2008 年以后举债逐步成为新的财力来源。周雪光（2012）指出，中国政治的运行过程中，上级部门常常向管理方强行下达目标和政策指令。一些指令性投资（如棚户区改造）由中央“发包”给下级，地方政府必须自行解决大部分财力来源问题。例如，一些地方的隐性债务不少是开展棚户区改造等上级安排的工作形成的。

二是财政支出结构固化压力。随着公共财政建设的不断深入，民生支出比重越来越大，一些地区保工资、保运转、保基本民生的压力不断加大，民生支出刚性特征已现，财政支出结构出现固化。一般公共预算中能用于投资的比例已经很小，地方政府投资主要依靠基金预算中的土地出让收益。但土地出让收入地区间存在较大差异，且受房地产市场周期及拆迁成本上升影响，土地收益逐渐不能满足地方政府投资需求。基础设施建设仍是“短板”之一，城镇化带来的市政以及高速铁路、高速公路等交通建设所需的资金仍然十分庞大。双重财政压力迫使地方政府必须在表外进行财政扩张，不断“出表”的行为导致债务到处“泛滥”，并普遍以企业作为保护罩，长期脱离债务监管，致使债务问题隐蔽化。

三、金融分权与财政问题“金融解”

金融分权是中国式分权的一种表现形式（傅勇等，2017），是指金融发展中地方化、市场化的过程和状态，包括中央向地方分权和政府向市场分权。地方政府金融监管权扩大，拥有了对金融企业进行横向治理的权力，地方金融市场得到长足发展，金融资源逐渐丰裕。在金融分权背景下，金融企业主动或被动地满足地方政府的资金需求，形成供需呼应，是隐性债务膨胀的重要制度性基础。需求方面，地方政府对金融企业施以更大控制和影响，通过融资平台公司等渠道获取大量债务资金；供给方面，金融分权使金融企业面临激烈市场竞争，由于地方债存在的刚兑性质，为业绩扩张的需要，地方政府基建投资项目变成金融企业的重点投资领域。地方政府投资资金来源不足，原因应从财政自身寻找，但在财政问题短期无解的情况下，转而利用金融解决融资问题，金融可能会再一次沦为“第二财政”，财政风险在一定程度上金融化了。

四、预算软约束下的财政机会主义

由于中央政府有多重目标，包括经济增长、维护政府威信、区域平衡发展、防范风险等，债务风险防控往往不是首要目标，债务管理周期性地出现放松，并推出了系统性纾困措施（如债务置换）。地方政府一直对中央存在救助和成本分担（公共池）期望，并借由大而不倒和集体违规行为倒逼中央。中央债务管理政策的摇摆造成不稳定预期，导致地方政府总是预算软约束的，扭曲了真实融资约束，举债行为出现异化。

五、政绩利益驱动下的“举债锦标赛”

在以 GDP 为核心的地方考核制度导向下，地方官员的政绩利益驱使其将基础设施投资作为地方经济增长的主要推动力，市政、交通这类效果显著的投资，有助于增加官员晋升机会（缪小林、伏润民，2015）。基础设施投资需要大量资金支持，地方政府存在长期的资金渴望。加之官员任期与债务偿还存在时间上的分离，客观上存在责权利分离的卸责可能。地方政府间举债存在明显的策略性互动，于是举债行为出现跟随乃至攀比现象，在“谋发展”的压力下，甚至出现了“举债锦标赛”。

第三节　中国地方政府债务问题的复杂性

一、制度变迁与口径问题

在 2014 年之前，中国地方政府债务被称为“政府性债务”。2012 年全国金融工作会议提出“防范化解地方政府性债务风险”，2013 年中央经济工作会议提出“把地方政府性债务分门别类纳入全口径预算管理，严格政府举债程序。明确责任落实，省区市政府要对本地区地方政府性债务负责任”。审计署在 2010—2014 年公布的地方政府债务审计结果均为“政府性债务”审计结果，主要原因是在 2014 年之前，地方政府尚未从法理上正式获得举借债务的权力。此语境下的“政府性债务”中仅有少量债务属于财政部代发的部分省市地方政府债券，其余部分的举借主体主要是融资平台公司和少数政府部门和机构。2015 年以后，“地方政府性债务”这一名词退出历史舞台，被“地方政府债务”正式取代。此后“地方政府债务”仅指经过批准发行的地方政府债券以及少量其他形式的政府债务（主要是银行贷款）。到 2018 年，地方政府隐性债务问题逐步浮现并引起中央的重视，随后隐性债务治理工作渐次展开。地方政府隐性债务的口径界定、存量规模等未向社会公开。从财政部门预算决算债务公开情况看，截至 2023 年底“地方政府债务”口径仍为显性债务，并未涵盖隐性债务。然而，无论从学术研究还是从国家治理角度看，忽视隐性债务会严重低估地方政府债务问题的严重性，对于防范化解地方政府债务风险乃至可能衍生的金融风险十分不利。

二、举债主体的复杂性

中国地方政府债务的举债主体包括政府部门及其下属机构、地方融资平台公司，以及少数其他地方国有企业、事业单位等。在 2014 年《预算法》和《关于加强地方政府性债务管理的意见》文件颁布之前，地方政府合规的举债形式主要是国债转贷（1998—2009 年）、财政部代理发行地方政府债券（2009—2014 年）两种形式。据笔者统计，国债转贷地方总规模为 6400 余亿元，财政部代发总规模为 13700 余亿元，总体规模十分有限，无法满足地方政府债务融资需要，地方政府利用融资平台公司举借债务的行为一直在持续，并且规模逐渐增大。

以发行政府债券形式举债的地方政府主体认定是确定和显而易见的，融资平台公司等地方债务主体的认定则较为困难。一方面，由于原中国银监会 2013 年开始对融资平台公司实施名单制管理以加强贷款风险管控，很多地方政府通过设立新融资平台公司以规避限制。而原中国银监会融资平台公司名单并没有持续更新，也缺乏其他官方权威认定口径。另一方面，融资平台公司重组、合并、注销等现象较为普遍，因此导致识别、认定融资平台公司始终存在困难。不同认定标准和口径下，融资平台公司数量存在较大差异，例如，原中国银监会名单原有 10000 余家，而 Wind 金融终端 2022 年名单为 3000 余家。部分地方政府还将一些事业单位（如医院、学校等）作为举债载体，这些债务主体更加隐蔽。此外，部分地方政府通过垫资施工、拖欠工程款项等手段将债务转移至一般国有企业和民营企业，导致此类承债主体识别困难。

三、举债形式的多样性

在地方政府显性债务中，除了地方政府债券外，还有少量其他形式的债务，但比重很小，如 2022 年底非政府债券形式存量的政府债务占比为 0.46%。在隐性债务中，融资平台公司债务包括银行贷款、城投债券等，其中银行贷款是主要形式。此外，垫资施工、拖欠工程款项、信托、融资租赁，以及不规范的 PPP 项目、政府购买服务、政府投资基金、专项建设基金等，均有可能构成地方政府隐性债务。以 PPP 为例，根据 Wind 统计，截至 2021 年底，全国入库项目数达到 13814 个，总投资 20.25 万亿元，进入执行阶段的投资额为 12.79 万亿元。张明和朱子阳（2018）将 50% 的 PPP 投资额计入隐性债务规模，可见不规范的 PPP 导致的隐性债务规模不容小觑。

四、数据获取的困难性

2015 年以后的中国地方政府显性债务的数据获取是不存在困难的，但是显性债务只是地方政府债务的一部分，甚至仅为一小部分。隐性债务数据的获取一直是较为困难并存在较多争议的。其一，融资平台公司财务信息公开程度较差。作为重要地方政府债务主体的融资平台公司，仅有少数是上市公司，相当一部分也不在公开市场举债，并没有向公众公开财务报表的义务，因此通过公开渠道获取融资平台公司债务数据是存在难度的。大量低层级融资平台公司更是从未从公开市场进行过融资。这也解释了为什么原中国银监会口径融资公司平台数量超万家，而 Wind 等金融终端提供的融资平台公司名单仅有 3000 余家。其二，对于公开财务报表的融资平台公司，一般可将其负债类会计科目获取的有息负债余额作为隐性债务的估计，但获取的有息负债并不是全部由代政府融资或承接政府公益性项目形成的，而是兼有经营性业务负债，二者并不能很好地被区分出来。其三，信托、融资租赁等融资方式举借的债务无法直接从公司财务报表中反映出来，因此，其数据的获取难度更大，仅有金融机构披露的零星碎片数据。其四，由于政府部门作为主体执行的 PPP、政府投资基金、政府购买服务等的复杂性，这些融资方式可能形成的政府债务的披露不足，未纳入现有政府债务统计数据，估计和测算的难度较大。

第四章

地方政府债务可持续性状况分析

第一节　地方政府债务规模

一、显性债务

地方政府显性债务是指纳入预算管理的负有偿还责任的地方政府债务。根据审计署审计结果（2011 年第 35 号、2013 年第 32 号），截至 1999 年底，地方政府性债务余额约为 0.29 万亿元，到 2010 年底增长到 6.71 万亿元，到 2013 年 6 月底增长为 10.89 万亿元[①]。自 2015 年后，财政部门定期公布地方政府显性债务数据。截至 2023 年底，全国地方政府债务限额为 421674.3 亿元，其中，一般债务限额 165489.22 亿元，专项债务限额 256185.08 亿元。截至 2023 年底，全国地方政府债务余额 407373 亿元，控制在全国人大批准的限额之内，其中，一般债务 158688 亿元，专项债务 248685 亿元；政府债券 405711 亿元，非政府债券形式存量的政府债务 1662 亿元。截至 2023 年底，地方政府债券剩余

① 2010 年、2013 年数据为地方政府负有偿还责任的债务（不含或有债务）。

平均年限9.1年，其中，一般债券6.3年，专项债券10.9年；平均利率3.27%，其中，一般债券3.26%，专项债券3.28%。截至2014年年末，地方政府债务资金的主要投向为市政建设（31%）、民生领域（19%）、交通运输（12%）、保障性住房（12%）、土地收储（11%）等（全国人大常委会预算工作委员会调研组，2016）。地方政府债务主要集中在市级、县级政府。根据审计署2013年第32号审计结果，截至2013年6月底，省、市、县、乡政府负有偿还责任债务占地方政府债务存量的比例分别为16.3%、44.5%、36.4%、2.8%。

地方政府显性债务增速较快，1996—2023年均增长23.1%①，是同期名义GDP年均增速的2.0倍。显性债务增速最高的是2009年的61.9%和1998年的48.2%，增速最低的是2015年的-4.2%和2016年的3.8%。可见，显性债务增长受经济周期和债务治理政策调整的共同影响。2007—2014年显性债务年均增长27.4%，2015年以后显性债务高速增长的态势出现扭转，2015—2017年均增速下降到2.3%。由于受专项债大幅扩容和新冠疫情影响，2018—2023年显性债务年均增速又显著回升至16.3%。截至2023年底，东中西部地区显性债务分别占全国地方政府债务的45.5%、25.7%、28.8%，东中西部人均债务分别为3.04万元、2.49万元、3.09万元。

二、隐性债务

地方政府隐性债务一直没有公开的官方数据，主要依靠国际机构、学术研究人员和财经实务工作者进行估计。估计隐性债务规模的方法主要有以下几种：一是通过国际机构（IMF、BIS、穆迪等）公布的地方政府债务总规模，减去显性债务后得到隐性债务规模。例如，IMF每年依

① 根据2010—2013年审计署、各地审计厅披露的地方债务历史数据，结合1998—2010年国债转贷地方数据，2009—2013年财政部代发地方政府债券数据，并对少数缺失数据进行插值估计后，作者整理得到了1996—2014年全国显性债务数据，由于数据获取问题，早期显性债务数据存在被低估的可能。

据《国际货币基金组织协定》第四条与各成员国进行磋商，撰写和发布磋商报告。朱丹和吉富星（2021）根据 IMF 2020 年第四条磋商报告测算得出 2019 年底隐性债务余额约为 42 万亿元。任泽平等（2020）根据国际清算银行（BIS）报告数据，测算出 2018 年底隐性债务余额约为 31 万亿元。二是通过隐性债务举债主体（融资平台公司等）和举债渠道（银行贷款等）测算隐性债务规模。姜超等（2018）认为，国内学者常用通过地方融资平台公司的债务去估算地方政府隐性债务的余额，估算的隐性债务结果一般在 30 万亿元至 50 万亿元之间。牛播坤和甄茂生（2018）通过估算银行贷款、非标债务、企业（公司）债券和政信类项目融资租赁的资金规模，估算出 2017 年底隐性债务规模约为 22.4 万亿元①。张晓晶和刘磊（2020）分别从宽口径和窄口径对隐性债务规模进行了测算，2018 年底分别约为 50 万亿元和 15 万亿元。三是基于债务资金投向会计恒等式，测算政府基础设施投资资金缺口，将其视为由政府债务弥补，作为全口径债务规模，减去显性债务后即为隐性债务。张忆东和李彦霖（2013）、吕健（2015）、郑春荣（2016）等均运用这种方法进行了测算。

作者借鉴姜超等（2018）、徐军伟等（2020）的做法，通过统计融资平台公司有息债务余额，作为对 30 个省②、地级及以上城市③隐性债务规模的估计。融资平台公司名单采用了 Wind 公司口径（2022 年 2 月 18 日更新），剔除无法查询到数据的平台后，共有 3435 家。用 Wind 金融终端查询提取所有融资平台公司详细财务数据，将短期借款、长期借款、应付短期债券、应付债券、一年内到期的非流动负债等五个会计科目年度余额合计，得到有息债务余额。将各地级市辖内融资平台公司有息债务余额合计，得到该城市当年隐性债务余额。将省内地级市有息债务余额合计数，加上省级融资平台公司、省直管县级市（如河南省济

① 牛播坤，甄茂生．隐性债务知多少？从资金端和资产端的估算［R］．贵阳：华创证券，2018：7－11.

② 包括省、直辖市、自治区，为了表述简洁，后文都用 30 个省指代。不含西藏，下同。

③ 含地级市、地级地区、副省级城市，不含直辖市，以下简称地级市。

源市）融资平台公司、国家新区融资平台公司有息债务余额后，得到该省当年年末有息债务余额。

上述对地方政府隐性债务规模的估计可能被低估，也可能被高估。以下原因可能导致低估：由于只有在银行间债券市场等公开渠道发行债券，才会对外公开披露财务数据，仅从商业银行等非公开渠道融资的城投平台并不对外公开财务数据，因此这些企业的债务并未统计在内。根据 Wind 数据，截至 2021 年底，原中国银监会口径的融资平台公司有 1 万余家，其中，公开发行债券的只占一小部分。各地区融资平台公司分布不均衡，公开市场举债较多的地区的隐性债务会暴露得比较充分，例如江苏省发债融资平台公司数量（Wind 口径）超过全国总数的六分之一。此外，部分不规范的 PPP、政府投资基金等形成的政府债务也未纳入，也会导致隐性债务规模被低估。以下原因可能导致隐性债务规模被高估：融资平台公司有息债务并不都是地方政府隐性债务，只有因受政府委托开展公益性项目投资、后续需要地方政府偿还的债务才属于隐性债务，上述估计方法将部分经营性债务也纳入了隐性债务统计，可能导致一定程度的高估。

依据上述测算方法，作者以融资平台公司有息债务对地方政府隐性债务规模进行了估计。结果显示，2014—2021 年，全国地方政府隐性债务余额分别为 17.5 万亿元、21.8 万亿元、27.0 万亿元、32.9 万亿元、37.1 万亿元、43.1 万亿元、49.4 万亿元、53.8 万亿元。为验证上述测算方法的可靠性，作者还依据 IMF 数据进行了测算，2014—2020 年，全国地方政府隐性债务余额分别为 8.9 万亿元、14.1 万亿元、18.9 万亿元、24.9 万亿元、30.9 万亿元、42.5 万亿元、49.0 万亿元[①]。作者与 IMF 估计的隐性债务规模较为接近，说明上述测算方法总体上还是较为可靠的。

---

① 2014—2018 年数据根据《2019 年第四条磋商新闻发布稿》第 50 页增扩概念债务计算得出；2019 年、2020 年数据根据《2021 年第四条磋商新闻发布稿》第 45 页增扩概念债务计算得出。

2014 年以来，新《预算法》和《关于加强地方政府性债务管理的意见》确立的地方政府债务框架并未涵盖隐性债务。2015 年以来，显性债务通过债务置换进行了较为妥善的处理，而隐性债务问题尚未得到充分重视，隐性债务仍然在继续增长（曹婧等，2019；徐军伟等，2020），并没有因为显性债务“开前门”而出现增速放缓迹象。

三、全口径债务

地方政府全口径债务，指的是包括显性债务和隐性债务在内的地方政府债务整体。将 2006—2021 年显性债务余额、隐性债务余额、全口径负债率绘制成图，如图 4 – 1 所示。自 2006 年以来，显性债务、隐性债务均呈现出稳步增长趋势。2012 年之前，显性债务和隐性债务增长速度总体相当；2013 年以后，隐性债务增速加快，显性债务增速有所放缓，二者差距出现扩大趋势。2018 年以来，受专项债扩容和隐性债务化解影响，显性债务增速明显回升，隐性债务增速继续保持在较高水平。2006 年以来，全口径负债率持续升高，于 2018 年突破了 60%。

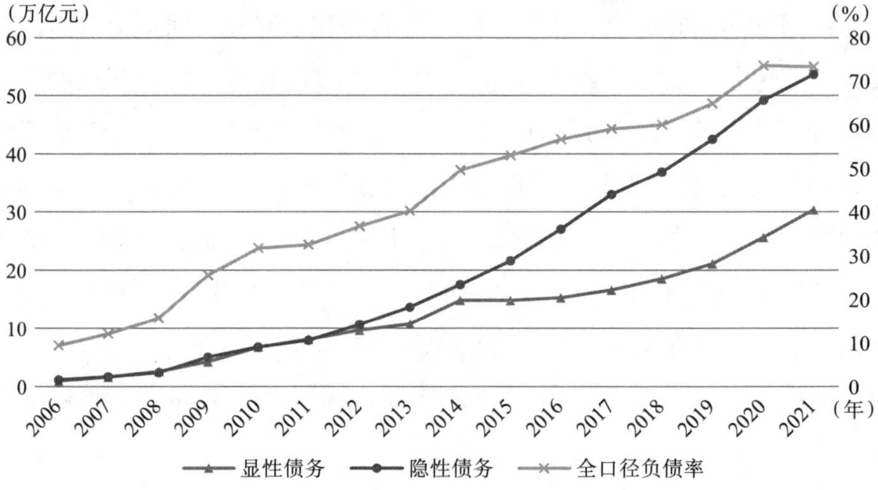

图 4 – 1 显性债务、隐性债务与全口径负债率走势（2006—2021 年）

数据来源：作者自行计算。

第二节　地方政府债务结构

一、各省显性债务、隐性债务和全口径债务

2021 年底各省地方政府债务余额情况如表 4－1 所示。截至 2021 年底，全国地方政府隐性债务余额为 53.8 万亿元，是显性债务余额的 1.8 倍。30 个省份中有 19 个省份的隐性债务余额超过显性债务余额。显性债务规模[①]最大的 5 个省份是广东、山东、江苏、浙江、四川，隐性债务规模最大的 5 个省份是江苏、浙江、四川、山东、湖北，全口径债务规模最大的 5 个省份是江苏、浙江、四川、山东、湖南。显性债务规模最小的 5 个省份是宁夏、青海、海南、甘肃、山西，隐性债务规模最小的 5 个省份是青海、内蒙古、宁夏、海南、黑龙江，全口径债务规模最小的 5 个省份是宁夏、青海、海南、黑龙江、山西。人口数量和经济规模是影响地方政府债务绝对规模的主要因素，但是债务绝对规模大并不意味着债务负担重。

表 4－1　　2021 年底分地区地方政府债务显性、隐性结构　（单位：万亿元）

地区	显性债务	隐性债务	全口径债务	地区	显性债务	隐性债务	全口径债务
北京	0.88	1.16	2.03	河南	1.24	1.91	3.14
天津	0.79	1.65	2.44	湖北	1.19	2.56	3.75
河北	1.32	0.84	2.16	湖南	1.36	2.54	3.90
山西	0.54	0.36	0.90	广东	2.04	1.38	3.42
内蒙古	0.89	0.07	0.96	广西	0.86	1.36	2.22

① 不特别说明的情况下，债务规模指的是期末债务余额，下同。

续表

地区	显性债务	隐性债务	全口径债务	地区	显性债务	隐性债务	全口径债务
辽宁	1.03	0.16	1.18	海南	0.30	0.12	0.42
吉林	0.63	0.52	1.15	重庆	0.86	1.96	2.82
黑龙江	0.65	0.13	0.78	四川	1.52	4.69	6.22
上海	0.74	0.85	1.58	贵州	1.19	1.72	2.91
江苏	1.90	9.06	10.96	云南	1.10	1.31	2.41
浙江	1.74	6.80	8.54	陕西	0.87	1.85	2.71
安徽	1.16	1.72	2.88	甘肃	0.49	0.94	1.43
福建	1.01	1.29	2.29	青海	0.28	0.04	0.32
江西	0.90	2.10	3.00	宁夏	0.19	0.10	0.29
山东	2.00	4.08	6.08	新疆	0.76	0.58	1.34
全国	30.42	53.81	84.23				

注：全国合计仅包括地方政府债务，不包括中央政府债务。

数据来源：作者自行计算①。

二、东中西部显性债务、隐性债务和全口径债务

2021 年底东中西部地区债务规模情况如图 4－2 所示。显性债务、隐性债务和全口径债务三个口径下，东部绝对债务规模均为最大，西部其次，中部最少，债务规模与经济规模基本一致。隐性债务为显性债务的倍数为：东部最高（2.0）；西部居中（1.6）；中部最低（1.5）。上述情况可能与承债能力强的地区债务举借规模往往比较大有关，也可能与本书的隐性债务测算方法有关，东部更多地区以市场化方式举债，因此其隐性债务暴露得更充分。应当特别关注中西部地区非市场化举债导

① 书中的显性债务数据来自官方公开数据，具体包括财政部和地方财政部门官网、中国地方政府债券信息公开平台、地方政府预算执行情况报告、审计部门债务审计报告、Wind 债券数据库等。由于隐性债务一直缺乏官方数据，本书借鉴了姜超等（2018）、徐军伟等（2020）、聂卓等（2023）、李一花等（2024）的研究方法，将地方政府融资平台公司（Wind 口径）有息债务合计数作为地区隐性债务的估计。具体情况是，融资平台公司有息债务为短期借款、长期借款、应付短期债券、应付债券、一年内到期的非流动负债五个会计科目余额合计，上述平台财务数据来源为 Wind 数据库。书中的全口径债务指上述官方显性债务和自行估计的隐性债务之和。

致的隐性债务暴露不充分可能引发的债务风险。关于隐性债务在全口径债务中的比重，东中西部较为接近，仍是东部最高（66.6%），西部居中（61.8%），中部最低（60.7%）。隐性债务在全口径债务中的比重接近三分之二，必须高度重视其对地方政府债务可持续性的影响。

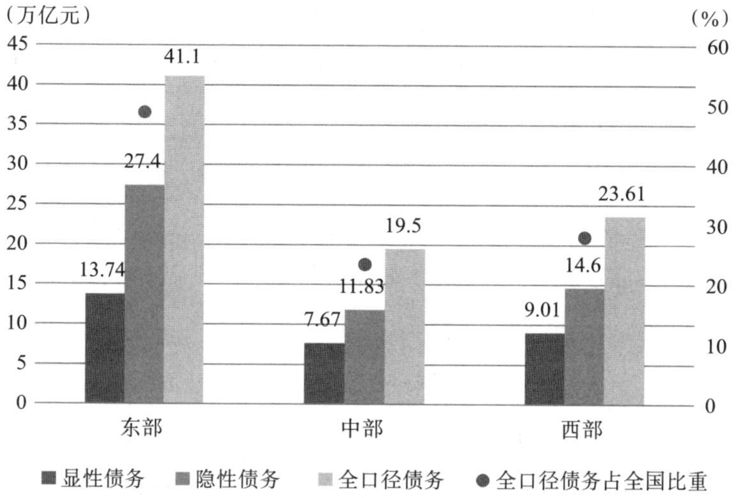

图 4-2　2021 年底东中西部地方政府债务显性、隐性结构

注：全国数据是地方政府合计数，不包括中央政府债务。

数据来源：作者自行计算。

第三节　地方政府债务负担

一、各省债务负担

评价政府债务负担应基于债务负担上限。对于地方政府债务负担上限，不宜直接套用适用于国家整体的债务负担上限，因为中央政府必然占有相当一部分财力，这部分不能作为地方政府承债能力。刘尚希等

(2012) 根据中央和地方收入分成比例确定的地方政府负债率和债务率风险警戒线分别为30%和80%。作者认为，地方政府实际财力还包括转移支付收入和政府性基金收入，并且以财政支出作为划分依据更为科学。特别是随着国有土地出让收入持续增长，地方政府财力水平得到显著提高，承债能力相应增强。作者测算得出，2015—2021 年中央和地方实际财政支出的平均比例分别为12.40%和88.17%[①]。运用上述比例将适用于国家整体的债务负担上限分配给地方政府，参照国际通用的负债率上限60%，以及较为宽松[②]的债务率上限150%（陈龙，2018；张明和孔大鹏，2021），得到我国地方政府负债率警戒线为52.90%，债务率警戒线为132.26%。如果不特别指出，下文的地方政府负债率和债务率警戒线均指上述两个数值。

将三个口径的负债率（年末债务余额/本年 GDP)、债务率（年末债务余额/本年综合财力）作为衡量指标[③]，2021 年 30 个省份的地方政府债务负担情况如表 4－2 所示。2021 年地方政府整体显性负债率、显性债务率均低于警戒线；有2个省份的显性债务负债率超过警戒线（青海、贵州)，都高于60%；有 7 个省份的显性债务率超过警戒线，其中，3 个高于150%（天津、贵州、内蒙古)。如果只考虑显性债务，地方政府债务负担总体尚处于合理范围，但约有四分之一的省份债务负担已经明显偏高，其债务可持续性需要重点关注。

2021 年地方政府整体全口径负债率和债务率均远高于警戒线，全口径债务率接近警戒线的2倍；22 个省份的全口径负债率超过警戒线，其中，7 个高于100%，从高到低分别是天津、贵州、甘肃、浙江、四川、江西、重庆；28 个省份的全口径债务率超过警戒线。这说明考虑

---

① 中央支出＝中央财政一般公共预算本级支出＋中央政府性基金预算本级支出。地方支出＝地方财政一般公共预算支出＋地方政府性基金预算支出。

② 这一上限为 IMF 给出。另一较常见的上限标准是120%。

③ 综合财力＝一般公共预算支出＋政府性基金预算支出，暂不考虑二者之间可能的部分重叠情况。

表 4－2　　2021 年底分地区负债率和债务率（%）

地区	显性负债率	显性债务率	隐性负债率	隐性债务率	全口径负债率	全口径债务率
北京	21. 8	93. 3	28. 7	123. 1	50. 5	216. 4
天津	50. 2	186. 0	105. 3	390. 2	155. 6	576. 2
河北	32. 7	117. 0	20. 8	74. 3	53. 6	191. 3
山西	24. 0	89. 1	15. 9	59. 0	39. 8	148. 1
内蒙古	43. 4	153. 1	3. 2	11. 4	46. 6	164. 4
辽宁	37. 2	147. 2	5. 7	22. 7	42. 9	169. 9
吉林	47. 3	137. 9	39. 3	114. 4	86. 6	252. 3
黑龙江	43. 9	120. 3	8. 6	23. 5	52. 5	143. 9
上海	17. 0	61. 5	19. 6	70. 7	36. 6	132. 2
江苏	16. 3	69. 3	77. 9	331. 1	94. 2	400. 4
浙江	23. 7	81. 5	92. 5	317. 9	116. 2	399. 4
安徽	26. 9	106. 8	40. 0	158. 7	67. 0	265. 5
福建	20. 7	116. 7	26. 3	148. 7	47. 0	265. 5
江西	30. 4	94. 1	70. 8	218. 9	101. 2	312. 9
山东	24. 1	106. 1	49. 1	216. 6	73. 2	322. 6
河南	21. 0	90. 5	32. 4	139. 1	53. 4	229. 7
湖北	23. 9	111. 7	51. 2	239. 6	75. 0	351. 3
湖南	29. 5	118. 1	55. 1	220. 5	84. 7	338. 6
广东	16. 4	78. 3	11. 1	52. 9	27. 5	131. 2
广西	34. 6	115. 9	55. 1	184. 4	89. 7	300. 3
海南	46. 5	124. 0	18. 2	48. 5	64. 6	172. 5
重庆	30. 9	122. 3	70. 1	277. 9	101. 0	400. 2
四川	28. 3	97. 3	87. 1	299. 7	115. 4	397. 0
贵州	60. 6	154. 2	87. 7	223. 2	148. 3	377. 4
云南	40. 5	136. 7	48. 2	163. 0	88. 7	299. 7
陕西	29. 2	108. 8	61. 9	231. 3	91. 1	340. 1
甘肃	47. 8	107. 6	91. 5	205. 8	139. 3	313. 4
青海	83. 3	137. 7	11. 4	18. 9	94. 7	156. 5
宁夏	42. 5	121. 9	22. 7	65. 1	65. 2	187. 0
新疆	47. 8	128. 8	36. 0	97. 0	83. 8	225. 9

隐性债务后，地方政府债务负担已经过重，债务可持续性或将面临严峻考验。

2021 年 30 个省份的三个口径的债务负担从高到低排序情况如表 4 - 3 所示。显性债务负担和隐性债务负担差异较大的现象比较普遍。例如，江苏、浙江显性债务负担较轻，而隐性债务负担较重，因此全口径债务负担较重；上海、广东显性债务和隐性债务负担都比较轻，因此全口径债务负担也比较轻；青海、宁夏、内蒙古显性债务负担重，而隐性债务负担轻，因此全口径债务负担相对较轻；天津显性债务和隐性债务负担都比较重，因此全口径债务负担较重。出现上述债务负担异质性的原因可能有两个：其一，显性债务和隐性债务形成机制和举借渠道不同，不同地区举债需求和举债能力也有差异；其二，上述隐性债务以融资平台公司有息债务度量，在公开市场举债少的地区隐性债务暴露不充分，故可能低估了中西部省份隐性债务规模。

表 4 - 3　2021 年底分地区负债率和债务率排序

地区	显性负债率	显性债务率	隐性负债率	隐性债务率	全口径负债率	全口径债务率
北京	25	24	19	18	24	20
天津	3	1	1	1	1	1
河北	14	14	22	21	21	21
山西	22	26	25	24	28	27
内蒙古	9	3	30	30	26	25
辽宁	12	4	29	28	27	24
吉林	6	5	16	19	13	17
黑龙江	8	12	28	27	23	28
上海	28	30	23	22	29	29
江苏	30	29	6	2	9	2
浙江	24	27	2	3	4	4
安徽	20	20	15	15	18	15
福建	27	15	20	16	25	16
江西	16	23	7	10	6	12
山东	21	21	13	11	17	10

续表

地区	显性负债率	显性债务率	隐性负债率	隐性债务率	全口径负债率	全口径债务率
河南	26	25	18	17	22	18
湖北	23	17	12	6	16	7
湖南	17	13	10	9	14	9
广东	29	28	27	25	30	30
广西	13	16	11	13	11	13
海南	7	9	24	26	20	23
重庆	15	10	8	5	7	3
四川	19	22	5	4	5	5
贵州	2	2	4	8	2	6
云南	11	7	14	14	12	14
陕西	18	18	9	7	10	8
甘肃	4	19	3	12	3	11
青海	1	6	26	29	8	26
宁夏	10	11	21	23	19	22
新疆	5	8	17	20	15	19

数据来源：作者自行计算。

二、东中西部地区债务负担

2021 年底东中西部地区三个口径的地方政府债务负担情况如图 4 – 3 所示。显性负债率均低于警戒线，东部最低，中部居中，西部最高。显性债务率也均低于警戒线，东部最低，中部居中，西部最高。全口径负债率均已超过警戒线，东部最低，中部居中，西部最高。全口径债务率均远超过警戒线，中部最低，东部居中，西部最高。将全国地方政府作为整体分析，2021 年底全口径负债率已经高于警戒线，全口径债务率更远高于警戒线，说明整体上地方政府债务负担已经过重。分地区看，西部债务负担最重，中部居中，东部最轻。图 4 – 3 显示，三个口径下东中西部的债务率超过警戒线的程度均远高于负债率，说明债务和财力的不匹配是现阶段地方政府债务负担的典型特征。

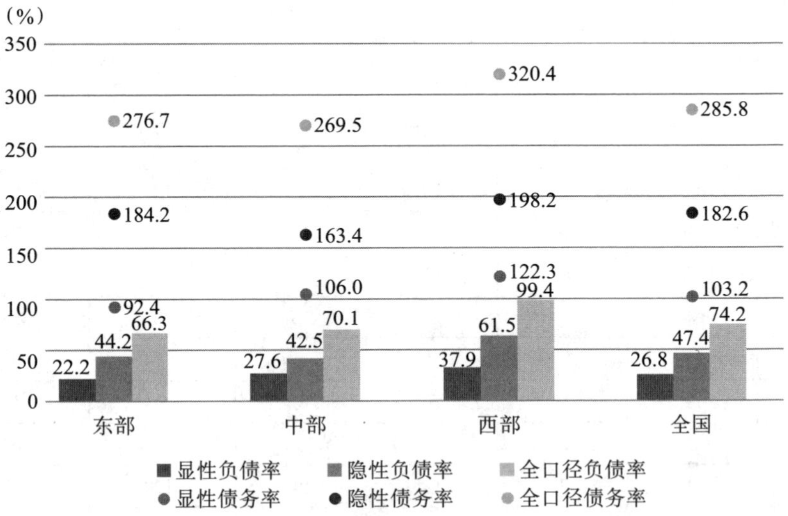

图 4-3　2021 年底东中西部债务负担对比

注：全国数据是地方政府合计数，不包括中央政府债务。

数据来源：作者自行计算。

在沉重的债务负担下，地方政府债务可持续性会面临严峻考验。截至 2014 年底，地方政府逾期债务有 0.9 万亿元，占地方政府债务存量的 6%（全国人大常委会预算工作委员会调研组，2016 年）。可见，地方政府债务逾期现象已经存在较长时间，并逐渐从隐蔽走向公开，其负面影响也越来越大。根据作者收集整理，近年来地方政府债务违约、债务重组等象征债务可持续性出现问题的情况越来越多，具体情况请参阅本章第四节。

显然，部分地区的地方政府债务可持续性已经出现问题。如果没有 2014 年以来中央政府统一安排的大规模债务置换和隐性债务化解，没有政策性银行和国有商业银行等金融机构的广泛介入，一些融资平台公司甚至个别地方政府均有可能出现大面积债务违约。以国有金融机构为主的金融体系，是我国有能力推动大规模地方政府债务重组的有利条件，但风险又可能转移到金融部门。从长期来看，如果地方政府债务规模过大，后续以债务重组方式解决债务可持续性问题的难度势必越来越大。

第四节　部分地区债务可持续性面临的问题及案例

一、政府债务逾期（2014 年之前）

2010 年以来，在审计署的统一安排下，各地对政府债务情况进行了连续追踪审计，基本摸清了地方政府债务情况，发现部分地区债务逾期情况比较严重，凸显了地方政府债务可持续性面临的严峻形势。截至 2012 年末，各省政府负有偿还责任的债务逾期债务率为 2.07%，政府负有担保责任的债务逾期债务率为 2.13%。可能承担一定救助责任的债务的逾期债务率为 4.09%[①]。截至 2012 年末，贵州省政府负有偿债责任的债务除去应付未付款项形成的逾期债务外，负有偿还责任的债务逾期债务率为 2.28%，负有担保责任的债务逾期债务率为 2.03%，可能承担一定救助责任的逾期债务率为 3.11%[②]。截至 2012 年末，河北省政府负有偿还责任除去应付未付款项形成的逾期债务后，逾期债务率为 2.56%；政府负有担保责任和可能承担一定救助责任的债务的逾期债务率分别为 3.08% 和 4.71%；截至 2016 年末，河北省政府债务中逾期债务 424.78 亿元，占比 7.46%[③]。截至 2015 年底，山西省政府逾期债务 204.53 亿元，占全省政府债务的 10.1%[④]。

---

① 周美玲等．2014 年江西省地方政府债券信用评级报告［R］．上海：上海新世纪资信评估投资服务有限公司，2014.

② 张雪宜等．2017 年贵州省政府一般债券（七至十期）信用评级报告［R］．上海：上海新世纪资信评估投资服务有限公司，2017.

③ 刘明球等．2017 年河北省政府专项债券（第七批）信用评级报告［R］．上海：上海新世纪资信评估投资服务有限公司，2017.

④ 山西省财政厅．2016 年第一批山西省政府一般债券信息披露文件［R］．2016.

二、融资平台公司债务违约

（一）城投债券技术性违约

对于地方政府而言，城投债券违约事件要极力避免，因为所带来的负面影响巨大，极大地增加了后续融资成本。地方政府债券迄今尚未出现逾期违约，城投债券已经出现个别风险事件。例如，2009 年 11 月 30 日，安庆市城市建设投资发展（集团）有限公司“07 宜城投债”出现技术性违约，未能及时完成兑付，延期一天后完成兑付。2017 年 9 月，河南省新密市财源投资集团有限公司“14 新密财源债”出现技术性违约，延期一天后完成兑付。2018 年 8 月，新疆生产建设兵团第六师国有资产经营有限责任公司“17 兵团六师 SCP001”出现技术性违约，延期两天后完成兑付。2019 年 12 月，呼和浩特经济技术开发区投资开发集团有限责任公司“16 呼和经开 PPN001”出现回售违约，未能实现足额偿付，后续相关主体达成协议，3 个月内完成了兑付。2020 年 8 月 10 日，沈阳城市公用集团有限公司“18 沈公用 PPN001”出现技术性违约，发行人 2020 年 10 月进入破产重整程序。2020 年 8 月 17 日，吉林市铁路投资开发有限公司“15 吉林铁投 PPN002”出现技术性违约，于当日晚间完成资金划转工作。2022 年 8 月 29 日，兰州市城市发展投资有限公司“19 兰州城投 PPN008”出现技术性违约，于当日晚间完成资金划转工作。

（二）非标融资违约

非标融资一般是非公开发行的，违约信息并非公开信息，对债务方产生的影响较小，但利率往往较高。近年来，融资平台公司非标债务违约呈现越来越多的情况，涉及天津、内蒙古、辽宁、山东、湖北、湖南、四川、贵州、云南、陕西、青海、新疆等地。违约形式主要是债务逾期，不能及时支付本息，多数在政府协调下得以解决。违约平台以市、县级平台为主，也有个别省级平台。所涉及的债务类型包括银行贷款、信托计划、资管产品、融资租赁、私募基金、城投债券等。债务资金用途包括市政建设、棚户区改造、水利建设、旅游开发、工业园区开发等。

（三）商业汇票逾期

商业汇票（含商业承兑汇票、财务公司承兑汇票、银行承兑汇票等）是一种重要的融资手段，尤其是对于基础设施在建项目较多的城投平台而言，可以有效地降低其资金压力。城投平台商业汇票逾期意味着企业的资金压力较大。上海票据交易所票据信息披露平台于 2021 年 11 月首次披露商业汇票持续逾期（6 个月内发生 3 次以上承兑人逾期）名单，之后每月更新逾期名单信息。根据华创证券的统计，截至 2022 年 11 月 30 日，发债城投平台持续逾期记录累计 144 条，共涉及 62 家城投公司，近 5 年内发生逾期的商业汇票总金额达 33. 34 亿元，已逾期但未结清的电子商业汇票总金额为 8. 5 亿元；商业汇票逾期较严重的区域包括山东、江苏、湖南、广西等地，逾期主体主要为区县级弱资质城投平台①。

（四）融资平台公司非标债务重组

由于部分融资平台公司债务逾期现象越来越严重，近年中央出台有关政策②，在落实地方政府化债责任和不新增地方政府隐性债务的前提下，允许融资平台公司对符合条件的存量隐性债务，与金融机构协商采取适当的展期、债务重组等方式维持资金周转。例如，遵义道桥建设（集团）有限公司截至 2021 年底的有息负债为 621. 51 亿元，其中，债券规模 180. 43 亿元，银行贷款和非标债务的总规模为 441. 08 亿元③。2022 年 12 月 30 日，遵义道桥建设（集团）有限公司发布《关于推进

① 杜渐，周冠南．城投商票逾期数据、分析与影响［R］．贵阳：华创证券，2022.

② 《关于保持基础设施领域补短板力度的指导意见》（国办发〔2018〕101 号）、《关于支持贵州在新时代西部大开发上闯新路的意见》（国发〔2022〕2 号）、《支持贵州加快提升财政治理能力奋力闯出高质量发展新路的实施方案的通知》（财预〔2022〕114 号）。

③ 孙彬彬，孟万林．从遵义道桥展期公告出发，再谈城投风险［R］．武汉：天风证券，2023.

银行贷款重组事项的公告》，宣布了155.94亿元银行贷款重组情况。根据重组协议，重组后银行贷款期限调整为20年，年利率调整为3.00%~4.50%，前10年仅付息不还本，后10年分期还本。

三、交通领域债务重组

债务重组是债务可持续性出现问题的表现之一。中西部省份一些高速公路项目现金流较弱，债务还款压力很大。近年来，中西部不少省份与国开行、商业银行达成一揽子债务重组协议，大幅延长还款期限，降低利率。截至2020年6月底，已经有山西、内蒙古、吉林、湖北、贵州、青海等7个省份与国开行为首的银团签订类似的交通领域债务置换协议。

例如，山西省高速公路集团债务累积较多，2017年其通行费收入扣除养护运营费用外，连债务利息都无法覆盖，山西省财政需要大力注资并引入银行团开展债务重组。2019年上半年，山西省交控集团向国家开发银行等银团平移置换债务2337亿元，降低了债务利息，拉长了债务期限，化解了高速公路债务风险①。

2020年5月，甘肃省公航旅集团与省内16家银行举行了1673亿元债务重组协议签约仪式。通过调低债务利率，还款期限统一延长至30年，平均每年还本支出下降约200亿元，利息支出下降15亿元左右②。

2020年5月，湖北省交通投资集团有限公司与国家开发银行湖北省分行等9家金融机构签订高速公路融资再安排银团贷款合同，将所属22条高速公路贷款进行了平移置换，规模达1200余亿元。通过置换，贷款年限从10年延长到25年以上，贷款利率下调至基准利率以下，可

① 孙彬彬，高志刚．山西省交控集团向国开行等银团平移置换债务2337亿元［R］．武汉：天风证券，2019.

② 刘英．甘肃省内16家银行与省公航旅集团签署债务重组协议［EB/OL］．每日甘肃网，http：//gansu. gansudaily. com. cn/system/2020/05/25/017440705. shtml. 2020－5－25.

累计节省利息支出56亿元，到“十四五”末，债务还本金额减少553亿元[①]。

此外，近年还出现了地方政府利用地方国企重组高速公路公司债务的情况。例如，经贵州省人民政府的批复，贵州省国资委所持贵州高速部分股权转让给了茅台集团。2020年9月，贵州茅台集团公开发行公司债券150亿元，用于收购贵州高速相关股权[②]。

四、轨道交通建设项目叫停

轨道交通（如地铁）是地方政府积极争取的基建项目，但真正能支撑地铁运量需求、财力要求的城市还是比较少的。一些需求不迫切、财力有限的城市勉强开建轨道交通项目，多数通过PPP等模式举债上马，导致债务过度堆积，显然是不可持续的。

2016年，国家发改委批复同意内蒙古自治区包头市建设城市轨道交通。2016年包头市人口280万，低于“市区主城区人口超过300万人”的建设地铁的标准。包头轨交一期建设规划的1号、2号线总投资超过300亿元。此外，呼和浩特地铁3号、4号线也因为财政能力原因导致其地铁项目被叫停[③]。2018年7月，国务院办公厅印发《关于进一步加强城市轨道交通规划建设管理的意见》，上调了申建城市轨道交通相关标准，提高了申报建设地铁和轻轨的相关经济指标，对列入地方政府债务风险预警范围的城市，暂缓审批新项目。轨道交通建设规划已批复的城市中，部分城市达不到新标准要求，获得新一轮批复难度变大，银川、宝鸡等个别城市则主动暂停或缩减了轨道交通建设规划。

---

① 杨志锦．湖北交投拟向国开行等银团平移置换债务1200亿［EB/OL］．新浪财经，http：//finance. sina. com. cn/roll/2020 - 06 - 04/doc - iirczymk5260420. shtml. 2020 - 6 - 4.

② 文静．贵州高速持续失血 茅台集团首次发债跨界“施救”［EB/OL］．21世纪经济报道，http：//www. 21jingji. com/2020/9 - 18/1NMDEzODFfMTU5MTY1Nw. html. 2020 - 9 - 18.

③ 金微．包头在建地铁项目叫停 或防金融风险发改委收紧批复［EB/OL］．华夏时报，http：//www. chinatimes. net. cn/article/72227. html. 2017 - 11 - 14.

五、区域性政府债务负担过重

近年来，部分经济、财政实力较弱的地区，由于政府主导的城投企业举债过多等原因，出现区域性政府整体债务过重的情况。

例如，江苏省镇江市政府债务负担较重的事实2018年开始逐步暴露。该市主动谋划作为地方隐性债务化解试点城市，积极对接国家开发银行，希望获得一揽子长期低息贷款，但由于与隐性债务处置原则不一致，最终未能实现。到2019年下半年，镇江隐性债务化解方案基本出台，市属5家城投平台公司均参与，主要是通过商业银行贷款置换存量非标等高息债务。

《中国纪检监察报》2019年报道[①]，贵州省黔南布依族苗族自治州独山县曾是国家级贫困县，在年度财政收入不足10亿条件下，很多政府主导的投资项目效益不佳，部分出现烂尾，甚至违规建设高尔夫球场等面子工程、形象工程，政府隐性债务高达400多亿元，融资成本高达10%，每年光利息就达40多亿元，全县人均负债达11.2万元。独山县成立了36家融资平台公司，几乎每个乡镇都有，通过私募基金、定向融资计划等各类渠道高息举债，财政部门违规出具担保函。该县已经开始通过出售资产、申请省级支持等方式逐步化解债务。

湖南省郴州市汝城县是国家级贫困县，湖南省委巡视组2018年巡视发现，2015年至2017年该县综合债务率分别为274%、285.74%、336%，负债率在湖南省排名第一[②]。该县举债资金大量用于修宽马路、修大广场、违规建豪华楼堂馆所等形象工程，很少用在培植财源、促进产业发展方面。

内蒙古鄂尔多斯市东胜区，截至2017年底，全口径政府性债务余

---

① 邱杰，任廷会，尹琦琦．对照案例汇编 把自己摆进去［N］．中国纪检监察报，2019－8－7（05）．

② 邹太平．巡视利剑刺破贫困县的“阔面子”［N］．中国纪检监察报，2018－8－5（1）．

额为862.53亿元（含或有债务6.54亿元），其中，政府性债务411.83亿元，隐性政府性债务450.7亿元。隐性债务主要包括：融资平台公司等国有企业债务234.52亿元，其中，地方政府提供担保的债务4.52亿元；政府部门债务216.18亿元。根据中央、自治区巡视组压实财政收入的要求，该区在2017年财政收支调减至原预算的约50%。该区当年一般公共财政收入实现41.65亿元，政府性基金预算收入1.94亿元。2017年该区全口径负债率和债务率分别为124.7%、1978.7%，该区户籍人口人均负债32.47万元[①]。

国务院办公厅督查室2020年6月通报[②]，河北省衡水市景县为迎接省级园林县城复检、办旅游产业发展大会等，2020年安排了大量建设项目，景区提升、文化小镇、智慧灯杆、街道美化等11个重点项目中，有6个没有任何预算保障，以举债资金安排，被国务院办公厅督查室点名批评是筹建形象工程行为。

国务院办公厅2021年10月通报[③]，青海、宁夏、贵州、云南等4个地方政府债务风险较高的地区的8个项目不同程度存在违规兴建楼堂馆所问题。点名了青海国际会展中心、青海省人力资源和社会保障公共服务中心、青海省胜利宾馆、宁夏闽宁会议中心、宁夏闽宁镇酒店管理与服务职业技能实训中心、宁夏丝路明珠塔、贵州省遵义市会议中心、云南省级民主党派大楼和云南中华职业教育社办公楼等项目在立项、财政资金运用、施工等方面的违规行为。

2024年1月，央视播出的反腐专题片《持续发力 纵深推进》，披露了落马的贵州省政协原党组成员、副主席李再勇在担任六盘水市委书

---

① 雷海. 关于调整2017年东胜区财政预算的报告［EB/OL］. 东胜区财政局，http：//www.ds.gov.cn/zw/czgl2016/qzf/201802/t20180208_2083707.html. 2018-2-8.

② 国务院办公厅督查室关于河北省景县违规征税摊派捐款举债搞迎检办大会等问题的督查情况通报［EB/OL］. 中国政府网，http：//www.gov.cn/hudong/ducha/2020-06/28/content_5522320.htm. 2020-6-28.

③ 国务院办公厅关于部分债务沉重地区违规兴建楼堂馆所问题的通报［EB/OL］. 中国政府网，http：//www.gov.cn/zhengce/content/2021-10/27/content_5646774.htm. 2021-10-27.

记期间，为了政绩盲目举债，主政六盘水的三年多里，当地新增债务达1500亿元，2013年到2017年债务增长率超300%，使当地隐性债务风险加剧①。

2020年以来，部分地区财政收入增速明显放缓，刚性支出不断增加，预算紧平衡特征进一步凸显，政府债务进入偿还高峰期，个别地区还本付息压力增大、政府综合债务率偏高，对财政有序运转产生较大影响。例如，《关于潍坊市2022年财政决算和2023年上半年预算执行情况的报告》提及，为兜牢基层“三保”底线，建立工资发放风险评估报告制度，启用工资专户、实行日常监控，阶段性调整困难县财政体制，点对点单独调拨资金，提高特殊困难地区库款市级留成比例，帮助县级保工资、保运转。

中证鹏元资信评估股份有限公司出具的《2023年云南省地方政府再融资一般债券（五期）信用评级报告》（中鹏信评〔2023〕第Z〔1628〕号01）将云南省地方政府直接债务余额（一般债务和专项债务之和）和地区城投公司债务余额的50%作为“调整后政府债务余额”，计算得出“调整政府债务率”为257.63%，“调整政府负债率”为62.46%。上述口径债务负担率实际上是考虑到隐性债务后的全口径地方政府债务负担水平，无论以何种标准衡量，上述债务负担显然已经过重。

六、违规新增隐性债务和化债不实

2022年5月和7月，财政部分两批公布了隐性债务问责②和违法违规融资新增地方政府隐性债务③的16个典型案例。典型案例主要包括

① 为政绩盲目举债1500亿，李再勇留给六盘水的债务窟窿怎么填？［EB/OL］. 第一财经. https://www.yicai.com/news/101950205.html. 2024-1-7.

② 财政部公开通报8起隐性债务问责典型案例［EB/OL］. 财政部. http://hn.mof.gov.cn/zhxx/202205/t20220524_3812656.htm. 2022-5-18.

③ 关于融资平台公司违法违规融资新增地方政府隐性债务问责典型案例的通报［EB/OL］. 财政部. http://jdjc.mof.gov.cn/jianchagonggao/202207/t20220729_3830829.htm. 2022-7-29.

违规新增隐性债务和化债不实两类。违规新增隐性债务主要手段包括：通过融资平台公司代政府借款新增隐性债务，通过占用国有企业资金方式新增隐性债务，通过欠付公益性项目工程款新增隐性债务，融资平台公司通过政府承诺、政府部门担保方式违法违规融资，融资平台公司通过抵押公益性资产发债，融资平台公司通过质押政府购买服务协议约定的应收账款方式违法违规融，融资平台公司通过以财政资金为还款来源发债，融资平台公司通过抵押储备土地和公益性资产方式违法违规融资等。化债不实的情况包括：未征得相关贷款金融机构同意的情况下变更政府购买服务协议合同额，将部分金额直接删除作为化债处理；将债权融资计划、非公开公司债券、流动资金贷款方式募集到的资金用于偿还隐性债务。

第五章

地方政府隐性债务状况分析

第一节 2015 年以来隐性债务持续增长的原因

一、债务置换不彻底

2014 年修订的《预算法》和《关于加强地方政府性债务管理的意见》构建了规范的地方政府举债融资机制，赋予地方政府依法适度举债权限，明确划清政府与企业界限，要求政府债务只能通过政府及其部门举借，不得通过企事业单位等举借。地方政府举债采取政府债券方式，剥离融资平台公司政府融资职能，融资平台公司不得新增政府债务。2015 年至 2018 年上半年，债务置换将认定的地方政府债务置换为地方政府债券，但置换不彻底（闫衍等，2018），主体部分仍主要以融资平台公司债务形式存在。根据中债资信数据[①]，截至 2014 年底，融资平台公司有息债务余额约为 30 万亿元，其中仅有 6 万亿

① 吴冬雯，邵威，苏锦河．2018 年地方债市场全景扫描——债务置换全程回顾篇［R］．北京：中债资信评估有限责任公司，2019：5.

元纳入了地方政府债务置换。2015 年以来，融资平台公司继续承担融资职能，其债务仍在继续增加，其中相当一部分构成了地方政府隐性债务。

二、政府债券不能满足地方政府资金需求

1994 年实施的《预算法》规定，地方政府不列赤字，不得发行地方政府债券；《担保法》规定，国家机关不得为担保人。但城镇化带来的市政、交通等建设的资金需求十分庞大，20 世纪 80 年代，一些地区开始组建融资平台公司举债进行城市建设，这种做法逐渐向全国蔓延，是最早出现的“借道融资”现象，但规模较小，没有出现严重债务问题。20 世纪 90 年代后期，土地财政逐渐成为地方建设资金的主要来源。土地出让收入地区差异较大，近年来受房地产市场周期和收储成本上升影响，愈发不能满足投资需求。2008 年后，为应对世界经济危机影响的经济刺激计划出台，融资平台公司出现爆发式增长，债务规模急遽扩张，债务资金成为地方投资资金的最大来源。2010 年以来，地方政府极力突破原中国银监会对政府融资平台公司实施的名单制管理，以便继续通过融资平台公司开展融资。从实践看，许多地方政府对平台公司进行了更名、重组等（如“镇江新区经济开发总公司”更名为“江苏瀚瑞投资控股有限公司”），以达到“新设或退出”，实质上仍然承担执行地方政府融资的任务，其贷款和发行债券难度大幅降低，融资额度也会大幅增加，隐性债务风险持续升高。

《关于加强地方政府性债务管理的意见》出台顶层设计和新《预算法》实施后，地方政府拥有了合法发行债券的权力，同时融资平台公司举债受到一定限制。2015—2018 年债务置换主要处理的是经审计甄别认定的地方政府债务，这部分债券发行仅为债务形式的转换，新增债务的额度较为有限。由于 2015 年后地方政府债务规模实行限额管理，地方政府债券远不能满足地方的资金需求。新的“借道融资”现象开

始出现，如通过非平台地方国有企事业单位、项目公司、社会资本方开展融资，以贷款、PPP、政府购买服务、政府投资基金、非标等形式违规举债。有的地方政府的“渠道创新能力”很强，能够调动的资源较多，无论是辖下国有企事业单位，还是金融机构，都能变成地方政府突破举债限制的“抓手”。隐性债务的“借道逻辑”反映出债务的“制度约束失效”，落入“限制—突破—再限制—再突破”的怪圈。制度约束失效反映出制度本身刚性不足，其原因或是制度执行者不能或者不愿严格执法，或是制度本身与实际情况有距离导致难以严格执行。

三、融资平台转型缓慢

自2010年以来，中央多次要求对地方融资平台公司进行清理规范，推动融资平台公司转型。国务院《关于加强地方政府融资平台公司管理有关问题的通知》（国发〔2010〕19号）提出要对融资平台公司进行清理规范，对于只承担公益性项目融资任务且主要依靠财政性资金偿还债务的融资平台公司，要求今后不得再承担融资任务，在明确还债责任，落实还款措施后，对公司做出妥善处理；对承担公益性项目融资任务，同时还承担公益性项目建设、运营任务的融资平台公司，要在落实偿债责任和措施后剥离融资业务，不再保留融资平台职能；对承担有稳定经营性收入的公益性项目融资任务并主要依靠自身收益偿还债务的融资平台公司，以及承担非公益性项目融资任务的融资平台公司，要充实公司资本金，完善治理结构，实现商业运作，要通过引进民间投资等市场化途径，促进投资主体多元化，改善融资平台公司的股权结构。国务院《关于加强地方政府性债务管理的意见》要求剥离融资平台公司政府融资职能，融资平台公司不得新增政府债务。

事实上，融资平台公司转型缓慢，使地方政府一直能够以融资平台公司作为载体继续举债。新《预算法》实施后，融资平台公司仍然存在，尽管政策上要求融资平台公司市场化转型，剥离政府融资职能，但转型进展缓慢，事实上还是存量及增量隐性债务的载体。主要原因有：一是转型目标模糊。融资平台公司的职能实际上是政府职能的延伸。政府职能的界定主要是依据公共产品理论，主要是弥补市场失灵。而这些领域多数是具有公益性质的，融资平台公司从事公益性项目投资运营，不太可能成为自负盈亏的市场主体。融资平台公司的未来转型方向还需要进一步进行讨论明确。二是地方政府对融资平台公司的路径依赖难以打破。融资平台公司作为地方政府开展基础设施建设、招商引资（产业园区建设）的重要抓手，承担着开展融资、促进经济发展、城市建设、改善民生等重要职能，无论从主观还是客观角度看，都难以主动推动融资平台公司转型。只要融资平台公司继续存在，并且在政府指导下开展以公益性项目为主的建设运营，隐性债务问题就不可能得到真正解决。

四、地方政府债务管理规范性欠缺

2014 年以来，随着《关于加强地方政府性债务管理的意见》和新《预算法》的出台，地方政府开始利用政府债券、PPP 等新的合规方式进行举债。对于这些新型举债方式，债务管理制度建设以及监督管理方面存在一些不足，可能会使隐性债务进一步累积。

在 PPP 项目入库方面，不少项目存在通过夸大预期收入、调减财政支出责任等方式虚假包装后得以入库，甚至有少数项目存在政府部门虚构财政财务数据的现象。在 PPP 项目引入社会资本方面，一些地区存在国有企业作为社会资本方参与 PPP 项目成为地方政府融资渠道的现象，增加了隐性债务风险。在 PPP 项目建成后运营方面，不少项目存在建成后收益未达到项目自求平衡方案设定目标、未落实绩效考核付费机制、地方政府拖欠社会资本方应付款项等问题。例如，《广西壮族自治区人民政府关于 2022 年度自治区本级预算执行和其他财政收支的审计工作报告》显示，部分 PPP 项目未充分发挥降低政府支出作用，2 个市 6 个项目将政府付费项目包装为可行性缺口补助项目，项目收入主要来源实质上仍为财政资金；3 个市 10 个项目通过验收后未及时投入使用或投入运营后收益低。《江苏省 2022 年度省级预算执行和其他财政收支情况审计结果》显示，部分 PPP 项目合同签订和执行不规范，违规签订合同或补充协议，设置不合理回报条件或改变合同实质性条款，约定社会资本方获得保底收益，违背了 PPP 项目运行规则。

在专项债券资金管理使用方面，专项债券理论上应当用于有一定收益的公益性事业，实际情况是专项债券申报时预期收益注水现象较为普遍，融资平衡方案编制不实不准、虚增收益，专项债券支持范围出现扩大化倾向，专项债券与一般债券的界限趋于模糊，不少项目实际收益与预期收益相差较大，项目收益不足以覆盖本息，部分专项债利息实际由财政付息。有些地区挪用专项债券资金用于经常性支出和经营性项目建设，甚至有的融资平台公司举债建设公益性项目或变相建设形象工程及楼堂馆所，造成严重损失和浪费。此外，专项债券资金使用不规范、资金滞留闲置、实施进度滞后、绩效管理不到位等情况也较为普遍。例如，《江苏省 2022 年度省级预算执行和其他财政收支情况审计结果》显示，审计抽查 2019 年以来的 346 个政府专项债券项目，发现有 275 个近 3 年资金平衡方案预期收益未实现，其中，255 个未达预期的 50%，涉及专项债券本金 508.52 亿元，易导致偿付风险。又如，《关于山东省 2022 年度省级预算执行和其他财政收支的审计工作报告》显示，审计抽查专项债券项目 1615 个，发现有的项目收益测算脱离实际，偿债能力差，有的项目建成后闲置或使用率低等，未实现预期收益，财政部门垫付债券利息 1.76 亿元。

第二节　隐性债务载体与形式

一、隐性债务的性质

哈维·罗森（1992）最早提出了政府隐性债务的概念，他认为政府债务不仅包括显性债务，还应包括对未来的支付承诺这类隐性债务。对隐性债务研究作出重大贡献的世界银行经济学家 Hana Polackova，基于显性与隐性、直接与或有两个维度，将政府债务分为四种类型并建立了财政风险矩阵，成为政府债务风险学术研究的理论基础（Polackova，1998）。政府隐性债务在学理上指的是政府基于道义责任、社会期望或政治压力形成的支出责任，而非法律和合同规定的偿债义务。例如，公共工程未来的维护支出、社保资金支出缺口属于隐性直接债务，对遇到困难的金融企业的纾困支出属于隐性或有债务。已有文献中不乏运用 Hana 矩阵对地方政府债务的研究，如刘尚希（2012）、财政科学研究院课题组（2014）均对地方政府债务风险矩阵进行了详细考察，分析的对象是学理意义上的隐性债务。

Polackova（1998）认为，隐性债务问题产生的原因之一是越来越多的公共品由私人部门提供，这些活动游离于预算外（off - budget），政府财政行为由直接出资变为担保或延（分）期支付，隐藏了真实财政成本。2015 年后官方口径的地方政府债务仅指政府债券为主的债务（称为显性债务），所有其他地方政府债务及其他主体债务均不包括在内。目前，我国地方政府隐性债务是相对显性债务而言的，并非一个法理概念，是管理口径上（或从事实出发）的、约定俗成的概念，强调此类债务是地方政府在法定限额之外违规举借的债务（赵全厚，

2018)。虽然大部分隐性债务举借主体表面上并不是地方政府，但隐性债务认定应遵循穿透原则，反映了其违法违规性质以及最终需要财政资金偿还的本质。从直接与或有角度判断，目前被认定的隐性债务多数属于需要偿还的直接债务或“明担保实债务”的情况，性质主要属于隐藏起来的地方政府显性直接债务。

二、隐性债务载体

2015—2018 年的大规模债务置换将部分经审计甄别认定的地方政府债务置换为地方政府债券，但置换不彻底（闫衔等，2018），剩余大部分仍以融资平台公司债务形式存在。2015 年后，融资平台公司仍然借有大量商业银行贷款、政策性银行贷款，主要业务仍为承接地方政府基建项目，因此继续作为隐性债务核心载体。一些不规范的 PPP 项目引入融资平台公司作为社会资本方，融资平台公司也成为 PPP 隐性债务的主要载体。此外，从事公益性项目建设及运营的非平台地方国有企业（含项目公司）举借的债务，以学校、医院等事业单位名义举借但实际由地方政府使用和归还的债务，也属于地方政府隐性债务。

隐性债务主要隐匿在融资平台公司账上。融资平台公司整体情况复杂，有的仅从事政府投融资业务，有的兼有市场化业务，有的则以市场化业务为主。由于融资平台公司业务混杂，公益性项目债务和经营性项目债务常常无法准确区分。大部分隐性债务表面上属于企业债务，不属于政府债务，一方面未纳入预算管理，无法开展财政监督；另一方面大部分不是上市公司或公开发债企业，财务数据不公开，难以获取隐性债务的真实数据。融资平台公司承担了大量地方政府基建项目，一旦出现资金链断裂，极易导致在建工程烂尾、基建投资下滑、银行坏账增加等问题。正因为此，中央政府对融资平台公司的治理政策呈现出一种周期性摇摆特征，定期进行“纠偏”（马骁和唐清利，2014），呈现出“治理—放松—再治理—再放松”的循环，因此治理效果出现了反复。迄今，融资平台公司市场化转型进展缓慢，转型目标及路径仍未达成共识。

三、隐性债务形式

（一）银行贷款

融资平台公司作为隐性债务的主要载体，其主要债务来源是银行贷款，包括商业银行贷款和政策性银行贷款。姜超等（2018）估计，截至2017年底，通过银行贷款形式流入融资平台公司的资金约为17万亿元。值得注意的是，首先，并不是融资平台公司的银行贷款都是地方政府隐性债务，只有用于公益性项目投资的债务，并最终需要地方政府偿还的，才属于隐性债务。这一识别原则也适用于城投债等其他债务形式。其次，只有公开发债融资平台公司的财务数据才对外公开，不发债的融资平台公司债务数据很可能未纳入这些统计数据。

（二）城投债

地方政府融资平台公司在金融市场公开发行的企业债券、公司债券、中期票据等融资工具，通常被统称为“城投债”。根据Wind数据，截至2022年底，城投债余额约为13.48万亿元。

（三）非标准债权融资

参考2020年人民银行等部门联合发布的《标准化债权类资产认定规则》，融资平台公司通过委托贷款、信托、融资租赁、资管、保理、各类受（收）益权、私募基金、投资管理、理财直接融资工具、债权融资计划、定向融资产品、互联网金融、小额贷款等举借的债务被称为非标准债权融资。姜超等（2018）估计，截至2017年底，通过非标融资流入融资平台公司的资金约为7万亿元。

（四）政府与社会资本合作

政府与社会资本合作（PPP）是一种公共物品的提供方式，但并不适用于所有投资项目，主要应用于可以排他的具有现金流的准公共物品投资项目，如高速公路、发电厂等。2015 年以来 PPP 得到快速发展，但违规操作现象较为普遍，如财政资金劣后、明股实债、小股大债、兜底回购、承诺固定收益、承诺本金回购、违规担保、虚构收益等。大量 PPP 项目属于公益性项目（如市政道路建设、环境治理等），很可能构成财政未来刚性支出责任，如果超过了中长期预算内可用资金，就形成了隐性债务。此外，一些 PPP 项目引入未按规定转型的融资平台公司作为社会资本方参与 PPP 项目，也可能导致隐性债务。据 Wind 统计，截至 2022 年底，全国已入库 PPP 项目投资金额合计 20.9 万亿元，前三大投向领域为交通运输、市政工程和片区开发。

（五）政府购买服务

推广政府购买服务是党的十八届三中全会决定明确的一项重要改革任务，有利于加快转变政府职能、改善公共服务供给、推进财政支出方式改革。近年来，政府购买服务在推广中出现了一些不规范现象，包括将基建工程（如棚户区改造）包装成政府购买服务项目或者虚构购买服务通过应收账款抵质押融资，形成了隐性债务。《政府采购法》要求将政府采购的项目及资金预算编入年度预算和中期财政规划[①]，政府购买服务就属于合同项下的绩效挂钩的支出责任，不会形成地方政府债务。但是棚户区改造项目一般长达 5～10 年，一些地方政府只将当年应付部分纳入预算，从而达到以少量年度预算撬动更高银行贷款目的。多数情形下，政府这种支出责任是相对刚性的（为方便企业融资，政府与企业签订的购买服务合同往往存在付款义务脱离绩效考核、固化付款时间和金额的安排），因此很多时候把它们也视为政府债务。近年来，利用政府购买服务变相举债的情况屡有发生。例如，经财政部驻安徽省财政监察专员办事处核查确认，2016 年池州经济技术开发区管委会虚构与下属平台公司市政道路资产政府购买服务协议，并以应收购买服务

① 根据《国务院关于实行中期财政规划管理的意见》（国发〔2015〕3 号），中期财政规划按照三年滚动方式编制。

费为质押担保向交通银行池州分行贷款5亿元，形成了政府隐性债务[①]。

（六）政府投资基金

政府投资基金是由各级政府通过预算安排，以单独出资或与社会资本共同出资设立，采用股权投资等市场化方式，引导社会各类资本投资经济社会发展的重点领域和薄弱环节，支持相关产业和领域发展的资金。一些地区设立的政府投资基金（专项建设基金、产业投资基金）出现了以借贷资金出资设立、承诺回购社会资本方本金、保证最低收益、明股实债等违规现象，均可能形成隐性债务。例如，2020年浙江省《关于2020年度省级预算执行和全省其他财政收支的审计工作报告》披露，浙江舟山转型升级产业基金有限公司有4个直投项目名义为股权投资实际为资金借贷，涉及金额16.22亿元。

（七）工程欠款

一些政府投资项目开展时会通过施工方垫资等方式进行，这样形成的对施工方等的工程欠款也属于隐性债务。例如，审计署《关于2022年度中央预算执行和其他财政收支的审计工作报告》提到，49个地区通过承诺兜底回购、国有企业垫资建设等方式，违规新增隐性债务415.16亿元。

（八）其他形式

近年来出现的一些新型基建模式，如“授权—建设—运营”（ABO）、“融资+工程总承包”（F+EPC），若实施不规范，也可能转变为地方政府的隐性债务。ABO模式是指地方政府将项目授权给其控制的融资平台公司等国有企业，由后者通过建设和运营完成整个项目的投融资。如果地方政府授权的融资平台公司等国有企业缺乏运营能力，或者不能自负风险，不能实现收益覆盖成本或出现无法偿付到期借款的情况，最终这些债务就可能成为地方政府隐性债务。

---

① 财政部预算司．安徽省依法问责个别地区以购买服务名义违法违规举债问题　严格规范政府举债行为［EB/OL］．（2018－7－18）．http：//yss.mof.gov.cn/zhuantilanmu/dfzgl/ccwz/201807/t20180717_2963095.htm.

第三节 隐性债务成本与期限

一、隐性债务成本

隐性债务成本较高的主要原因，首先是举债形式差异。在公开市场发行政府债券、城投债券成本较低，而银行贷款等其他非公开举债方式成本较高。国务院《关于规范地方政府债务管理工作情况的报告》[①] 指出，截至2014年底，地方政府债务余额的90%以上是通过非政府债券方式举借的，年平均成本10%。全国人大常委会预算工作委员会调研组（2016）指出，2014年底地方政府存量债务利率普遍较高，大多在7%以上，个别项目甚至高达20%以上。作为隐性债务中成本较低的城投债，其发行利率通常比地方政府债券高200BP以上[②]，信托等非标融资利率则更高。清华大学经管学院中国金融研究中心等机构开展的社会融资成本指数研究项目披露的中国社会融资成本指数显示，信托和融资租赁的融资成本较银行贷款一般分别高出265BP和410BP[③]。

其次是举债主体的融资资质较差。这促使此类融资平台公司需要通过非公开渠道举债，例如，通过银行贷款甚至非标准融资方式（委托贷款、信托、融资租赁等）。行政层级越低、所处区域经济财政实力越弱、自主经营能力越弱的融资平台公司，其举债成本往往越高。例如，贵州省独山县400亿元政府隐性债务的举债渠道多是高成本的私募基

① 2015年12月22日在第十二届全国人民代表大会常务委员会第十八次会议上。

② 作者统计，2019年城投债券平均发行利率比地方政府债券平均发行利率高201BP。

③ 任涛．地方政府债务化解众生相［EB/OL］. https://www.haotouxt.com/article/5059. 2023-8-24.

金、定向融资计划，融资成本高达 10%[①]。2020 年以来，部分地区（如江苏、云南、贵州）开展了清退融资平台公司高成本融资工作，反映出融资平台公司不少债务年利率达到 8% 甚至 10% 以上。例如，2020 年江苏省盐城市开展市属企业融资情况自查自纠工作，并制订成本 8% 以上融资清退工作方案，主要清退对象是利率较高的非标融资[②]。

最后是部分融资平台公司融资过程中存在腐败现象，推高了融资成本。例如，湖南省《关于 2022 年度省级预算执行和其他财政收支的审计工作报告》指出，有的市县除正常支付利息外，另向第三方额外支付其他费用，增加了融资成本。又如，2021 年 11 月江苏省纪委监委发布通报，省发改委原党组成员、副主任祁某利用职权和职务影响，充当地方政府融资平台公司融资中介，通过虚增中介环节收取中介费的方式，收受巨额财物，推高地方政府债务；伙同其子违规开展融资业务，募集公众资金高息投向地方政府融资平台公司，牟取巨额非法利益[③]。

二、隐性债务期限

地方政府债券自发行以来，发行期限逐渐延长。2009 年财政部代发的地方政府债券只有 3 年期品种，2010 年增加 5 年期品种，2012 年增加 7 年期品种，2014 年增加 10 年期品种。2015 年起，地方政府全面自发自还地方政府债券，债券发行期限品种包括 1 年期、2 年期、3 年期、5 年期、7 年期、10 年期 6 种，2018 年新增 15 年期、20 年期品种，2020 年新增 30 年期品种。近年来，10 年期以上的地方政府债券发行明显增多，期限延长的主要原因是专项债券发行比重加大，专项债券期限

① 邱杰，任廷会，尹琦琦．对照案例汇编　把自己摆进去［N］．中国纪检监察报，2019-8-7（5）．

② 杜丽娟．地方清退存量高成本融资　债务置换或成最优方案［EB/OL］．中国经营网．http：//www. cb. com. cn/index/show/bzyc/cv/cv13455361646．2020-5-9．

③ 顾敏．省纪委监委深入整治群众身边腐败和不正之风［EB/OL］．新华日报，http：//www. zgjssw. gov. cn/yaowen/202111/t20211117_7313707. shtml．2021-11-17．

原则上要与项目期限相匹配，以降低期限错配风险。地方政府债券募集的资金用途遵循“黄金法则”，只能用于公益性资本支出和适度归还存量债务，不得用于经常性支出。资本性支出的受益期间往往较长，因此融资应当以中长期期限为主。

而隐性债务期限一般较短，主要受融资形式限制，除了政策性贷款外，其他形式的隐性债务，包括商业银行贷款、非标债权融资等，期限一般较短，导致地方政府偿债压力较大，再融资和展期需求较大，流动性风险较高。例如，2018 年 10 月，呼和浩特惠则恒投资（集团）有限公司（呼和浩特经济技术开发区投资开发集团有限责任公司子公司）非标融资——中江信托“中江国际 · 金马 430 号贷款集合资金信托计划”出现违约，此项非标融资共分为 6 期发行放款，总计发放贷款 4.3 亿元，期限仅为两年[①]。2018 年下半年，财政部门组织了地方政府隐性债务数据上报工作，通过对上报的隐性债务数据分析发现，3 年内到期的债务占了一半以上[②]。毛捷和徐军伟（2019b）对东部某省地方债进行了实地调研，发现某县级市开发区融资期限较短，企业债和银行项目贷款的期限平均为 5 年，其他的非标业务融资期限以 1～2 年为主。吴文锋和胡悦（2022）认为，融资平台公司的性质决定了其资金大都投向（准）公益性项目和长周期项目，这些项目形成的资产不仅难以变现，而且回收周期远长于债务期限，高速公路和地铁等项目的回收周期往往在 20 年以上，而融资平台公司的债务期限往往在 5 年以下。汪德华和刘立品（2021）认为，地方政府隐性债务期限较短，大量隐性债务将在三年内集中到期，隐性债务与资产期限错配导致现金流风险突出[③]。

---

① 杨志锦．为什么是呼经开？[EB/OL]．21 世纪经济报道，https：//m.21jingji.com/article/20191207/herald/c6f0b31552b9be6bf246b038a1ba6270.html. 2019－12－7.

② 杨志锦．隐性债务置换半年考：多类金融机构参与，项目标准松动［EB/OL］．21 世纪经济报道，https：//m.21jingji.com/article/20191127/60f50f034bc647b72ba850589ddf2db0.html. 2019－11－27.

③ 汪德华，刘立品．中国地方政府隐性债务：发展现状与未来展［EB/OL］．财新网，https：//bijiao.caixin.com/2020－02－18/101516930.html. 2019－12－1.

第六章

地方政府债务可持续性测度：静态视角

政府债务可持续性具有“瞻前顾后、不确定性”的特点。瞻前顾后是指，通过研究债务可持续性的历史和现状，分析得出规律，进而预测债务可持续性未来走势，依据预测路径中存在的风险情况，对当前债务政策是否合理进行判断，并据以指导债务实践，以降低债务风险。不确定性是指，债务是否可持续常常是无法断言的，是带有概率性的。在测度债务可持续性时，应同时兼顾“瞻前”和“顾后”两个特点，第六章可持续性测度属于“顾后”，侧重于静态分析，第七章债务可持续性测度则属于“瞻前”，侧重于动态分析。

第一节　债务可持续性测度：指数法

综合指标法适用范围较广，能够涵盖多层面因素，便于横向比较，是研究债务可持续性的常用方法。本节根据债务可持续性内涵和中国地方政府债务可持续性的特点构建了债务可持续性指标体系。

一、指标体系构建

（一）指标选择的内在逻辑

根据政府债务可持续性定义，债务可持续要求随时具备清偿能力（Solvency），流动性（Liquidity）充足，在出现债务风险事件时有能力进行必要并可行的财政调整。随时具备清偿能力是债务可持续的首要条件，具体是指未来的基础财政盈余（Primary Balance）足以覆盖当前的债务本金及利息。清偿能力是指当前债务加上未来所有财政支出的现值不超过未来所有财政收入的现值，这一定义的技术性较强，缺乏可操作性。清偿能力是一个中长期概念，它在很大程度上忽略了可能在短期内一些可能危及债务人履行其偿还债务能力的问题。国际货币基金组织（2013a）认为，从可操作角度来看，清偿能力主要取决于债务负担水平的演变，如果债务负担处于非爆炸性增加路径（Non - explosive Path）上，则 Solvency 条件自动满足，故清偿能力主要是从债务负担角度进行衡量（Wyplosz，2011）。

不同于清偿能力，流动性是一个中短期概念，指的是政府能够随时获得充足的资金以满足债务还本付息的需要。一个完全具备清偿能力的政府可能会突然遭受流动性危机，而一个无清偿能力的政府可能会持续很长时间才会出现流动性不足问题。流动性要求债务负担水平与能接受的低展期风险相匹配，因此必须关注政府债务的期限结构、展期成本、金融市场进入等问题。债务可持续性还要求政府应当具备进一步的承债能力，以备面临债务风险时进行财政调整。以下条件有利于债务可持续性：较低的债务利率、较高的 GDP 增速、可观的能迅速变现的政府资产、充足的居民储蓄。

基于上述政府债务可持续性的内在逻辑，借鉴国内外文献做法，并结合中国具体国情，作者提出从清偿能力、流动性、承债能力等三个方面构建静态债务可持续性指标体系，具体选取情况如表 6 - 1 所示。

表 6－1　　地方政府静态债务可持续性指标选择

指标分组	指标	与债务可持续性的相关性
清偿能力	负债率	－
	债务率	－
	债务依存度	－
流动性	GDP 偿债率	－
	综合财力偿债率	－
	利差	－
承债能力	利率－增长率差值	－
	地方政府资产	+
	居民储蓄率	+

资料来源：作者总结。“－”代表负相关，“+”代表正相关。

（二）具体指标的选择

1. 清偿能力

（1）负债率（Debt to GDP Ratio）。负债率是最为广泛使用和最重要的反映政府债务负担的指标，也是债务可持续评价中最主要的依据。债务绝对量的多少与债务可持续性并不等同，要考虑经济体量和质量因素。GDP 能够反映一个地区的经济活动规模，是衡量经济发展水平的重要指标，也是度量承债能力强弱的指标。

（2）债务率（Debt to Revenue Ratio）。政府财力是偿债的物质保障，因此也经常用于判断债务负担的高低。即便两个地区的 GDP 规模相当，其提供财政收入的能力也可能存在显著差异。中国地方政府财力不仅体现在税收为主的一般公共预算中，还体现在政府基金预算中。社会保险预算对政府债务的影响不大，基本上是消费性支出，还需要从一般公共预算中调入资金予以补助，并不能用于政府投资项目，也不能作为偿债资金来源。国有资本预算只核算上缴利润等国有企业的财政行为，总体上规模很小，且由于地方国有企业总体上经营效益一般，上缴财政的国有资本预算收入，多数又以各种形式（如补贴）发还了国有企业，这部分对政府投资和债务的影响也很小。地方政府基金预算大部分来自国有土地出让金收入，是地方政府投资资金的重要来源。债务率以“债务余额/综合财力”度量，可以反映地方政府债务与财力间的关系，其中综合财力由本级财政收入、上级转移支付和国有土地出让金收入构成。

（3）债务依存度（Debt to Expenditure Ratio）。债务收入只能是一种补充性的财政收入，债务依存度反映了财政支出对债务收入的依赖程度，如果该指标值较高，说明财政处于脆弱状态，不利于债务可持续性。债务依存度以“新增全口径债务/（一般公共预算支出+政府基金支出）”的比重来度量。

2. 流动性

（1）GDP偿债率（Debt Service to GDP Ratio）。该指标反映了当年政府债务还本付息规模与GDP的比例关系。在给定政府债务负担的情况下，如果债务期限结构合理、债务利率较低，则该指标值较小，反映了政府债务偿还压力较小，展期风险较低。GDP偿债率以“当年需要偿还的债务本息占GDP比重”来度量。

（2）综合财力偿债率（Debt Service to Revenue Ratio）。该指标反映了当年政府债务还本付息规模与政府财政收入的比例关系。在给定政府债务负担的情况下，如果政府债务期限结构合理、债务利率较低，则该指标值较小，偿还债务本息不会过多挤占当期财政支出。综合财力偿债率以“当年需要偿还的债务本息占综合财力的比重”来度量。

（3）利差（Bond Spread）。在流动性危机中，政府无法以合理的利率借款进行债务展期。可以用债券信用利差来反映流动性（Debrun等，2019）。债券发行利差一方面反映了债务利息成本，从而影响后期偿债压力，另一方面反映了展期风险。如果政府总是能够以很低的利率对到期债务进行展期，即便债务负担较高，债务风险也不大。作者将利差定义为：（某省发行利率－最低发行利率）/利率极差。

迄今，地方政府债券发行利差较为有限，未能充分反映出地区流动性差异；城投债券发行定价市场化程度较高，可以较好地反映地区流动性差异，因此将二者结合起来构建利差指标。2008—2014 年，利差均由城投债券发行利差反映；2015—2021 年，利差由城投债券和地方政府债券发行利差的算术平均数反映。

3. 承债能力

（1）利率 - 增长率差值（Interest Rate - GDP Growth Differential）。根据第二章第二节理论分析，负债率路径公式中（即式 2 - 16），利率 - 增长率差值是一个核心影响因素。利率是导致存量债务利息转化为偿债负担的重要原因，利率越低（由金融市场发达或金融抑制引起），越有利于减轻债务“滚雪球效应”（Snowball Effect）。经济增长速度影响经济总量（负债率分母），增长率越高，对债务负担的稀释作用越强，债务增长速度即便较快，也不会危及债务可持续性。因此，利率 - 增长率差值越小（负数更好），意味着财政空间越大，越有利于债务可持续性。根据作者测算的全口径债务中显性债务和隐性债务规模，分别适用当年该省地方政府债券发行平均利率和银行中长期贷款基准利率，以发行规模为权重，计算得到加权平均发行利率，减去名义 GDP 增速，利用极差标准化后得到本指标。

（2）地方政府资产（Subnational Government Assets）。除了 GDP 和财政收入外，对债务构成支撑的还有政府资产，资产越多，财政空间就越大。尤其是中国地方政府拥有大量资产，在分析地方政府债务可持续性时，不应忽视。政府资产对债务可持续性有正面作用，尤其是流动性（变现能力）强的资产。政府资产包括金融资产、固定资产、自然资源等。一般，自然资源缺乏活跃的交易市场，变现能力较差，但我国的土地一级市场交易活跃，是地方政府重要的可变现资产。本节中，我国地方政府资产由国有土地、国有企业股权、财政存款等三部分组成。借鉴刁伟涛（2016a）的做法，国有土地资产价值以年度土地收益金额的 6 倍进行估计，收益率暂定为当年土地出让金收入的 40%。国有企业股权以地方国有企业财务报表中所反映的国有股权享有的所有者权益作为代理变量。财政存款以辖区金融机构财政存款年末余额作为代理变量。

（3）居民储蓄率（Savings to GDP Ratio）。居民储蓄是政府举债的"储备渠道"（唐文进等，2014），是政府债务融资的储备资产，是吸纳政府债务的蓄水池，能够从供给层面有效支撑政府举债，提高政府举债空间，从而对政府债务可持续性产生正面影响。居民储蓄率以金融机构居民储蓄存款余额占 GDP 比重度量。

二、指标权重确定

指标权重赋权方法包含主观赋权法、客观赋权法两类。主观赋权法是依据评价者主观上对各指标的重要性赋予权重，如层次分析法（Analytic Hierarchy Process，AHP）、专家评估法等。主观赋权法的优点是可以借助专家经验，且在缺少样本情况下凭经验即可赋权，缺点是易受主观性影响。客观赋权法依据样本指标的数学特征来确定指标的权重，所依据的原始信息来源于客观环境，如熵值法（Entropy Method）、主成分分析法（Principal Component Analysis）、因子分析法（Factor Analysis）等。熵值法是依据已知数据所包含的有效信息量确定指标权重的一种客观赋权法，对样本数据的完整性有一定的要求。为提高指标权重赋权的科学性，本节运用层次分析法与熵值法相结合的综合赋权法进行指标权重赋权，具体步骤如下：

（一）层次分析法赋权

层次分析法（AHP）首先要求建立结构明晰的指标评价体系，然后将拟解决的问题拆分为分层次多因素，并进行比较。然后，对同一层次的 n 个指标，构造如式（6－1）所示的判断矩阵 A。矩阵 A 中元素是按照上层指标为准则（判断相对重要程度），进行两两比较得出的评分（量化为 1－9）。

$$A=\begin{bmatrix} a_{11} & a_{12} & \cdots & a_{1n} \\ a_{21} & a_{22} & \cdots & a_{2n} \\ \cdots & \cdots & \cdots & \cdots \\ a_{n1} & a_{n2} & \cdots & a_{nn} \end{bmatrix} \tag{6-1}$$

上述基于主观判断的两两比较，结果可能存在不一致的情况，故使用式（6－2）所示的一致性比率指标对矩阵的一致性进行检验。式（6－2）中 λ_{max} 为带有偏差的最大特征值，RI 为标准值（通过查表获得）。如果 CR 指标小于 0.1，说明本层级指标矩阵通过检验。

$$CR=\frac{CI}{RI}=\frac{(\lambda_{max}-n)/(n-1)}{RI} \tag{6-2}$$

一致性检验通过后，对判断矩阵 A 进行标准化处理，得到：

$$\overline{a}_{ij}=a_{ij}/\sum_{k=1}^{n}a_{kj} \tag{6-3}$$

将标准化处理后的矩阵按行加总，得到：

$$\overline{W_i}=\sum_{i=1}^{n}\overline{a}_{ij} \tag{6-4}$$

再次进行标准化处理后，获得第 i 个指标的 AHP 权重：

$$W_{1i}=\overline{W_i}/\sum_{i=1}^{n}\overline{W_i} \tag{6-5}$$

式（6－3）、式（6－4）、式（6－5）中，$i, j=(1, 2, \cdots, n)$。

（二）熵值法赋权

熵是信息无序程度的度量，如果指标取值变异程度较大，熵值较小，说明该指标包含的信息量较大，因此赋予较大的权重；相反，如果指标取值变异程度较小，熵值较大，说明该指标包含的信息量较小，因此赋予较小的权重。设有 m 个评价指标、n 个评价对象，可构建样本数据矩阵：$R=(r_{ij})_{m\times n}$。将样本数据矩阵 R 进行标准化处理，对负相关指标进行正向化、无量纲化处理。d_{ij} 为标准化后的矩阵 D 的第 i 行第 j

列的值。依据式（6－6）计算各指标熵值：

$$M_j = -k\sum_{i=1}^{n} f_{ij}\ln f_{ij} \tag{6-6}$$

式（6－6）中，$f_{ij} = d_{ij}/\sum_{i=1}^{n} d_{ij}$，$k=1/\ln n$；$i=1$，2，…，$n$；$j=1$，2，…，$m$。当 $f_{ij}=0$ 时，令 $f_{ij}\ln f_{ij}=0$。

第 i 个指标的熵值法权重定义为：

$$W_{2i} = \frac{1-M_j}{\sum_{j=1}^{m}(1-M_j)} \tag{6-7}$$

（三）综合赋权

为了平衡层次分析法主观与熵值法客观的优势与不足，基于层次分析法经验优势及熵值法客观质量优势的综合赋权方式是最优选择。综合层次分析法权重和熵值法权重，基于相对信息熵最小化，运用拉格朗日乘子法求解，得到以下组合权重计算公式：

$$w_i = \frac{\sqrt{(w_{1i}w_{2i})}}{\sum_{i=1}^{m}\sqrt{(w_{1i}w_{2i})}}W_{2i} = \frac{1-M_j}{\sum_{j=1}^{m}(1-M_j)} \tag{6-8}$$

（四）权重计算

利用2008—2021年30个省、直辖市、自治区（不含西藏，下同）数据计算9个地方债务可持续性指标的平均值作为权重计算依据。其中，地方政府债务余额、偿债额等均为包括显性债务和隐性债务的全口径债务数据，隐性债务为作者统计的融资平台公司有息债务。表6－1中，政府资产和居民储蓄率为正向指标，其余指标为负向指标。为保证评分与样本状态的一致性，借鉴沈雨婷和金洪飞（2019）的做法，将所有负向指标进行了正向化处理。表6－2汇报了30个省各指标年度平均值（2008—2021年）情况。全口径地方政府债务负担指标取值反映出债务负担比较沉重。流动性指标取值情况显示流动性也比较差。利率－增长率差值指标均为负，对债务可持续性总体有利。

表 6－2　　　　分地区静态债务可持续性指标年度平均值

地区	清偿能力			流动性			承债能力		
	负债率	债务率	债务依存度	GDP 偿债率	综合财力偿债率	利差	利率－增长率差值	政府资产	居民储蓄率
北京	0. 462	1. 643	0. 257	0. 081	0. 288	0. 134	－0. 060	0. 891	1. 126
天津	1. 098	4. 399	0. 586	0. 189	0. 756	0. 370	－0. 033	1. 010	0. 612
河北	0. 309	1. 280	0. 228	0. 048	0. 205	0. 388	－0. 037	0. 321	0. 890
山西	0. 268	0. 950	0. 167	0. 042	0. 149	0. 429	－0. 046	0. 591	1. 093
内蒙古	0. 382	1. 409	0. 189	0. 060	0. 224	0. 666	－0. 044	0. 407	0. 522
辽宁	0. 372	1. 543	0. 170	0. 063	0. 262	0. 782	－0. 029	0. 420	0. 925
吉林	0. 458	1. 574	0. 241	0. 074	0. 260	0. 586	－0. 031	0. 217	0. 739
黑龙江	0. 296	0. 970	0. 143	0. 045	0. 153	0. 672	－0. 015	0. 373	0. 832
上海	0. 457	1. 715	0. 200	0. 080	0. 302	0. 104	－0. 042	1. 158	0. 869
江苏	0. 617	2. 926	0. 526	0. 100	0. 472	0. 484	－0. 060	0. 455	0. 568
浙江	0. 633	2. 586	0. 513	0. 098	0. 402	0. 406	－0. 051	0. 776	0. 750
安徽	0. 436	1. 458	0. 279	0. 067	0. 223	0. 596	－0. 087	0. 694	0. 685
福建	0. 344	1. 832	0. 328	0. 054	0. 285	0. 394	－0. 079	0. 503	0. 538
江西	0. 549	1. 727	0. 368	0. 084	0. 265	0. 495	－0. 077	0. 518	0. 700
山东	0. 309	1. 585	0. 342	0. 045	0. 235	0. 479	－0. 039	0. 368	0. 561
河南	0. 279	1. 237	0. 252	0. 043	0. 193	0. 450	－0. 062	0. 305	0. 648
湖北	0. 495	2. 122	0. 402	0. 081	0. 346	0. 516	－0. 080	0. 373	0. 651
湖南	0. 538	2. 241	0. 412	0. 085	0. 354	0. 622	－0. 074	0. 344	0. 628
广东	0. 183	1. 001	0. 181	0. 029	0. 160	0. 336	－0. 058	0. 432	0. 780
广西	0. 545	1. 867	0. 337	0. 086	0. 296	0. 571	－0. 062	0. 289	0. 660
海南	0. 458	1. 185	0. 207	0. 075	0. 195	0. 379	－0. 083	1. 663	0. 789
重庆	0. 659	2. 190	0. 420	0. 107	0. 350	0. 465	－0. 090	0. 889	0. 744
四川	0. 679	2. 274	0. 435	0. 110	0. 369	0. 546	－0. 077	0. 582	0. 854
贵州	1. 271	3. 096	0. 553	0. 203	0. 493	0. 587	－0. 108	1. 308	0. 688
云南	0. 725	1. 963	0. 347	0. 117	0. 313	0. 546	－0. 091	0. 761	0. 737
陕西	0. 559	2. 125	0. 387	0. 090	0. 342	0. 594	－0. 079	0. 393	0. 838
甘肃	0. 787	1. 739	0. 327	0. 123	0. 272	0. 478	－0. 050	0. 461	0. 980
青海	0. 690	1. 132	0. 173	0. 108	0. 179	0. 524	－0. 069	0. 535	0. 701
宁夏	0. 481	1. 212	0. 184	0. 076	0. 192	0. 430	－0. 078	0. 384	0. 781
新疆	0. 489	1. 205	0. 238	0. 072	0. 178	0. 537	－0. 069	0. 377	0. 711

借鉴胡娟等（2016）的做法，运用平均偏差法确定评价指标的界限值。首先计算指标均值和标准差，均值加一个标准差作为区间上限，减一个标准差作为区间下限。当指标取值大于区间上限时评价为优，介于区间上限与均值时为良，介于均值与区间下限时为中，低于区间下限时为差。当指标取值评价为优时，赋予 4 分；评价为良时，赋予 3 分；评价为中时，赋予 2 分；评价为差时，赋予 1 分。各省各指标标准化得分情况如表 6－3 所示。9 项指标标准化得分总分最高的为广东和山西，均为 31 分；贵州、天津、江苏得分最低，均为 17 分。

表 6－3　　分地区静态债务可持续性指数各指标标准化得分

地区	清偿能力			流动性			承债能力		
	负债率	债务率	债务依存度	GDP 偿债率	综合财力偿债率	利差	利率－增长率差值	政府资产	居民储蓄率
北京	3	3	3	3	3	4	3	4	4
天津	1	1	1	1	1	3	4	4	1
河北	3	3	3	3	3	3	1	1	3
山西	4	4	4	4	4	3	1	3	4
内蒙古	3	3	4	3	3	1	3	2	1
辽宁	3	3	4	3	3	1	1	2	4
吉林	3	3	3	3	3	2	2	1	3
黑龙江	4	4	4	4	4	1	1	2	3
上海	3	3	3	3	2	4	3	4	3
江苏	2	1	1	2	1	3	3	2	1
浙江	2	1	1	2	2	3	3	3	3
安徽	3	3	3	3	3	2	3	3	2
福建	3	2	2	3	3	3	3	3	1
江西	2	3	2	3	3	2	4	3	2
山东	3	3	2	4	3	3	2	2	1
河南	4	3	3	4	3	3	2	1	2
湖北	3	2	2	3	2	2	3	2	2
湖南	2	2	2	2	2	2	2	2	2
广东	4	4	4	4	4	4	2	2	3

续表

地区	清偿能力			流动性			承债能力		
	负债率	债务率	债务依存度	GDP偿债率	综合财力偿债率	利差	利率－增长率差值	政府资产	居民储蓄率
广西	2	2	2	2	2	2	2	1	2
海南	3	3	3	3	3	3	3	4	3
重庆	2	2	2	2	2	3	4	4	3
四川	2	2	2	2	2	2	3	3	3
贵州	1	1	1	1	1	2	4	4	2
云南	2	2	2	2	2	2	3	3	3
陕西	2	2	2	2	2	2	2	2	3
甘肃	1	3	2	1	3	3	1	2	4
青海	2	3	4	2	3	2	3	3	2
宁夏	3	3	4	3	3	3	2	2	3
新疆	3	3	3	3	3	2	2	2	2

（五）综合赋权结果

将以上层次分析法权重与熵值法权重带入式（6－8）进行计算，得到综合赋权法权重，如表6－4所示。层次分析法将较大权重赋予清偿能力和流动性，熵值法则将较大权重赋予承债能力和清偿能力。结合层次分析法和熵值法后的综合赋权结果显示，清偿能力权重超过四成，流动性接近三分之一，二者合计接近四分之三。清偿能力（Solvency）是债务可持续性的决定性因素，综合赋权结果也显示清偿能力权重最大，说明理论分析和数据统计分析结论是一致的。二级指标中，负债率、GDP偿债率、综合财力偿债率、债务率四个指标的权重较大。

表6－4　　层次分析法赋权、熵值法赋权及综合赋权结果

指标分组	指标	层次分析法赋权（%）	熵值法赋权（%）	综合赋权（%）
清偿能力（0.5278）	负债率	37.4	9.7	21.2
	债务率	9.4	10.4	11.0
	债务依存度	5.9	13.2	9.8

续表

指标分组	指标	层次分析法赋权（%）	熵值法赋权（%）	综合赋权（%）
流动性（0.3325）	GDP 偿债率	15.1	10.0	13.7
	综合财力偿债率	15.1	9.0	13.0
	利差	3.0	9.5	6.0
承债能力（0.1396）	利率 - 增长率差值	4.3	12.7	8.3
	政府资产	6.9	12.9	10.5
	居民储蓄率	2.7	12.7	6.6

三、指数法测度结果

将 30 个省作为地方政府整体，将 9 个指标标准化取值分别乘以综合赋权权重后，得到 2008—2021 年全国地方政府静态债务可持续性指数，如表 6 - 5 所示。可持续性指数总体呈现下降趋势，意味着地方政府整体的债务可持续性面临越来越大的考验。其中，负债率和债务率下滑明显，主要原因是存量债务规模不断膨胀，导致债务负担不断加重。流动性也呈现下降趋势，两个偿债率指标均大幅下滑，主要原因是债务还本付息压力逐年加大。承债能力方面，政府资产和居民储蓄率持续增强，有利于债务可持续性；利率 - 增长率差值有所下降，主要受到经济增长速度放缓影响。

表 6 - 5　全国静态债务可持续性指数测度结果

年度	可持续性指数	清偿能力			流动性			承债能力		
		负债率	债务率	债务依存度	GDP 偿债率	综合财力偿债率	利差	利率 - 增长率差值	政府资产	居民储蓄率
2008	3.996	5.359	4.862	5.702	5.697	5.571	2.524	5.522	0.520	1.510
2009	3.770	5.048	4.565	4.785	5.355	5.182	2.438	4.542	0.702	1.835
2010	3.735	4.866	4.388	5.108	5.075	4.857	2.617	5.701	0.805	1.774
2011	3.607	4.856	4.388	5.906	4.819	4.534	2.399	5.613	0.804	1.617

续表

年度	可持续性指数	清偿能力			流动性			承债能力		
		负债率	债务率	债务依存度	GDP 偿债率	综合财力偿债率	利差	利率－增长率差值	政府资产	居民储蓄率
2012	3.482	4.727	4.210	5.584	4.765	4.438	2.548	4.575	0.804	1.804
2013	3.458	4.615	4.190	5.730	4.662	4.448	2.506	4.488	1.023	1.868
2014	3.279	4.320	3.741	4.735	4.578	4.225	2.127	4.288	0.978	1.864
2015	3.140	4.208	3.705	5.820	4.285	3.960	1.787	4.189	1.015	2.040
2016	3.155	4.071	3.575	5.595	4.243	3.940	2.386	4.425	1.072	2.060
2017	3.140	3.961	3.525	5.506	4.194	3.960	2.011	4.782	1.267	1.902
2018	3.088	3.882	3.493	5.776	4.086	3.892	1.928	4.657	1.381	1.915
2019	3.057	3.734	3.368	5.459	4.057	3.893	2.298	4.259	1.478	2.107
2020	2.918	3.449	3.145	5.277	3.890	3.779	2.090	3.693	1.499	2.508
2021	3.037	3.451	2.899	5.505	4.486	4.257	2.298	4.348	1.291	2.448

注：本表指标为标准化取值，与表 6－2 中值不可比。

将各省 2008—2021 年各指标取值与综合赋权权重分别相乘后求和，得到各年度静态债务可持续性指数测度结果，将 2021 年结果汇报如表 6－6 所示。借鉴胡娟等（2016）做法，假定指数取值服从均匀的单一分布，可将 2021 年指数划分为 4 个区间：1.79～2.41，2.41～3.03，3.03～3.65，3.65～4.27，分别代表不可持续、一般、可持续、高度可持续。将各省静态债务可持续性指数值代入后，得到评价结论。

表 6－6　分地区静态债务可持续性指数测度结果（2021 年）

地区	指数	排序	评价	地区	指数	排序	评价
北京	4.048	6	高度可持续	河南	3.6581	9	高度可持续
天津	1.792	30	不可持续	湖北	2.9922	21	一般
河北	3.953	7	高度可持续	湖南	2.8552	23	一般
山西	4.190	4	高度可持续	广东	4.2179	3	高度可持续

续表

地区	指数	排序	评价	地区	指数	排序	评价
内蒙古	3.643	10	可持续	广西	3.0086	20	一般
辽宁	3.859	8	高度可持续	海南	4.2707	1	高度可持续
吉林	3.1190	18	可持续	重庆	3.3306	14	可持续
黑龙江	4.0502	5	高度可持续	四川	2.6571	25	一般
上海	4.2639	2	高度可持续	贵州	1.9658	29	不可持续
江苏	2.4299	28	一般	云南	3.0917	19	可持续
浙江	2.6353	26	一般	陕西	2.7157	24	一般
安徽	3.4513	12	可持续	甘肃	2.6098	27	一般
福建	3.3926	13	可持续	青海	3.2310	16	可持续
江西	2.9368	22	一般	宁夏	3.5396	11	可持续
山东	3.1328	17	可持续	新疆	3.2367	15	可持续

将地方政府作为整体，2021年债务可持续性指数为3.037，评价为可持续。2021年，债务可持续性评价为高度可持续的省份有9个，可持续的有10个，一般的有9个，不可持续的有2个。可持续性指数排名前五位的分别为海南、上海、广东、山西、黑龙江，天津得分最低，贵州、江苏、甘肃、浙江居倒数第二位至第五位。

可见，经济发展水平和债务可持续性之间并非线性关系，经济较发达的天津、江苏、浙江位居后五位中，而经济总体欠发达的山西、黑龙江居前五位中。主要原因是本书以融资平台公司有息债务估算隐性债务，江苏、浙江等省的市场化公开举债较多，因此隐性债务很可能估计得偏高，而山西、黑龙江等省的市场化公开举债较少，隐性债务很可能估计得偏低。但横向比较来看，江苏的债务可持续性明显弱于上海、广东，这与其隐性债务规模偏大有直接关系，因此指数测度结果仍具有合理性。

2021年东中西部静态债务可持续性情况如图6-1所示，柱状图中数字表示处于该可持续性状态的省份数量。东部地区债务可持续性指数仍然居于三大区域之首（中位数 3.859），超过一半省份债务高度可持续。中部地区债务可持续性指数（中位数 3.285）大幅低于东部，不到一半省份债务高度可持续。西部地区债务可持续性指数（中位数 3.092）又略低于西部，在三大区域中处于最低水平，没有一个省份的债务高度可持续。整体上看，东部地区地方政府债务可持续性明显强于中西部地区。结合隐性债务估计方法，作者认为，东部地区隐性债务披露得较中西部更加充分，若考虑到此因素，中西部地区的债务可持续性问题实际上可能更严峻。

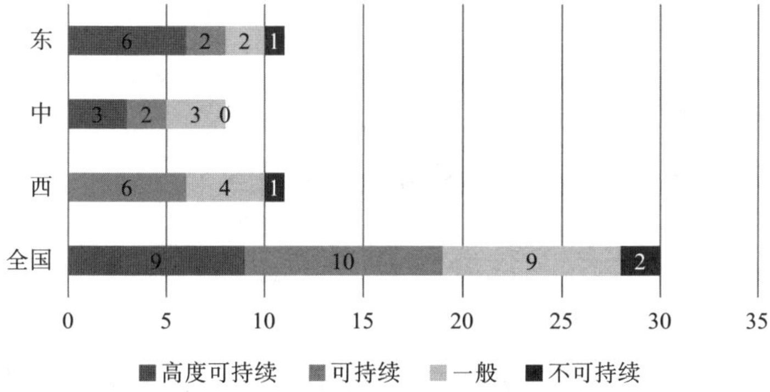

图 6－1　东中西部静态债务可持续性（2021 年）

将表 6－6 汇报的 2021 年 30 个省静态债务可持续性指数画成散点图，结果如图 6－2 所示。总体上，地方政府债务静态可持续性指数分布趋近于正态分布，变异系数较小，指数得分处于中位数加减一个标准差区间的省份最多，有 20 个，占所有省份的三分之二，说明不同省份的债务可持续性存在一定的同质性。可能的解释是：地方政府举债行为存在区域间行为模仿和竞争行为（刁伟涛，2016b），并且在经济、财政、金融等实力上的差异也不是太大，共性因素比较多，因此导致债务可持续性表现出趋同现象。

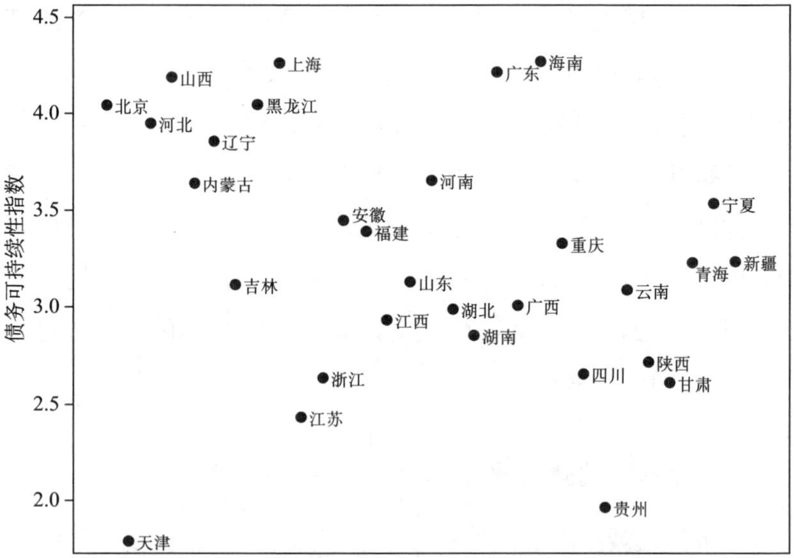

图 6－2 分地区静态债务可持续性指数（2021 年）

第二节 债务可持续性测度：财政空间法

财政空间（Fiscal Space）用于反映一个地区距离债务上限的举债空间，是举债能力和举债水平间的对比。财政空间越大，越有利于债务可持续性。第一节用指数法测度的债务可持续性实际为相对可持续性，本节首先利用债务负担阈值法计算绝对财政空间，得出债务可持续性的判定结果，然后分别运用财力分配法、限额法、利差法计算相对财政空间，并对其特征进行进一步揭示。

一、绝对财政空间

本书第四章第三节参照国际通用的债务负担上限，根据中央和地方实际财力水平，计算得出地方政府负债率警戒线为52.90%、债务率警戒线为132.26%。上述两个警戒线即可作为地方政府债务负担阈值，减去实际债务负担后，就可以得到直观的财政空间结果。如果以负债率或债务率衡量的财政空间小于0，显然债务风险较高，定义为债务不可持续。表6－7汇报了依据2021年数据计算的30个省的财政空间。以显性负债率度量，30个省的财政空间均大于0，天津、吉林等省的财政空间较小；以显性债务率度量，7个省份的财政空间均小于0，债务不可持续；以全口径负债率衡量，22个省的财政空间小于0；以全口径债务率衡量，28个省的财政空间小于0；仅有上海和广东债务可持续。考虑到隐性债务后，大部分省份的财政可持续性堪忧。

表6－7　　　　分地区财政空间（2021年）

地区	显性负债率财政空间（%）	全口径负债率财政空间（%）	地区	显性债务率财政空间（%）	全口径债务率财政空间（%）
北京	31.1	2.4	河南	39.0	－84.1
天津	2.7	－102.7	湖北	－53.8	－444.0
河北	20.2	－0.7	湖南	15.3	－59.0
山西	28.9	13.1	广东	43.1	－15.8
内蒙古	9.5	6.3	广西	－20.8	－32.2
辽宁	15.7	10.0	海南	－15.0	－37.7
吉林	5.6	－33.7	重庆	－5.6	－120.0
黑龙江	9.0	0.4	四川	11.9	－11.6
上海	35.9	16.3	贵州	70.7	0.0
江苏	36.6	－41.3	云南	63.0	－268.1
浙江	29.2	－63.3	陕西	50.8	－267.1
安徽	26.0	－14.1	甘肃	25.4	－133.2
福建	32.2	5.9	青海	15.5	－133.2
江西	22.5	－48.3	宁夏	38.2	－180.7
山东	28.8	－20.3	新疆	26.2	－190.4

二、相对财政空间

（一）地方政府财力分配法

除了直接以债务阈值减去债务负担计算财政空间外，还有一些计算财政空间的方法，从不同角度揭示债务可持续性。地方政府财力分配法是以财力为基础，相对地衡量地方政府是否过度举债。地方政府财力定义为地方政府一般公共财政收入和政府性基金收入之和，考虑到中央对地方政府的一般性转移支付主要用于基本公共服务均等化，而专项转移支付比例逐步下降且具有专款专用性质，均不具备支撑债务的能力，因此不计入地方政府财力。

财力分配法财政空间 =（债务分配额 - 债务余额）/债务分配额

其中：

债务分配额 = 全国地方政府全口径债务余额 ×（地方政府财力/全国地方政府总财力）

财力分配法暗含了全国地方政府全口径债务规模是基本合理的，而该假设不一定能够成立，因此该方法测度的仍然是一种相对财政空间。

表 6 - 8 汇报了依据 2021 年数据计算的财力分配法财政空间。2021 年共有 18 个省的财政空间小于 0，债务可持续性堪忧，其中，甘肃、天津、贵州财政空间最小。2021 年，财政空间大于 0 的省中，广东、北京、山西财政空间最大。这说明地方政府债务具有较强的异质性，部分省市超过自身财力举债的情况比较突出。东部地区财政空间大于 0，中西部地区财政空间小于 0，其中，西部地区财政空间最小。虽然东部地区债务绝对规模居首，但债务与财力的匹配程度最高，债务可持续性反而较强。

（二）债务限额空间法

根据 2014 年新《预算法》和《关于加强地方政府性债务管理意见》，对地方政府债务进行限额管理。自 2015 年以来，地方政府显性债

表 6 - 8 分地区财力分配法财政空间（2021 年）

地区	财力分配法财政空间（%）	排序（位）	地区	财力分配法财政空间（%）	排序（位）
北京	44.0	4	河南	3.7	10
天津	-76.5	29	湖北	-45.3	21
河北	23.8	7	湖南	-42.1	20
山西	45.6	3	广东	63.6	2
内蒙古	23.7	8	广西	-53.3	26
辽宁	27.8	6	海南	28.4	5
吉林	-34.5	18	重庆	-46.4	23
黑龙江	-12.1	14	四川	-57.4	27
上海	67.3	1	贵州	-66.3	28
江苏	-12.2	15	云南	-52.9	25
浙江	-7.0	13	陕西	-35.1	19
安徽	0.4	12	甘肃	-118.0	30
福建	21.4	9	青海	-48.0	24
江西	-24.6	17	宁夏	-13.1	16
山东	1.6	11	新疆	-45.7	22

务受到限额约束。地方政府债务限额受到 2013 年审计甄别认定存量债务的影响，新增限额则根据《新增地方政府债务限额分配管理暂行办法》（财预〔2017〕35 号）进行分配。新增限额分配主要根据地区综合财力、重大项目支出等因素予以分配。财政部负责新增限额测算，报国务院批准后下达地方。限额是中央政府对地方政府的一种债务规模控制手段，反映了对地区财力、债务需求、债务风险等因素的综合考虑。各地方政府债务余额与限额之间的差额，可以视为财政空间的一种度量。由于显性债务和限额数据公开透明，用这二者测算财政空间的可得性较强。

债务限额法财政空间 =（债务限额 - 债务余额）/债务限额

公式中的债务均为显性债务。表 6 - 9 汇报了依据 2021 年数据计算的债务限额法财政空间。所有省份的债务余额均控制在债务限额以内，债务空间均大于0。因此，限额法财政空间并不能直接用于债务可持续性判断。上海、北京、河南的财政空间较大，天津、黑龙江、湖南的财政空间较小。东部地区的财政空间较大（9.71%），中部（6.72%）和西部（6.74%）地区的财政空间较小。

表6-9　　　　债务限额法财政空间（2021年）

地区	债务限额法财政空间（%）	排序（位）	地区	债务限额法财政空间（%）	排序（位）
北京	22.2	2	河南	13.1	3
天津	1.3	30	湖北	4.8	24
河北	10.9	4	湖南	1.7	29
山西	4.9	23	广东	5.7	20
内蒙古	6.3	17	广西	5.5	21
辽宁	9.0	11	海南	7.7	14
吉林	6.1	19	重庆	3.3	27
黑龙江	2.1	28	四川	6.5	16
上海	30.6	1	贵州	4.0	25
江苏	8.9	12	云南	10.5	7
浙江	3.4	26	陕西	9.3	10
安徽	7.7	13	甘肃	6.2	18
福建	10.6	5	青海	9.4	9
江西	10.2	8	宁夏	10.5	6
山东	5.4	22	新疆	6.8	15

（三）债券利差法空间法

金融市场融资能力是保持债务可持续性的重要条件。不同地区在金融市场上的融资成本反映了市场对该地区的债务可持续性的看法，一旦债务可持续性面临挑战，其融资成本将迅速飙升，导致流动性困境，甚至引发债务危机。2015年以后，地方政府债券开始大规模发行，但各地区间的发行利差较小，未能真正反映出各地区的债务可持续性差异。城投债券的市场化程度相对较高，各地区间的发行利差相对较大，因此可以利用城投债券发行利差反映各地区债务可持续性。

利差法财政空间 =（加权平均发行利率最大值 - 本地区加权平均发行利率）/加权平均发行利率最大值

表6－10汇报了依据2021年数据计算的债券利差法财政空间。所有省份的利差法财政空间均大于0，反映的是相对财政空间，并不能直接用于债务可持续性判断。结果显示，上海、北京、广东的利差空间最大，辽宁、青海、黑龙江财政空间最小。以中位数度量，东部地区利差法财政空间最大（39.10%），中部地区次之（31.0%），西部地区最小（23.10%）。

表6－10　　　　债券利差法财政空间（2021年）

地区	债券利差法财政空间（%）	排序（位）	地区	债券利差法财政空间（%）	排序（位）
北京	47.4	3	河南	33.3	12
天津	14.2	26	湖北	36.2	7
河北	32.3	14	湖南	29.3	18
山西	30.5	16	广东	48.4	2
内蒙古	20.2	22	广西	12.2	27
辽宁	10.7	28	海南	41.3	5
吉林	18.4	23	重庆	24.9	20
黑龙江	0.0	30	四川	28.7	19
上海	49.8	1	贵州	21.3	21
江苏	33.6	11	云南	16.9	25
浙江	39.1	6	陕西	29.9	17
安徽	33.1	13	甘肃	35.2	9
福建	42.6	4	青海	9.5	29
江西	31.5	15	宁夏	17.7	24
山东	34.1	10	新疆	35.7	8

（四）相对财政空间聚类分析

由于财力分配法财政空间、债务限额法财政空间、利差法财政空间均为相对财政空间，分别从不同角度反映了地区的财政空间情况。利用k均值聚类法，对30个省3种相对财政空间指标2021年度的取值进行聚类分析，结果如表6－11所示。聚类结果分为4类，表6－11中第2列、第3列、第4列分别反映了该组财政空间得分的均值。其中，类别1包括4个省份，财力分配法财政空间为正，限额内举债空间较大，市场融资条件良好，债务可持续性优秀。类别2包括10个省份，财力分配法财政空间为负，限额内还有一定举债空间，市场融资条件尚可，债务可持续性良好。类别3包括9个省份，财力分配法财政空间为负，限额内举债空间较小，市场融资条件差，债务可持续性中等。类别4包括7个省份，财力分配法财政空间严重为负，限额内几乎没有举债空间，市场融资条件一般，债务可持续性较差。第4类地区利用利差法衡量的财政空间与第2类地区接近，较第3类地区更优，说明对于债务可持续性差的地区，其利差未反映出其债务可持续性的严峻性，可能的解释是市场对这些地区的债务存在救助预期。

表6－11　　　财政空间聚类分析（2021年）

类别	财力分配法财政空间（%）	债务限额法财政空间（%）	利差法财政空间（%）	地区
1（优）	44.0	4.9	30.5	北京、上海、广东、山西
2（良）	－12.2	3.4	10.7	河北、内蒙古、辽宁、江苏、浙江、安徽、福建、山东、河南、海南
3（中）	－46.4	1.7	0.0	吉林、黑龙江、江西、湖北、湖南、重庆、陕西、宁夏、新疆
4（差）	－118.0	1.3	9.5	天津、广西、四川、贵州、云南、甘肃、青海

第七章

地方政府债务可持续性测度：动态视角

第一节　理论分析和研究假设

政府债务可持续性，是指债务在未来路径上出现违约等的可能性，因此其本质特征是预测性。债务可持续性测度应当兼顾静态和动态两个视角，即要“瞻前顾后”。一方面，“瞻前”是指通过预测债务路径未来走势，依据预测中发现的风险情况，对当前债务政策是否合理进行判断，并据以指导举债行为；另一方面，“顾后”是指通过研究债务可持续性的历史和现状，借助丰富数据，从多角度进行刻画，以揭示其特征，并识别其主要影响因子。在测度债务可持续性时，应同时兼顾“瞻前”和“顾后”两个视角，第六章可持续性测度为“顾后”，属于静态分析；本章债务可持续性测度为“瞻前”，属于动态分析。本章通过对中国地方政府债务的未来路径进行预测，并对其可持续性进行分析。

多数西方文献对债务可持续性的研究基于前瞻性视角，预测未来债务路径演化情况，通过与债务负担阈值比较等方法来判断债务可持续性。从研究方法上看，情景模拟和压力测试是宏观经济研究的常用方法，运用此类方法对债务风险、债务可持续性等进行研究的代表性文献有低收入国家债务可持续性分析（Painchaudl 和 Stučka，2011；IMF，2018；EC，2020）、主权资产负债表及其风险评估（李扬等，2012）、地方政府性债务压力测试（刘尚希等，2012）、政府债务可持续性分析（吴许璐，2012；王学凯，2016）、政府债务风险分析（王亚芬，2013）、基于财政缺口的财政可持续性研究（姚东旻等，2013）、政府债务上限测算（唐文进等，2014）、债务可持续性监测（European Commission，2020）、地方政府债务违约风险分析（何德旭和王学凯，2020）等。本章对地方政府债务路径进行预测（基准情景），分析债务未来路径中负债率、债务空间等有关指标的演化情况，且通过调整参数设置压力测试情景，分析在受到负面冲击情况下地方政府债务可持续性的演化情况。

根据债务路径递推公式，在进行债务路径预测时，需要 GDP 增速、地方财政赤字率、存量债务利率、存量债务剩余期限等数据。为计算债务预测路径中的负债率、债务率、偿债率等债务指标，还需要综合财力、土地出让收入等数据。中国地方政府债务包括显性债务和隐性债务两部分，关于隐性债务，2019 年我国启动隐性债务化解措施，对隐性债务未来的路径也要进行一些假设，下文将说明。

一、债务预测的基本假设

（一）GDP 增长速度

引用权威机构或严谨学术研究宏观预测结果是 GDP 增长速度设定的常见做法。在具体数值上，不同的研究可能有所差异，但总体趋势上其结果往往是大体一致的，越近的预测，其准确性往往越高。对于 2023—2030 年 GDP 增长率，本书利用 IMF（2023）第四条磋商报告的预测作为基准参数。同时，考虑到物价因素的影响，以 IMF（2023）预测的 GDP 平减指数作为价格因子来计算名义 GDP。综合财力、土地出让收入等与 GDP 增长联动的数据均进行了物价调整。

（二）地方财政赤字率

地方财政赤字包括一般公共预算赤字和政府基金预算安排的新增债务（基金预算赤字）。自 2015 年以来，地方一般公共预算赤字不断攀升，从 2015 年的 5000 亿元上升到 2020 年的 9800 亿元，之后有所回落，2022 年为 7200 亿元。基金预算赤字也由于专项债的扩容而迅速攀升，新增债务从 2015 年的 4000 亿元增长到 2020 年的 37600 亿元，之后略微减少，2022 年为 36500 亿元。专项债扩容和疫情影响推高了地方政府 2020 年的赤字，但以后年度赤字大幅回落的可能性并不大。为保持适度经济增长和隐性债务存量化解工作的持续推进，专项债可能会继续保持较快的扩容速度。由于 2020—2021 年的赤字水平偏高，本书采用 2017—2022 年平均赤字率（3.27%）占 GDP 比重，作为 2023—2030 年的基准赤字率。

地方政府债券还本以再融资为主，安排财政预算资金还本占比较小，以 2019 年为例，该年度还本 13152 亿元，其中，通过发行再融资债券偿还 11484 亿元，预算资金偿还 1668 亿元。2019 年、2020 年、2021 年债券到期还本，通过再融资还本的占 86.23%，通过预算资金还本的占 13.77%。假设 2023—2030 年地方政府按照上年到期债务余额的 13.77% 进行还本，则：

本年度显性债务余额 = 上年底债务余额 - 本年度还本金额 + 本年赤字

（三）地方政府综合财力

2008—2022 年，地方政府综合财力年均增长 11.73%，是同期 GDP 增速的 1.12 倍；2015—2022 年，综合财力年均增长 7.31%，是同期 GDP 增速的 0.89 倍。2008—2022 年，有 6 个年度的综合财力增速低于同期 GDP 增速。考虑到近年减税降费政策实施对财力增长的不利影响，基准情景假设 2023—2030 年的综合财力以 GDP 增速相同的速度增长。

（四）土地出让收入

2008—2022 年，全国土地出让收入年均增长 12%，是同期 GDP 增速的1.14倍；2015—2022年，土地出让收入年均增长8.67%，是同期GDP增速的1.04倍。2008年、2012年、2014年、2015年、2022年土地出让收入比上年有所下降，分别为-16.0%、-12.7%、-21.4%、-9.2%、-23.2%。2009年、2010年、2013年土地出让收入分别比上年增长67.45%、64.14%、46.65%。可见，土地出让收入增速总体上在下滑，且波动比较大，在房地产调控政策比较严厉的时期，甚至会出现大幅度下降。未来土地出让收入能否延续高增长存在较大不确定性，因此假设2023—2030年土地出让收入以GDP增速相同的速度增长。

（五）存量债务剩余期限

自2010年以来，地方政府债券（含财政部代发）平均发行期限逐步延长，期限品种不断丰富，2015—2017年以中短期（1年、3年、5年、7年、10年）为主，其中5年期占比最大；2018年后，长期限（15年、20年、30年）债券发行比例逐步提高，并新增2年期限债券品种。2018—2022年，债券发行平均期限分别为6.1年、10.3年、14.7年，11.9年、13.2年。存量债券剩余期限也因发行期限的变化而延长，2018—2022年，存量债券剩余期限分别为4.4年、5.1年、6.9年、7.8年、8.5年。地方政府债券本身对应的投资项目期限较长，债券期限延长是合理的。鉴于美国市政债发行期限以15~20年为主（陈志勇和程明梅，2014），本书假定2023—2030年，地方政府债券期限按照2018—2022年的速度逐步延长到15年后保持不变。由于隐性债务中多数是银行贷款等非债券形式组成，以中短期债务为主，本书测算时假定2020年底存量隐性债务剩余期限为5年，并在2021—2030年均匀地延长至7年后保持不变。

（六）存量债务平均利率

2017—2022年地方政府债券平均发行利率分别为3.97%、3.89%、3.47%、3.40%、3.36%、3.02%。在货币政策的配合下，债券发行利率预期维持在较低水平，并使债券存量平均利率逐步下降。2018—2022年，存量债券平均利率分别为3.51%、3.55%、3.51%、3.51%、

3.39%。本书假定自2023年起，存量债券利率将均匀地下降到2030年的3.30%。隐性债务利率由城投债利率和其他隐性债务利率加权平均得到，其中，城投债利率设定为2020年平均发行利率5.56%，其他隐性债务利率设定为2020年地方政府债券平均发行利率的2倍。假定自2019年起，存量隐性债务利率从6.76%均匀下降到2030年的5.56%。

二、关于隐性债务的基本假设

（一）隐性债务化解方式

隐性债务存量化解方案提出的化债方式主要有六种：安排年度预算资金、超收收入、盘活财政存量资金等偿还；出让政府股权以及经营性国有资产权益偿还；利用项目结转、经营性收入偿还；合规转化为企业经营性债务；借新还旧、展期等方式偿还；采用破产重整或清算方式化解。

尽管理论上有六种化债方式，但现阶段比较有效的是依靠财政预算资金和借新还旧及展期（朱丹和吉富星，2021）。财政预算资金化债、出让资产/股权等5种化债方式都可以通过减少债务提高偿债能力和财政空间，进而提高债务可持续性。出让资产/股权等4种化债方式的作用现阶段可能不太有效，主要的原因是：隐性债务资金投向的主要是公益性项目，靠经营收入化债或者转化为企业债务都较难实现；而出让国有资产/股权或者破产重组清算，会给地方政府带来较大的负面观感，多数债务负担沉重的中西部地区本身也缺乏市场认可的国有资产/股权。借新还旧或展期虽不能减少隐性债务，但通过债务重组，可以缓解短期偿债压力，降低债务利息负担，改善流动性，有利于提高债务可持续性。财政预算资金化债有一般公共预算增收节支和依靠政府基金预算土地出让金两种方式，在经济新常态和减税降费的大背景下，依靠增收节支化债的难度是较大的，地方政府不得不主要靠土地出让收入来化解存量隐性债务，进一步增强了地方政府对土地财政的依赖。土地出让收入快速增长势必进一步推高房价，易招致严厉房地产调控，进而导致土地出让收入大幅波动，可能导致化债结果的不确定性。

（二）隐性债务化解与土地出让收入

由于隐性债务对应的多数项目存在偏公益属性（朱丹和吉富星，2021），项目产生的收益是很少的，很难满足债务偿还需要，也很难合规转化为企业债务。而借新还旧和债务展期只是将偿债责任后移，并未真正减少债务。隐性债务存量化解，往往还是需要地方政府拿出真金白银来偿还。这就需要依赖财政预算的增收和节支，在“三保”（保基本民生、保工资、保运转）支出压力下，增收主要依靠土地出让收入，压缩经常性支出、盘活存量资金则属于辅助性的手段。

以江苏省泰州市为例：为筹集资金化债，2019 年泰州市本级压缩“三公”经费同比减少 830 万元，会议费减少 283 万元，培训费减少 606 万元，合计为 1719 万元①，为泰州市本级财政支出（80.93 亿元）的0.21%，为泰州市本级政府基金预算支出（88.3 亿元）的 0.19%②。以海南省海口市政府公布的 2018—2019 年化债计划③为例，2018 年计划化债 130 亿元，其中，通过加大土地出让力度筹集土地出让收入 80 亿元用于偿债，转化为企业债务 20 亿元，压缩支出 14 亿元，盘活存量资金 16 亿元；2019 年计划化债 139 亿元，其中，土地出让收入筹集 99 亿元，压缩支出和盘活存量资金 40 亿元；2018—2019 年化债资金来源中，土地出让收入占 66.5%，压缩支出和盘活存量资金占 26.0%，合计占 92.5%。

土地财政在地方政府债务形成中发挥了重要作用，在隐性债务存量化解中可能仍将发挥重要作用。从地方政府角度看，土地出让收入对于

---

① YY 信评．隐性债务化解观察（七）：泰州［R］．深圳：瑞霆狗（深圳）信息技术有限公司．2021.

② 泰州市财政局．关于泰州市 2019 年预算预计执行情况和 2020 年预算草案的报告［R］．2020.

③《海口市人民政府关于印发 2018—2019 年政府性债务化解规划方案的通知》（海府〔2018〕67 号）。

地方财政而言还是十分重要的财政收入。长期以来，土地出让收入是地方基建的主要资金来源，但当土地出让收入要优先偿还隐性债务时，某些非重点投资项目就会被暂缓实施，甚至取消。例如，海口市2018—2019年化债计划中，土地出让收入在保障省市重大项目建设后，剩余的优先化债。

（三）隐性债务化解的基准假设

鉴于此，本书将隐性债务化解和土地出让收入关联起来，并在基准情景下对隐性债务化解进行假设。基准情景设定自2021年起。

本年隐性债务余额 = 上年隐性债务余额 − 本年土地出让收入的30% + 新增隐性债务

坚决遏制隐性债务增量、化解存量是中央既定政策。考虑到遏制新增决心较大，因此将基准情景中新增隐性债务设定为0。刘尚希等（2012）认为，在土地出让收入中40%属于土地开发的纯收益。地方政府除了化债外，还必须兼顾基建投资，因此设定年度土地出让收入的30%用于化债。

第二节 基准情景

一、参数赋值

本书拟对2023—2030年地方政府债务路径进行情景模拟，计算各年度负债率、债务率、偿债率，分析债务负担变化情况。基准情景下，部分参数的赋值情况如表7－1所示。其中，GDP增速为去除物价因素后的实际增速；除隐性债务利率外，2020—2022年数据均为实际数据，2023年及以后年度数据为预测数据。

表7－1　　基准情景部分参数赋值

年度	GDP增速（%）	显性债务剩余期限（年）	隐性债务剩余期限（年）	存量显性债务利率（%）	存量隐性债务利率（%）
2020	2.3	6.9	5.0	3.51	6.65
2021	8.1	7.8	5.2	3.51	6.54
2022	3.0	8.5	5.4	3.39	6.43
2023	3.8	9.4	5.6	3.37	6.32
2024	5.5	10.3	5.8	3.35	6.21
2025	4.1	11.2	6.0	3.33	6.11
2026	4.0	12.1	6.2	3.31	6.00
2027	3.8	13	6.4	3.29	5.89
2028	3.4	13.9	6.6	3.26	5.78
2029	3.3	14.8	6.8	3.24	5.67
2030	3.2	15	7.0	3.30	5.56

二、基准情景模拟结果

表7－2显示了基准情景下2023—2030年债务路径模拟结果。结果显示，显性债务持续增长，到2030年，显示债务规模将达到2022年的2.0倍。在基准情景下，隐性债务化解将取得一定进展，但到2030年仍剩余19.0万亿元未化解完成，这说明隐性债务化解任务较为艰巨。由于显性债务的增长较快，总债务也将继续增长，到2030年总债务余额将增至2022年的1.20倍。债务负担将呈现缓慢下降的趋势，到2030年负债率将低于本书设置的警戒线值；债务率则仍高于债务率警戒线值；偿债率也呈现下降趋势，到2030年偿债率仍处于较高水平，超过了一般认为的警戒线水平（20%）。以负债率衡量的债务空间，到2028年将由负转正，到2030年将会出现小幅的债务空间。基准情景模拟的结果显示，地方政府债务负担总体较重，在经济增长和隐性债务化解情况符合预期的情况下，地方政府债务负担情况将略有缓解。偿债率

（债务偿还/综合财力）将持续处于高位，主要原因是除了显性债务的还本付息外，还必须继续完成隐性债务的化解任务。根据基准情景模拟，2023—2027 年，隐性债务还本付息金额均超过显性债务，自 2028 年起，隐性债务还本付息金额开始低于显性债务。因此，加强地方政府抵御流动性风险能力，对于地方政府债务可持续性具有重要意义。

表 7－2　　　　基准情景模拟结果

年度	显性债务（万亿元）	隐性债务（万亿元）	总债务（万亿元）	负债率（%）	债务率（%）	偿债率（%）	债务空间（%）
2021	35. 1	41. 3	76. 4	68. 5	214. 3	49. 3	－9. 9
2022	35. 1	39. 3	74. 4	62. 8	216. 7	49. 1	－8. 5
2023	38. 6	37. 2	75. 8	61. 4	227. 4	47. 6	－7. 6
2024	42. 4	35. 0	77. 4	60. 5	223. 8	44. 5	－4. 9
2025	46. 4	32. 7	79. 1	57. 8	214. 0	39. 7	－3. 1
2026	50. 7	30. 2	80. 9	56. 0	207. 2	35. 9	－1. 5
2027	55. 3	27. 6	82. 9	54. 4	201. 4	32. 6	0. 0
2028	60. 0	24. 9	84. 9	52. 9	195. 9	29. 6	1. 2
2029	65. 1	22. 0	87. 1	51. 7	191. 5	27. 1	2. 4
2030	70. 4	19. 0	89. 4	50. 5	186. 8	24. 6	3. 7

第三节　压力测试

一、压力情景设计

基准情景是基于相对客观的参数设定的，必须考虑到一些（极端）不利情形可能对债务可持续性产生的负面影响。压力测试就是在基准情景下，引入不利情景参数，研究模拟结果的差异，并分析有关因素产生的影响。根据债务负担递推公式和债务可持续性演化的主要影响因素，本书设计了以下四种单项压力测试情景和两种综合压力测试情景。

（一）GDP 增速放缓（情景一）

GDP 对债务可持续性起着决定性作用。在经济增长新常态和追求经济高质量发展的背景下，GDP 增速很可能会出现逐步下降的趋势。假设 GDP 增速在 2023—2030 年每年比基准情景下降 1 个标准差（根据基准情景 2023—2030 年预测取值计算）。

（二）土地出让收入增长停滞（情景二）

土地出让收入事关综合财力、隐性债务化解和地方公共投资。土地出让收入并非只升不降，2008—2022 年，土地出让收入出现过 5 次大幅度下滑（2008 年、2012 年、2014 年、2015 年、2022 年）。基准情景假设土地出让收入按照 GDP 增速增长，是相对乐观的假设。未来土地出让收入的走势难以预料，故在本情景中假设土地出让收入自 2023 年起一直维持在 2022 年的水平保持不变。

（三）隐性债务继续新增（情景三）

基准情景假设自隐性债务化解开始（2020 年）后各年隐性债务没有新增，这一假设显然是较为乐观的，是否能够彻底遏制隐性债务新增还存在一定的不确定性。本情景假设隐性债务 2021—2030 年继续小幅新增，增速设定为 2015—2020 年平均隐性赤字率的五分之一，即：当年新增隐性债务 = 当年 GDP × 0.79%。

（四）显性赤字率维持在较高水平（情景四）

自 2015 年起，地方政府赤字规模逐步扩大，2020 年地方财政赤字率（一般公共预算和政府性基金预算）上升到 4.48%，2021 年回落至 3.82%，2022 年又回升至 3.92%。在积极财政政策近年持续发力的背景下，2021 年、2022 年地方政府赤字率可能会成为一种新常态，本情景假设 2023—2030 年显性债务赤字率维持在 2022 年的水平保持不变。

（五）存量利率升高（情景五）

考虑到长期利率走势的不确定性，我们还应当考虑发行利率在一些情况下升高并影响到存量债务利率的可能性，本情景假设2022—2030年各年存量显性债务平均利率在基准情景上加上1个极差（考虑到政府债券发行利差较小），极差根据2015—2021年地方政府债券发行利率计算得出。隐性债务利率在基准情景上加上2个标准差（根据2013—2019年城投债券发行利率计算）。

（六）综合压力测试（情景六与情景七）

考虑到地方政府债务面临的宏观经济环境的不确定性，上述单项压力情景很可能会同时发生，因此有必要将其进行组合，从而考虑更加复杂的压力情景，据此本书设计了两个综合压力测试情景。第一个综合压力测试情景（情景六），假设情景一、情景二、情景三同时发生；第二个综合压力测试情景（情景七），假设情景一、情景四、情景五同时发生。

二、压力测试情景模拟结果

表7－3显示了基准情景和七种压力测试情景下2030年债务规模及债务负担情况。图7－1汇报了在基准情景和综合压力情景下负债率2022—2030年的走势情况。单项压力测试情景的结果显示，所有情景下的负债率和债务率在预测区间内均呈现下降趋势。2030年情景一、情景二、情景三、情景四的负债率均高于基准情景，情景三和情景四负债率比基准情景下高出较多，说明如果地方财政赤字率较高或者隐性债务化解速度较慢，会导致地方政府债务负担明显偏高。情景四和情景五下，偿债率较基准情景有明显提高，说明隐性债务化解和利率是影响地方政府流动性风险的重要因素。除情景五外，其余压力情景下债务空间均较基准情景有明显下滑，其中，情景三和情景四的债务空间转为负数。

表 7-3　　压力测试模拟结果（2030 年）

各种情景	显性债务（万亿元）	隐性债务（万亿元）	总债务（万亿元）	负债率（%）	债务率（%）	偿债率（%）	债务空间（%）
基准情景	70.4	19.0	89.4	49.2	182.2	22.4	3.7
情景一	69.2	19.6	88.8	51.6	190.8	23.6	1.3
情景二	70.4	23.3	93.7	51.6	190.8	23.7	1.3
情景三	78.3	19.4	97.3	53.5	198.2	23.8	-0.6
情景四	70.4	30.5	100.9	55.6	205.6	26.6	-2.7
情景五	70.4	19.0	89.4	49.2	182.2	25.4	3.7
情景六	78.3	23.3	101.5	58.9	218.0	26.5	-6.0
情景七	69.2	31.1	100.3	58.2	215.5	31.6	-5.3

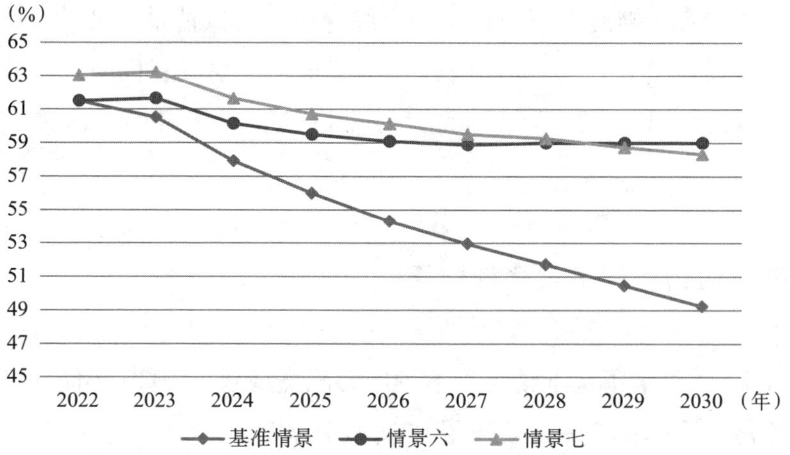

图 7-1　三种情景下负债率走势（2022—2030 年）

在情景六和情景七两个综合压力测试情景下，2030 年负债率、债务率在预测期内仍均呈现下降趋势，但情景六下负债率下降将显著放缓，2026—2030 年负债率曲线几乎成为水平状态。2030 年，总债务规模较基准情景下出现大幅增加，负债率和债务率均远高于单项压力测试情景结果。其中，2030 年负债率远高于警戒线水平，债务率较基准情景下水平也有较大幅度的提高，导致其超警戒线的情况更加严重，偿债率也有相当程度的提高，将进一步导致流动性承压。同时，2030 年债务空间下降比较严重，且均为负。在两个综合压力测试情景下，债务规模更大，债务负担和偿债压力更重，债务空间严重匮乏，债务可持续性面临较大风险。

第四节　地区异质性分析

一、地区异质性分析的基本假设

本书对 30 个省（市、区）2023—2030 年债务路径进行了情景模拟和压力测试，以分析不同地区债务可持续性的动态异质性。基准情景和压力测试的基本假设与本章第一节、第二节一致。根据地区情况所做的调整包括以下几个方面：①GDP 增速。根据地区 2015—2022 年 GDP 增速与全国同期 GDP 增速的比例，在全国基准情景 2023—2030 年 GDP 预测增速基础上，计算得出本地区 2023—2030 年 GDP 预测增速。②财政赤字。将地区 2019—2021 年年均财政赤字作为 2023—2030 年基准赤字率。③债务利率。将地区 2019—2022 年政府债券平均发行利率作为 2023—2030 年显性存量债务平均利率。根据地区 2020 年底隐性债务中城投债和非城投债比例，分别按城投债发行利率和政府债券发行利率的 2 倍，加权计算得到的利率作为 2021—2030 年隐性存量债务平均利率。

二、隐性债务化解的地区异质性

由于省份间隐性债务存量、化债能力存在差异，在预测期间内，隐性债务化解速度具有明显差异，这对债务可持续性有重要影响。表 7－4 列示了 2023—2030 年 30 个省份各年隐性债务余额情况。广东、北京、海南化债速度（已化解债务/2020 年底余额）最快，隐性债务将于 2026 年清零。到 2030 年，上海、内蒙古、辽宁的隐性债务也化解完毕，剩余 24 个省份的隐性债务还不能清零。与 2020 年隐性债务余额相比，2030 年 10 个省份的隐性债务化解进度低于 50%，其中，甘肃、天津化解进度低于 30%。

表 7-4　分地区隐性债务化解情况（2023—2030 年）

地区	2023 年	2024 年	2025 年	2026 年	2027 年	2028 年	2029 年	2030 年
北京	0.20	0.11	0.03	0.00	0.00	0.00	0.00	0.00
天津	1.64	1.60	1.57	1.53	1.49	1.44	1.40	1.35
河北	0.58	0.58	0.50	0.42	0.32	0.23	0.13	0.02
山西	0.24	0.24	0.21	0.17	0.14	0.10	0.06	0.01
内蒙古	0.12	0.12	0.10	0.08	0.06	0.04	0.01	0.00
辽宁	0.14	0.14	0.10	0.07	0.03	0.00	0.00	0.00
吉林	0.55	0.55	0.53	0.50	0.47	0.44	0.40	0.37
黑龙江	0.10	0.10	0.09	0.08	0.06	0.05	0.04	0.03
上海	0.55	0.55	0.44	0.31	0.18	0.05	0.00	0.00
江苏	7.25	7.25	6.82	6.37	5.89	5.38	4.84	4.28
浙江	4.96	4.96	4.61	4.24	3.85	3.44	3.00	2.54
安徽	1.27	1.27	1.16	1.04	0.91	0.78	0.64	0.49
福建	0.99	0.99	0.87	0.75	0.61	0.47	0.32	0.17
江西	1.63	1.63	1.53	1.43	1.32	1.20	1.08	0.95
山东	2.83	2.83	2.60	2.34	2.08	1.79	1.50	1.19
河南	1.44	1.44	1.33	1.22	1.09	0.96	0.83	0.68
湖北	2.16	2.16	2.07	1.97	1.87	1.77	1.66	1.54
湖南	2.14	2.14	2.03	1.92	1.81	1.68	1.56	1.42
广东	0.41	0.41	0.15	0.00	0.00	0.00	0.00	0.00
广西	1.04	1.04	0.99	0.93	0.88	0.81	0.75	0.68
海南	0.03	0.03	0.02	0.00	0.00	0.00	0.00	0.00
重庆	0.95	0.95	0.88	0.80	0.71	0.62	0.53	0.43
四川	3.69	3.69	3.54	3.38	3.21	3.03	2.84	2.64
贵州	1.59	1.59	1.52	1.44	1.36	1.27	1.17	1.07

续表

地区	2023 年	2024 年	2025 年	2026 年	2027 年	2028 年	2029 年	2030 年
云南	1. 13	1. 13	1. 09	1. 04	0. 98	0. 92	0. 86	0. 80
陕西	1. 67	1. 67	1. 61	1. 54	1. 47	1. 39	1. 31	1. 23
甘肃	0. 85	0. 85	0. 83	0. 81	0. 80	0. 78	0. 75	0. 73
青海	0. 05	0. 05	0. 04	0. 03	0. 03	0. 02	0. 01	0. 01
宁夏	0. 09	0. 09	0. 08	0. 08	0. 07	0. 06	0. 06	0. 05
新疆	0. 50	0. 50	0. 48	0. 46	0. 44	0. 42	0. 40	0. 38

分地区看，东中西部地区隐性债务化解任务存在较大差异，东部地区规模最大，2020 年底东中西部地区隐性债务存量规模分别为 24. 40 万亿元、11. 12 万亿元、13. 10 万亿元。到 2030 年东中西部地区隐性债务分别为 7. 94 万亿元、4. 71 万亿元、7. 30 万亿元，化解进度分别为 67. 4%、57. 6%、44. 2%。虽然东部地区需化解的债务规模最大，但进度较中西部地区快，主要原因是债务规模与清偿能力匹配程度较高，虽然中西部地区债务绝对规模不大，但其财力更弱，因此其隐性债务化解进度更缓慢。

三、基准情景分地区债务负担演化情况

表 7 –5 显示了基准情景下预测的 2030 年 30 个省份显性债务、隐性债务、总债务、负债率、债务率、偿债率、债务空间等指标情况。2030 年有 19 个省份负债率高于警戒线，其中，3 个省份负债率超过 100%，2 个省份负债率超过 120%；29 个省份的债务率高于警戒线，其中，16 个省份的债务率超过 200%，2 个省份的债务率超过 300%；18 个省份的偿债率高于 20%，其中，9 个省份的偿债率高于 30%，2 个省份的偿债率高于 40%；18 个省份的债务空间小于 0，10 个省份债务空间大于 5%。基准情景下，到 2030 年，大部分省份的债务负担仍将较重，偿债压力较大，债务空间较小，债务可持续性不容乐观。

表 7-5　　基准情景分地区债务负担情况（2030 年）

地区	显性债务	隐性债务	总债务	负债率（%）	债务率（%）	偿债率（%）	债务空间（%）
北京	2.38	0.00	2.38	38.5	170.5	15.5	21.4
天津	2.06	1.35	3.41	143.8	553.6	76.6	-90.9
河北	3.42	0.00	3.42	52.9	198.2	18.2	0.0
山西	1.55	0.00	1.55	41.8	176.6	16.3	11.1
内蒙古	1.75	0.00	1.75	53.1	211.5	19.6	-0.2
辽宁	1.46	0.00	1.46	39.5	164.5	15.7	13.4
吉林	1.40	0.33	1.73	93.9	270.3	31.8	-41.0
黑龙江	1.45	0.01	1.46	65.2	190.9	18.1	18.1
上海	1.52	0.00	1.52	22.8	85.2	7.9	32.1
江苏	3.92	3.68	7.60	39.7	178.4	28.9	13.2
浙江	4.14	2.05	6.19	50.8	184.6	26.7	2.1
安徽	2.94	0.33	3.27	44.6	185.5	20.8	8.3
福建	2.53	0.00	2.53	29.4	180.4	18.8	23.5
江西	2.55	0.81	3.36	63.3	211.9	26.7	-10.4
山东	5.05	0.86	5.91	44.0	204.1	24.2	8.9
河南	3.25	0.53	3.78	39.5	176.9	20.3	13.4
湖北	3.07	1.42	4.48	55.8	280.9	37.1	-2.9
湖南	3.06	1.28	4.34	59.5	251.5	33.1	-3.4
广东	5.63	0.00	5.63	28.8	142.7	12.9	24.1
广西	1.95	0.61	2.56	64.0	228.0	28.3	-11.1
海南	0.68	0.00	0.68	66.8	187.8	17.2	-13.9
重庆	2.27	0.33	2.60	56.1	232.1	26.2	-3.2
四川	3.65	2.43	6.08	67.3	243.8	34.9	-14.4
贵州	2.28	0.96	3.24	94.3	247.1	32.7	-41.4
云南	2.54	0.73	3.26	68.1	245.6	29.6	-15.2
陕西	1.89	1.14	3.03	60.3	247.5	34.6	-7.4
甘肃	1.37	0.71	2.08	125.5	309.0	40.6	-72.6
青海	0.64	0.00	0.64	117.8	210.1	19.7	-64.9
宁夏	0.41	0.04	0.45	57.1	183.5	19.5	-4.2
新疆	2.16	0.36	2.51	93.2	278.9	30.2	-40.3

分地区看，基准情景下，2030 年东部地区债务负担相对较轻，负债率为 41.0%；中西部地区债务负担较重，负债率分别为 52.9% 和 70.7%；东中西部债务率分别为 180.0%、216.2%、244.1%，债务率同样呈现出东部最小、中部居中、西部最大的特征；东中西部地区偿债率均超过 20%，东部为 21.9%，中部为 25.9%，西部地区为 30.7%，流动性压力都较大。2030 年，东部地区尚有较为充足的债务空间（11.9%），中西部地区均缺乏债务空间，其中，中部地区债务空间为 0，西部地区债务空间为 -17.8%。相较于东部地区，中西部地区的债务负担及债务可持续性问题更值得关注。

四、压力测试情景下分地区债务负担演化情况

表 7-6 显示了两个压力测试情景下预测的 2030 年 30 个省份负债率、债务率、偿债率、债务空间等情况。在综合压力测试（情景六）中，与基准情景比较，所有省份 2030 年负债率都会出现较大幅度上升（中位数为 13.8%）。负债率高于警戒线的省份增加 5 个，至 24 个；负债率超过 100% 的省份增加 3 个，至 6 个；负债率超过 120% 的省份增加 1 个，至 3 个。债务率也出现大幅度上升（中位数为 48.5%），债务率高于 200% 的省份增加 12 个，至 28 个；债务率高于 300% 的省份增加 5 个，至 7 个。偿债率同样呈现出较大幅度的上升（中位数为 5.5%），偿债率高 20% 的省份增加 8 个，至 26 个；偿债率超过 30% 的省份增加 7 个，至 16 个；偿债率超过 40% 的省份增加 3 个，至 5 个。债务空间出现普遍下降（中位数为 13.8%），债务空间小于 0 的省份增加 5 个，至 23 个；债务空间大于 5% 的省份减少 6 个，至 4 个。在综合压力测试（情景六）中，2030 年东中西部地区负债率比基准情景分别上升 12.0%、12.3%、15.2%，债务率比基准情景分别上升 52.7%、50.5%、52.6%，偿债率比基准情景分别上升 5.8%、5.5%、5.8%，债务空间分别下降 12.0%、12.3%、15.2%。情景六综合压力测试的结果显

示，地方政府债务承压能力比较弱，一旦面临较为复杂的宏观经济财政环境，债务可持续性将大幅下降，尤其表现在流动性压力的迅速升高上。

表 7-6　压力测试情景下分地区债务负担情况（2030 年）　（单位:%）

地区	情景六				情景七			
	负债率	债务率	偿债率	债务空间	负债率	债务率	偿债率	债务空间
北京	57.7	255.3	22.8	-4.8	40.6	179.4	18.8	12.3
天津	167.9	646.3	86.7	-115.0	157.9	608.0	95.5	-105.0
河北	64.2	240.4	23.1	-11.3	61.5	230.4	27.4	-8.6
山西	56.0	236.4	22.3	-3.1	49.9	210.6	25.4	3.0
内蒙古	64.0	255.2	23.8	-11.1	61.3	244.1	28.8	-8.4
辽宁	50.0	207.9	19.5	2.9	44.3	184.4	22.4	8.6
吉林	109.2	314.3	36.4	-56.3	105.2	302.7	41.7	-52.3
黑龙江	76.4	223.6	21.2	29.3	74.9	219.3	25.8	27.8
上海	30.8	115.0	10.4	24.1	24.9	92.9	11.6	30.0
江苏	50.1	224.9	35.3	2.8	49.5	222.3	40.6	3.4
浙江	65.5	237.9	33.6	-12.6	61.5	223.6	37.1	-8.6
安徽	56.0	232.6	26.2	-3.1	54.8	227.8	31.0	-1.9
福建	39.1	239.9	25.5	13.8	38.4	235.9	31.4	14.5
江西	89.6	299.9	35.9	-36.7	75.1	251.3	36.9	-22.2
山东	58.7	272.4	31.7	-5.8	53.8	249.5	35.6	-0.9
河南	50.7	227.1	25.7	2.2	48.9	219.0	30.6	4.0
湖北	67.0	337.0	43.4	-14.1	65.8	331.2	50.9	-12.9
湖南	64.1	270.9	35.5	-11.2	67.1	283.4	43.0	-14.2
广东	38.3	189.7	17.0	14.6	30.4	150.6	15.8	22.5
广西	78.0	277.8	33.7	-25.1	74.7	266.0	38.7	-21.8
海南	76.2	214.2	19.5	-23.3	70.4	197.9	21.0	-17.5
重庆	72.5	300.1	33.5	-19.6	66.8	276.7	37.5	-13.9
四川	82.6	299.5	41.5	-29.7	78.8	285.6	46.7	-25.9
贵州	117.8	308.7	39.9	-64.9	109.0	285.6	43.4	-56.1
云南	82.8	298.6	35.4	-29.9	79.9	288.1	40.7	-27.0
陕西	71.7	294.4	40.2	-18.8	70.8	290.7	46.7	-17.9
甘肃	142.3	350.2	45.2	-89.4	139.0	342.0	51.4	-86.1
青海	132.9	237.0	22.4	-80.0	131.2	234.0	26.4	-78.3
宁夏	82.0	263.6	26.8	-29.1	67.3	216.4	27.9	-14.4
新疆	106.8	319.7	34.3	-53.9	105.3	315.1	40.4	-52.4

在综合压力测试（情景七）中，与基准情景比较，负债率、债务率均出现上升，但上升幅度小于情景六；偿债率也均出现上升，上升幅度大于情景六；债务空间均出现下降，但下降幅度小于情景六。在综合压力测试（情景七）中，东中西部地区债务负担和债务空间变化情况与情景六相似，同样呈现出中西部地区债务负担上升更多的情况。可见，当出现因宏观环境、财政减收等不利于债务可持续性事件时，东部发达地区的承压能力更强，中西部地区特别是西部地区的债务可持续性面临的挑战更大。

第八章

债务可持续性评价的国际经验借鉴

第一节　低收入国家债务可持续分析框架

一、低收入国家债务可持续分析框架的沿革

世界银行、国际货币基金组织于2005年联合推出的债务可持续性框架（Debt Sustainability Framework for Low - income Countries，LIC DSF）是对低收入国家进行公共债务和外债可持续性分析的标准化框架。它旨在帮助指导低收入国家凭借他们当前和未来的还款能力作出借款决策；为债权人的贷款和赠款分配决策提供指导，以确保向低收入国家提供资源的条件与其发展目标和长期债务可持续性相一致；改进世界银行和国际货币基金组织的评估、政策建议和项目设计，帮助低收入国家及早发现潜在的危机，以便采取预防措施。

世界银行国际开发协会（IDA）使用债务可持续性框架（DSF）确定一国所获年度IDA资金分配中的赠款规模（Grant），而其他债权人，包括一些多边开发银行（MDB）使用DSF来为其贷款政策提供信息。另外，IDA的非优惠借款政策（Non - Concessional Borrowing Policy，

NCBP）和国际货币基金组织的债务上限政策（Debt Limit Policy，DLP）都依赖于 DSF，以帮助确定非优惠借款的空间。世界银行和国际货币基金组织的工作人员利用 DSF 进行宏观经济分析，以及向各国政府提供政策建议。

所有的债务可持续分析报告均由世界银行和国际货币基金组织员工共同完成，同时提交给国际货币基金组织和国际开发协会执董会，以供讨论或提供方案。债务可持续分析报告在一个日历年度中至少完成一次。

二、低收入国家债务可持续分析框架的分析对象

（一）评价对象

低收入国家债务可持续性分析框架（LIC DSF）的评价对象为联合国认定的低收入国家，纳入分析的债务包括外债和公共债务（Public Debt）。在完成的国别债务可持续分析（Debt Sustainability Analysis）报告中，一般列入的内容包括公共债务涵盖范围、债务背景情况、宏观经济预测和融资条件假设、国家分类（Country Classification）和情景压力测试设计的确定、外债可持续性分析、公共债务可持续性分析、风险评级和漏洞、被评价国家当局的意见等。

（二）涵盖的债务范围

低收入国家债务可持续分析框架的评价对象是公共部门债务，涵盖范围较广。其中，公共部门包括：广义政府（中央、州和地方政府的社保基金、预算外基金）；非金融公众企业（包括政府控制的所有企业）[①]；金融公共企业（包括中央银行）。其他来源包括广义政府的长期债务，如社会保障基金的无准备金负债（当它们未被明确认定为一般

① 符合以下条件时，可以将公共企业排除在外：企业构成有限的财政风险，即能够在没有政府的担保情况下借款、不进行无偿的准财政活动、营业收入一般大于支出。

政府债务的一部分时）；已知的或预期的或有负债转为债务，例如，正在进行的金融机构重组、对 PPP 的担保等。LIC DSF 还包括由公共部门担保的私人部门债务（Publicly Guaranteed Debt）。DSF 分析的债务包括两个口径，一是公共和公共担保的外债（Public and Publicly Guaranteed Debt, PPG），二是公共部门债务总额（Total Public Debt）。

三、低收入国家债务可持续分析框架的主要方法

（一）宏观经济预测和融资预测

DSF 分析需要有一个宏观经济框架。这是一套涵盖不同部门的相互关联的关键宏观经济变量的预测，包括国际收支、财政收支、公共部门资产、公共部门债务、GDP 等方面。这些变量的演变通常被称为“基线情景（Baseline Scenario）”。除宏观经济变量外，DSF 分析还需要现有债务和计划中的新借款等信息。计划中的新融资需要与宏观经济框架中确定的融资需求保持一致。

（二）现实性检验工具

为保证“基线情景”假设的合理性，DSF 分析框架提供了 4 种现实性检验工具（Realism Tools），包括债务动态驱动因素分析、计划财政调整的现实性、财政调整 - 经济增长关系分析、公共投资 - 增长关系分析。第一个工具是债务动态的驱动因素分析，包括：其一，对债务动态驱动因素（基础盈余、真实利率、真实 GDP 增长率、实际汇率等）进行分解；其二，考察过去 DSF 分析的预测误差及其原因。如果发现债务动态变化与此前预测存在显著差异，或者过去 5 年内公共债务发生了意想不到的巨大变化，不能给出合理解释，则需要考虑修改宏观经济框架。第二个工具是计划财政调整的现实性分析，通过与参与 IMF 资助项目的低收入国家过去 3 年财政（基本赤字）调整的真实分布情况进行比较，当预计的调整如果是较为罕见和困难时（例如需要在 3 年内共削减相当于 GDP 的 8% 的基本赤字），则需要证明基线情景假设的财

政调整的可信性，否则需要考虑调整宏观经济框架。第三个工具是财政调整－经济增长关系分析。该工具用于检验财政紧缩或扩张对经济增长和债务动态的关系，在一系列合理的财政乘数假设下计算财政调整对经济增长的影响。当预测的增长路径明显偏离使用 LIC 中的典型财政乘数得出的路径时，应当给出合理解释，否则应考虑修改基线宏观经济预测。第四个工具是公共投资－增长关系分析。该工具通过增长核算方法把预测的增长率分解为两部分，一部分来源于政府资本存量变化（由于公共投资），另一部分为所有其他来源。如果发现当前预测的公共投资对经济增长的贡献，与历史上或之前预测的公共投资对经济增长的贡献有较大差异，则应当予以合理的解释，否则应当考虑修改基线情景预测。

（三）债务承受能力

DSF 分析时可利用宏观经济框架和国家具体情况对债务承受能力进行分类。不同的国家政策和制度优势、宏观经济表现以及吸收冲击能力不同，进而导致其承受债务的能力不同。为了捕捉影响一个国家债务承受能力的不同因素，DSF 分析应使用总指标（Composite Indicator，CI）。CI 是通过对以下因素进行加权从而构建：世界银行国家政策和制度评估（Country Policy and Institutional Assessment，CPIA）得分的加权平均值、实际 GDP 增长率、汇款、国际储备和世界经济增长率（g_w）。CPIA 是世界银行每年为所有符合 IDA 资格的国家编制的指数，由 16 个指标组成，分为四类：经济管理、结构性政策、社会包容和公平政策、公共部门管理和制度。CPIA 得分从 1（最低）到 6（最高）。CI 是根据下面的公式（8－1）计算的。公式（8－1）中的系数（$\beta_1 \sim \beta_6$）是通过 Probit 模型回归得到。$\beta_1 = 0.385$；$\beta_2 = 2.719$；$\beta_3 = 2.022$；$\beta_4 = 4.052$；$\beta_5 = -3.990$；$\beta_6 = 13.520$。

$$CI = \beta_1 CPIA + \beta_2 g + \beta_3 \frac{\text{Remittances}}{GDP} + \beta_4 \frac{\text{Reserves}}{\text{Imports}} + \beta_5 \left(\frac{\text{Reserves}}{\text{Imports}}\right)^2 + \beta_6 g_w \tag{8-1}$$

CI 基于变量的 10 年平均值计算，包括 5 年历史数据和 5 年预测数据，以确保 CI 一定程度的稳定性，同时消除经济周期的影响。其中，CPIA 由世界银行每年编制，没有预测值，计算 CI 时，预测期的 CPIA 取最近一年值并保持预测期 5 年内不变。预测数据主要来源于 IMF 的《世界经济展望》（WEO），每半年一次，分别在每年的 10 月和 4 月。一旦新的 WEO 发布，就可以据以计算新的 CI。一个国家只有在连续两次 CI 得分均上升或者下降一档，则可以调整其 CI 分类。

表 8－1 展示了一个计算示例，将一国各项构成因素的 10 年均值代入公式（8－1），利用 IMF 给出的回归系数，即可得到该国 CI 得分。表 8－1 中第五列对 CI 得分构成进行了分解，其中，国际储备、CPIA 贡献率最高，二者合计接近 90%。可见，对于低收入国家，维持较大规模的国际储备、提高制度质量是提高承债能力指数的重要途径。

表 8－1　　CI 计算及构成示例

构成	系数	10 年平均值	CI 得分构成	构成贡献率（%）
CPIA	0.385	3.09	1.19	42
实际 GDP 增长率	2.719	4.81%	0.13	5
汇款	2.022	6.71%	0.14	5
国际储备	4.052	31.76%	1.29	46
国际储备平方项	－3.990	10.09%	－0.40	－14
世界经济增长率	13.520	3.53%	0.48	17
CI 得分			2.82	100

（四）低收入国家债务可持续分析框架的债务阈值设定

CI 值将不同国家分为强、中、弱三类，如果一个国家的 CI 值低于 2.69，位于 2.69 和 3.05 之间，则为中等；如果高于 3.05，则为强。上述 2.69 和 3.05 两个临界值分别对应于 2005 年至 2014 年低收入国家 CI 值分布的第 25 和第 75 个百分点。世界银行执行董事会和 IMF 在每次审议更新 LIC DSF 后（通常 5～6 年一次），临界值将予以更新。DSF 使用与承债能力分类相联系的指示性阈值来分析风险外债危机，超过阈值意味着债务风险偏高。表 8－2 给出了外债和公共债务阈值。外部风险评级是通过比较基线和压力情景下 4 个外债负担指标与阈值的关系得出。阈值取决于国家的承债能力，能力较强的国家适用于较高的门槛。DSF 使用公共债务总额阈值来帮助标记更广泛债务的风险暴露。公共债务总额包括 PPG 和国内公共债务。对于大多数低收入国家，外债仍然是公共债务总额的最大部分，但仍有必要对公共债务总额进行系统分析，主要原因有：从国内融资已经成为许多低收入国家的融资来源，其短期性质导致了展期和利率重置风险；非居民更多地参与当地和区域债务市场，模糊了内债和外债的界限。

表 8－2　　外债和公共债务阈值

承债能力分类（CI 分类）	外债余额现值（%）		外债偿债额（%）		公共债务余额现值（%）
	GDP	出口额	GDP	财政收入	GDP
弱	30	140	10	24	35
中	40	180	15	18	55
强	50	240	21	23	70

（五）压力测试

DSF 利用压力测试进行敏感性分析，用来衡量变更假设导致的预计的债务负担指标的变化。DSA 模板自动将一系列压力测试应用于考察短期冲击对外债和公共债务负担指标演变的影响。压力测试有三种情景类型：标准化的、量身定制的和完全定制的。标准化压力测试适用于所有国家。量身定制的压力测试只考虑某些国家才有的风险。完全定制场景是可选的，并可用于捕捉相关的特殊风险。

DSF 有六种标准化的压力测试，均适用于外债和公共债务可持续性分析。在标准化压力测试中，变量会受到冲击，冲击后的值设定为基线预测值减去一个标准差。如果历史平均值低于基线预测，则受冲击后的值改为设置为历史平均值减去一个标准差。根据主要变量间的交叉弹性假设，每次冲击还将导致主要变量间的相互作用，这种互动提高了场景的真实性。例如，对汇率的冲击还会导致货币贬值，以及由此引发的更高的通货膨胀和净出口。受冲击的场景包括 GDP 真实增长率、基准财政盈余、出口、其他流量（经常转移占 GDP 比重、FDI 占 GDP 比重）、货币贬值 5 种，以及上述 5 种同时发生的联合冲击（各变量受冲击幅度减半）。

或有负债压力测试。设定为在 5 年预测期内的第 2 年，一次性提高负债率。这一冲击由两部分组成，一部分设定为 GDP 的 5%（代表自 1980 年以来，最不发达国家政府经历了一场金融危机的成本）；第二部分设定为定制值，以反映未包括在 DSA 中公共部门债务范围外的公共债务带来的额外潜在冲击。第二部分定制的冲击的来源和默认冲击力度设定如下：金融市场（GDP 的 5%）、其他广义政府部门（GDP 的 0%）、国有企业债务（GDP 的 2%）、政府和社会合作（PPP 存量的 35%）。

其他量身定制的压力测试。适用于面临一系列特定风险的国家，这些风险包括自然灾害、商品价格波动和市场融资压力。对于模板未涵盖的特定风险，DSF 用户可以选择全面设计定制场景。如果由于国家特质（例如内战或重大公共卫生危机）或缺乏数据，该模板允许用户完全自定义 PPG 和公共债务的路径，例如可能对增长和财政收入产生不利影响的投资项目的重大延误、宏观经济风险传染、政策不彰（这可能导致截然不同的债务路径）。

（六）风险信号

对债务负担指标和阈值进行比较以标识债务危机风险。对预测期（10 年）PPG 外债指标（包括基准情景和压力测试情景）与指示性阈值进行比较，得到 PPG 外债危机风险评价。如果 PPG 外债负担指标在基线和最极端压力测试情景中，均没有任何违约，则评定为外债危机风险低。如果 PPG 外债负担指标在基线情景中没有任何违约，但在压力测试情境中至少出现 1 项违约，评定为外债危机风险中。如果 PPG 外债负担指标在基线情景中出现违约，则评定为外债危机风险高。

DSF 对公共债务危机的整体风险进行标识，基于 5 个债务负担指标的联合信息得出：4 个外债指标与它们的指示性阈值相比较，再加上公共债务总额占国内生产总值的现值。如果 PPG 为低风险，并且公共债务总额与 GDP 的比率仍然低于其在基线和最极端的冲击下的阈值，则评定为公共债务危机风险低。如果 4 个外债指标和公共债务总额与 GDP 的比率中的任一指标在基线情景中突破其阈值，则评定为公共债务危机风险高。

对于有市场准入的低收入国家，该框架还给出了一个基线情景中市场融资压力程度的信号。在本模块中，近期流动性需求用两个指标衡量，一是基线情景中未来三年的公共融资总需求，二是当前市场借贷成本情况（以最新的 EMBI 利差衡量）。其中，未来 3 年的公共融资总需求的阈值为 GDP 的 14%，EMBI 利差设定为 570BP。如果上述 2 个阈值均被突破，则评定为市场融资压力高；如果仅有 1 个阈值被突破，则评定为市场融资压力中等；如果两个指标均低于阈值，则评定为市场融资压力低。

（七）主观判断运用

除了模型给出的评级之外，可能还需要运用主观判断来确定最终风险评级。特别是主观判断有助于评估违反阈值的严重性，以及模型中未充分考虑的国家特定因素。这些需要考虑的因素包括单次短期突破阈值、临界（稍微）突破阈值、国内债务风险对外债的影响、市场融资的脆弱性、私人部门外债、流动金融资产的可得性、储备池安排等。

（八）最终评级确定

DSF 用户根据模型给出的风险信号，结合主观判断，得出最终评级。外债危机风险评级仍然是 DSF 的主要结果，而整体风险评级被视为补充信息。DSF 提供的最终评级包括：外债危机风险的最终评级（低、中、高）；债务危机总体风险的最终评级（低、中、高）。DSF 报告中的总结评估应解释用户如何达到他们的结论（包括对模板风险信号偏差的解释）。当危机事件已经发生并满足一些条件时，一个国家应被评定为“处于债务危机中”。这些情况包括：对于外债评级，如果有正在进行或即将进行债务重组谈判，或者有外债违约；对于公共债务评级，如果存在外债危机，或存在持续的或即将进行的国内债务重组谈判，或存在国内债务违约。

以下几种情况，将不被评定为“处于债务危机中”。其一，债务重组是自愿的市场化债务重构（例如重新确定债务期限等）。其二，某些情况下的技术债务违约，包括：违约规模较小（违约债务不到 GDP 的1%），由技术原因导致付款障碍（例如受制裁）引发的违约，存在纠纷的债务款项的违约，由外交分歧导致的债务违约，由无法确定支付对象导致的违约，由债务管理薄弱导致的技术性违约等。其三，对已经达成债务减免协议的双边官方债务的违约。其四，对于拖欠私人债权人的债务，其中与大多数债权人的债务重组已经完成，其余部分正在谈判中。

当一个国家的债务可持续性分析表明未来发生债务危机事件的可能性很高时，也可能被判定为“处于债务危机中”，包括：偿债指标大规模短期违约（意味着无法确定付款来源的高风险信号）；重大或持续突破债务阈值，根据 IMF 员工的判断，将导致债务状况不可持续。应该指出的是，评估一个国家面临债务困扰的“高风险”，或甚至“处于债务危机中”，并不自动意味着债务在前瞻意义上是不可持续的（债务事件可能只是与流动性相关的事件）。

第二节　市场准入国家主权风险与债务可持续分析框架

一、市场准入国家主权风险与债务可持续分析框架的沿革

债务可持续性框架（LIC DSF）由国际货币基金组织和世界银行工作人员为低收入国家联合制定。市场准入国家债务可持续分析框架（Debt Sustainability Framework in Market - access Countries，MAC DSF）由国际货币基金组织工作人员开发，于 2002 年推出，用于新兴市场和发

达市场经济体，对于 IMF 行使其监测和贷款职能至关重要。2021 年，经过 IMF 执行董事会批准以后，MAC DSA 升级为市场准入国家主权风险和债务可持续性框架（Sovereign Risk and Debt Sustainability Framework for Market Access Countries，SRDSF），并在 2022 年 7 月正式开始应用。纳入这一框架分析的国家和地区数量有 100 多个。

在监测方面，该框架有助于识别成员的主权危机（Sovereign Stress）漏洞。在基金资助的项目中，通常发生在危机已经形成之后，SRDSF 帮助确定危机是否可以通过调整和基金流动性支持解决，或者需要特殊措施来实现“中期债务可持续性”（所有基金组织贷款的先决条件）。当需要债务重组以恢复中期债务可持续性时，SRDSF 可以为债务减免的总体计划提供信息，并为此设定目标重组。为了反映这些作用，SRDSF 提供了两个输出：主权风险评估以及债务可持续性评估。这些评估旨在捕捉主权危机漏洞、债务不可持续的风险，以及在基线情景下稳定债务轨迹的前景。

主权债务危机，是指公共债务问题由于市场或财政原因而变得严重的一种情形。但是没有推定这些危机是否能通过以下措施解决：财政调整和经济改革，调整、改革和融资相结合、额外采取债务重组等措施。不可持续的债务发生在以下情况：不存在政治上的和经济上可行的政策能够稳定负债率，即便有 IMF 贷款支持，如果没有债务重组或额外的双边支持就无法提供可接受的展期风险。因此，主权危机风险是比债务可持续性更宽的一个概念。不可持续债务仅能通过额外措施（如债务重组）解决。主权危机可以在债务可持续情况下出现，并且有各种方式进行解决，例如财政调整或新增融资，并不包括债务重组。

二、SRDSF 与 LIC DSF 的主要区别

（一）评价对象不同

LIC DSF 评价对象为最不发达国家，包括 30 ~ 40 个国家和地区。SRDSF 的评价对象为发达国家和大部分发展中国家，包括 110 ~ 120 个

国家和地区。

（二）评价的主体不同

LIC DSF 评价由 IMF 和世界银行共同实施。SRDSF 由 IMF 单独实施。

（三）评价的目的不同

LIC DSF 主要用于 IMF 和世界银行对最不发达国家提供援助性贷款、优惠贷款、赠款等支持性项目发放的评价需要。SRDSF 则是服务于 IMF 履行其监测职能以及发放一般性基金贷款的目的。

（四）评价关注的重点不同

LIC DSF 主要关注债务可持续性，尤其是外债的可持续性；SRDSF 则更侧重主权风险评价，除了债务可持续性外，还应关注银行风险、汇率风险、或有债务等原因导致的主权风险。

（五）评价方法的不同

LIC DSF 主要利用基线预测、压力测试等方法，结合指示性阈值进行风险等级评价。SRDSF 评价方法中更多地运用了计量回归等方法，机械性地应用指示性阈值的情况较少。

三、市场准入国家主权风险与债务可持续分析框架的主要做法

（一）组成模块

SRDSF 是指导主权压力风险和债务可持续性评估的模块集合。适用于所有 MAC 的核心框架由三个模块组成：近期预警系统、债务扇形图（Fan Chart）模块，以及总融资需求（GFN）模块。每个模块将各种输入变量转换成一个单一的指数（风险指标），较高的指数值代表较高的主权压力风险。在短期模块中，由 logit 模型给出未来两年主权压力的概率指数。在扇形图和 GFN 模块中，输入是从债务和基于宏观经济预测的 GFN 模拟，再用简单平均法将债务扇形图和 GFN 模块指数合并成中期指数（Medium - Term Index，MTI）。基于这些模块，对每个期限和整体的主权压力风险进行评估。近期风险评估由预警系统（logit

模型）提供信息。中期评估综合了债务扇形图和 GFN 模块的结果，包括替代情景分析（可选）。长期评估中，利用可选的长期模块进行评估。在最后一步，SRDSF 用户要考虑所有这些结果，以及在基线情景下债务稳定的前景，再结合他们自己的判断，形成对风险的总体评估。

（二）评价过程

SRDSF 评价包括以下步骤。

1. 确定债务覆盖范围。

2. 将债务数据和预测上传到模板中，以运行标准工具并填写债务结构图表。

3. 输入新债务发行的融资假设（如金额、到期日、利息费率）等。

4. 审查基线情景债务、GFN 预测和现实性检验工具。

5. 通过运行债务扇形图模块进行初步分析，以查看是否需要现实性调整。

6. 进行近期风险评估。对于仅用于监视或预防计划的情况，如果所有数据都正确输入，则模板自动给出机械结果（Mechanical Results）；用户应注意机械信号、Logit 压力概率以及对概率变化的贡献。如果任何结果是违反直觉的，应该考虑是否运用主观判断进行最终评估。在非预防性计划环境中，最终近期风险评估应设定在“不适用”。

7. 运行债务扇形图模块，应该注意债务扇形图指数、其组成部分和机械信号，如果结果违反直觉，应该注意可能需要结合主观判断。

8. 运行 GFN 模块。与扇形图一样，应考虑 GFN 融资能力指数、其组成部分和机械信号，以及是否有可能需运用主观判断来解释不合理的结果。

9. 观察触发压力测试的激活标准是否满足。如果执行了压力测试，检查其在 SRDSA 输出的扇形图上的位置。如果是在 75 及以上百分位，潜在的冲击被认为具有足够高的实现概率，则需要在下一步中期评估评级中予以降级。

10. 根据扇形图、GFN 和压力测试结果，完成中期评估。

11. 进行长期风险评估（可选模块），得出结合了主观判断的高、中、低风险评估的最终结论。

12. 准备总体风险评估。总体评估应依据近期、中期和长期的评估结果，并结合主观判断给出。

13. 可持续性评估。对于基金资助项目，可持续性评估是必要的；对于仅监测国家来说，可持续性评估是可选的（通常很少执行）。进行可持续性评估，运用 logit 模型计算债务不可持续的概率，结合债务扇形图指数和 GFN 融资能力指数，给出可持续性评价（例如高概率可持续、高概率不可持续或不可持续）。

14. 完成评估，撰写报告。

（三）评价结果

SRDSF 评价结果包括两部分：风险评价、可持续性评价，如表 8-3 所示。

表 8-3　　SRDSF 评价结果

<table>
<tr><th>评估类型</th><th>评估期限</th><th>评估项目/模型</th><th>评价等级</th></tr>
<tr><td rowspan="9">风险评估</td><td>整体风险</td><td></td><td>高、中、低</td></tr>
<tr><td>近期（1~2 年）</td><td>Logit 压力概率模型</td><td>高、中、低</td></tr>
<tr><td rowspan="2">中期（未来 5 年）</td><td>中期指数（扇形图指数、总融资需求指数）</td><td rowspan="2">高、中、低</td></tr>
<tr><td>压力测试（银行危机、汇率冲击、自然灾害、商品价格、或有债务）</td></tr>
<tr><td rowspan="4">长期（5 年以后）</td><td>人口</td><td rowspan="4">高、中、低</td></tr>
<tr><td>自然资源</td></tr>
<tr><td>大额分期偿还</td></tr>
<tr><td>气候变化</td></tr>
<tr><td rowspan="3">可持续性评估</td><td rowspan="3">5 年</td><td>债务可持续 Logit 模型</td><td>高概率可持续</td></tr>
<tr><td>债务扇形图指数</td><td>高概率不可持续</td></tr>
<tr><td>总融资需求指数</td><td>不可持续</td></tr>
</table>

资料来源：IMF. Staff Guidance Note on the Sovereign Risk and Debt Sustainability Framework for Market Access Countries [R]. 2022.

第三节　欧盟债务可持续性监测

一、欧盟债务可持续性监测简介

欧盟债务可持续性监测（Debt Sustainability Monitor，DSM）是欧盟委员会对成员国定期（每年）进行财政可持续性风险追踪的一个综合性框架。如表 8－4 所示，DSM 由短期、中期和长期三部分评价组成。其中，S0、S2、S3 为财政可持续性指标（Fiscal Sustainability Indicator）。短期风险由 S0 评估，用于早期检测源于财政或金融等领域导致的财政危机的短期风险（在即将到来的一年）。中期风险由成熟的债务可持续性分析评估（DSA）工具包进行评估。长期风险基于两个财政缺口指标（Fiscal Gap Indicator）进行评估。

表 8－4　　DSM 主要结构

期限	工具/指标	说明
短期	S0	基于一系列财政和金融竞争力变量的预警指标（包括总融资需求）
中期	DSA 工具	基线、确定性和随机性分析
长期	S2	测量长期中稳定债务所需要的财政努力
	S1	测量到 2070 年将负债率降到 60% 所需要的财政努力
总体评价		按时间维度的总体风险分类

二、短期财政可持续性分析

S0 是一个检测短期风险财政危机的宏观经济、财政和金融变量的综合指标。S0 基于一组广泛的变量，已证明在预测即将到来的财政危机中表现良好。S0 包括两个子指数：财政和金融竞争力指数，共包括 25 个指标，如表 8－5 所示。S0 指数、每个指标以及两个子指数均给出了阈值以及安全方向，即低于还是高于阈值有利于财政可持续性。每个指标的阈值是通过实证分析过去的财政危机事件确定的，是通过最小化错过的危机和假警报，或最大化信号功效（Signalling Power）而获得的。S0 指数由达到阈值的指标，以信号功效作为权重求和得到。S0 的 2 个子指数也由同样的方法得到。超过阈值的指标越多，指标数值越大，S0 指数就越大，意味着财政可持续性风险越高。S0 指数对短期财政风险的识别具有三重意义，S0 是短期财政风险的整体度量，财政和金融竞争力指标有利于识别风险来自哪个具体领域，个体变量指标则有利于识别具体的脆弱来源。S0 风险信号高并不意味着财政危机是不可避免的（不是预测），但是提示存在重大漏洞，应通过适当的政策反应予以回应。

表 8－5　S0 指数指标及阈值

财政指数			金融竞争力		
指标	阈值	安全方向	指标	阈值	安全方向
总体财政盈余，占 GDP 的百分比	－9.61	>	国际投资净头寸，占 GDP 的百分比	－19.8	>
基础财政盈余，占 GDP 的百分比	0.23	>	家庭净储蓄，占 GDP 的百分比	2.61	>
周期调整财政盈余，占 GDP 的百分比	－2.5	>	私人部门债务，占 GDP 的百分比	164.7	<
稳定债务财政盈余，占 GDP 的百分比	2.34	<	私人信贷流量，占 GDP 的百分比	11.7	<
总债务余额，占 GDP 的百分比	68.44	<	短期非金融企业债务，占 GDP 的百分比	15.4	<
债务余额变动，占 GDP 的百分比	8.60	<	短期家庭债务，占 GDP 的百分比	2.90	<
短期债务，占 GDP 的百分比	13.20	<	建筑附加值（%）	7.46	<
净债务，占 GDP 的百分比	59.51	<	经常收支，占 GDP 的百分比	－2.5	>

续表

财政指数			金融竞争力		
指标	阈值	安全方向	指标	阈值	安全方向
总体融资需求，占 GDP 的百分比	15.95	<	名义有效汇率	9.67	<
利率 - 增长率差值	4.80	<	名义劳动力成本变动	7.0	<
政府支出变化，占 GDP 的百分比	1.90	<	主权收益率，占 GDP 的百分比	0.59	>
政府消费支出变化，占 GDP 的百分比	0.61	<	GDP 实际增长率	-0.67	>
			人均 GDP（PPP），占美国 GDP 的百分比	72.7	>
财政指数	0.36	<	金融竞争力指数	0.49	<
S0 指数	0.46	<			

三、中期财政可持续性分析

（一）基于各种场景的确定性预测

对中期财政可持续性风险的分析依赖于欧盟委员会的综合债务可持续性分析（DSA）工具包。DSA 第一个组成部分是一套基于各种场景的确定性预测。在相应的预算、宏观经济和金融变量假设下，每个确定性预测提供未来 10 年的单一债务路径。除了基线情景，在中期风险分类中还考虑了 4 个其他情景，即历史结构基础盈余（Structural Primary Balance，SPB）、更低的结构基础盈余、不利的利率 - 增长率差值、金融危机。此外，还有两个额外情景，一是基于定性分析的政策情景——“稳定和趋同计划”（SCP）情景，二是非欧元国家的汇率压力测试场景。确定性预测利用 2033 年债务水平、债务路径和可用的财政整顿空间（Fiscal Consolidation Space）进行中期风险分类。高水平的债务是一个明显的脆弱性来源，它只是一个粗略的可持续性指标。风险分类，除了债务还依赖于另外两个指标水平，一个是债务未来十年的路径，另一个是财政整顿空间。财政整顿空间反应了一国过去财政状况比设想得更差的情况是否经常发生，如果想进一步增强技术性，可以用过去该国实际 SPB 在预计的 SPB 分布中的百分比来反应。财政整顿空间反应了当有必要采取纠正措施时，是否有合理的财政空间。因此，基线情景下高水平的债务或债务路径不一定意味着可持续性风险高，只要政府有财政整顿空间以控制债务。中期债务的基线预测假设结构基础盈余在 10 年预测期内保持不变（与人口老化带来的成本影响除外）。其中，预测期第 1 年的值由欧盟委员会预测给出。

在“历史结构基础盈余”情景中，结构基础盈余将逐步收敛，到第 5 年时回到它的过去平均值。在“更低的结构基础盈余”情景中，将预测第 1 年、第 2 年的结构基础盈余缩小 50%，此后预测期间内保持不变（与人口老化带来的成本影响除外）。在“不利的利率 - 增长率差值”情景中，将市场利率和名义 GDP 增长率差值永久性地减少 1 个百分点，以捕获此前有利的利率 - 增长率差值出现逆转或缩减导致的风险。在“金融危机”情景中，预测期第 1 年所有国家的市场利率上升 1 个百分点，对于高负债国家还需额外加上“风险溢价”［等于超额债务（超过 GDP 的 90%） 的 0.06 倍］。在“稳定和趋同计划”情景中，假设政府充分执行其中期预算计划，则意味着结构基础盈余将较基线情景改善，预测期的负债率将下降。

（二）随机性预测

DSA 第二个组成部分是一套基于各种场景的随机性预测。随机债务预测解释了围绕基线的广泛的不确定性。不像确定性预测，随机预测的结果不是某个特定情景下的单一的债务路径，而是由冲击导致的一系列债务路径分布。这些预测旨在显示对基线情景预算平衡、经济增长、利率和汇率的冲击对债务的动态影响。这些冲击是通过近 2000 种不同的模拟进行的，通过参数校准以捕捉国家特质，包括过去和现在观察到的波动以及不同变量之间的相关性。随机预测的结果是用围绕基线的扇形图来呈现的。扇形图涵盖了模拟的 5 年期债务路径的 80%，上限和下限分别代表分布的第 10 和第 90 百分位，排除了 20% 的极端冲击或“尾部事件”。

（三）中期政府融资总需求

中期政府融资总需求预测反应了政府即将面临的流动性挑战。债务是存量概念，而融资总需求是一个流量指标，以提供补充信息。GFN 的预测轨迹可以揭示未来几年政府可能需要利用金融市场融资的程度，以为弥补赤字、偿还或展期到期债务和还本付息。如果预测的 GFN 升高，则显示流动性风险的脆弱性提高。

（四）总体中期风险

如上所述，DSA 可全面捕捉中期挑战，包括老龄化相关成本的影响、替代情景和各种可能的冲击。此外，它不仅考虑到预测的债务路径，还根据历史考虑到债务路径的可行性。确定中期风险分类，决策树从确定性和随机 DSA 预测提取风险信号。对于确定性预测，风险类别判定首先依据预计的 10 年后债务水平，但是风险类别还可以调高或调低，取决于债务路径和可用的财政整顿空间。如果基线情景、附加情景和压力测试初步给出低或中等风险信号，但随机预测指向中或高风险，则可能会调高风险等级。然而，无论是随机预测还是额外的场景和压力测试均不能调低基线情景给出的风险信号。总体中期风险将低、中、高三种风险分别用绿、黄、红三种颜色在热图（Heat Map）中予以呈现，并提供了以下信息：预测期最后 1 年的债务水平、债务峰值年度、财政整顿空间等。

四、长期财政可持续性分析

长期风险分类基于两个互补的财政缺口指标，它们显示实现两个具体的长期财政目标所需的财政努力。S2 指标衡量长期稳定公共债务所需的财政努力。S1 指标衡量 2070 年将负债率比率降至 60%（欧洲联盟条约推荐值）所需的财政努力，以捕捉高负债水平导致的脆弱性。

（一）S2 指标

S2 指标是长期可持续性分析的核心因素。S2 指标由两部分组成，一部分为初始预算状况，衡量初始结构基础盈余和稳定债务财政盈余之间的缺口，另一部分为未来人口老龄化成本（包括养老金、医疗、长期照顾、教育 4 部分）。长期财政可持续性涉及政府跨期预算约束的表现。跨期预算约束也称为偿付能力状况（Solvency），指一个国家通过未来基础财政盈余偿还其净债务的能力。在其他条件相同的情况下，预计的老龄化成本越大，就越难满足跨期预算约束，因此需要更高的收入以覆盖这些成本。欧盟已经对人口老龄化带来的对财政的可持续性挑战监控了几十年。进入 21 世纪以来，欧盟委员会和经济政策委员会定期编制长期预算预测。例如，2021 年 5 月发布的 2021 年老龄化报告提供的预测涵盖到 2070 年。

S2 财政可持续性缺口指标反映了应当立即进行和永久保持的结构基础盈余调整，随后调整值保持不变，这是在无限期内稳定负债率所必需的。通过比较 S2 取值和阈值来判断可持续性面临的挑战。如果 S2 指标低于 GDP 的 2%，则该国被评定为低风险；如果 S2 介于 GDP 的 2% 和 6% 之间，则评定为中等风险；如果 S2 高于 GDP 的 6%，则评定为高风险。

S2 指标衡量长期财政失衡的规模，而不依赖于具体的债务目标。跨期预算约束意味着公共债务在长期保持稳定，未来的结构性基础财政盈余能够覆盖未来偿债和老龄化成本。跨期预算约束没有提到债务水平，从而忽略了高债务水平的相关风险。因此，若仅基于 S2，尽管一些国家负债率稳定在高水平，也将被认为具有可持续性。

（二）S1 指标

S1 指标也是一个长期指标，部分依赖于欧盟人口老龄化报告对人口老龄化成本的预测，因此其期限设置为最新的老龄化报告预测的最后一年，例如 2022 年 DSM 中，S1 指标涉及的最远时间点为 2070 年。与 S2 指标类似，S1 以需要进行的即时以及永久性的一次性财政调整来反映财政缺口。S1 指标使用与 S2 相同的阈值，将风险等级评定为低、中、高三类。

虽然 S1 和 S2 都是衡量实现长期财政目标所需的财政努力指标，二者存在两点差异。其一，S1 和 S2 的组成不同。两个指标有两个共同成分，即初始预算状况（Initial Budgetary Position，IBP）和老龄化成本。然而 S1 还有第三个成分，即债务要求。对于一个负债累累的国家来说，给定其他条件相同的情况下，如果第三个成分是正的，则意味着 S1 > S2。其二，S1 和 S2 计算现值的期限不同。相较于仅到 2070 年，若考虑无穷远期限的公共财政需求，将需要更大的现值。例如，2070 年某个国家的老龄化成本比现在高。如果我们假设 2070 年之后该国的较高的老龄化成本将延续至无限期，这种“永恒”的高成本的现值更大。利息支出也是如此，相较于 50 年内稳定高额债务，若要在无限期范围内稳定债务，所需要的初始预算状况更高。

（三）长期财政可持续性评级

S1 指标和 S2 指标共同组成长期财政可持续性评级，如表 8－6 所示。表 8－6 中，长期财政可持续性评价取决于 S1 指标和 S2 指标评价，例如，当 S1 为高风险，S2 也为高风险时，总体评价为高风险；当 S1 为高风险，S2 为中风险，总体评价为高风险。此外，DSM 还对 S1 和 S2 指标进行敏感性测试，包含了 4 个在基线情景上经过修改的情景，一是考虑技术进步和覆盖范围导致的医疗保健和长期护理支出的变化；二是考虑到较低的生产率增长；三是将结构财政基础盈余设定为逐渐收敛到历史平均水平；四是将利率－增长率差值调高 1 个百分点。

表 8－6　　　　长期财政可持续性评级

		S1		
		高风险	中风险	低风险
		长期财政可持续性评级		
S2	高风险	高风险	高风险	高风险
	中风险	高风险	中风险	中风险
	低风险	中风险	中风险	低风险

五、额外的加重和减轻财政可持续性风险的因素

除了上述短期、中期、长期财政可持续性分析外，DSM 还额外分析了一些加重和减轻财政可持续性风险的因素。额外的分析包括三部分，其一为债务结构分析，包括期限结构、货币结构和持有人结构等；其二为隐性及或有负债分析，包括政府担保、银行部门等；其三为政府资产分析。

（一）债务结构分析

政府债务结构可以在确保财政可持续方面发挥重要作用，包括影响利息支付水平、影响再融资和展期风险等。DSM 使用三个变量来分析债务结构：短期债务比重、以外币计价的债务比重、非居民持有的债务比重。基于历史事件分析，这三个变量是财政危机发生的良好的领先指标。将三个债务结构变量取值与相应的阈值进行比较，阈值的获取方法与计算 S0 指标时的方法类似。在 2022 年 DSM 中，短期债务阈值上限和下限分别为 6.57%、5.3%，外币债务阈值上限和下限分别为 31.58%、25%；非居民持有的政府债务阈值上限和下限分别为 49%、40%。如果指标取值高于上限，风险确定为高；低于下限，风险确定为低；介于上限和下限之间，风险确定为中等。

（二）隐性及或有负债分析

DSM 分析的债务一般为 EDP（Excessive Deficit Procedure）（或马斯特里赫特条约）债务。对政府总偿付责任的分析是对标准债务可持续性分析结果的一种补充。该部分特别关注不包括在 EDP 债务中的政府直接负债。各成员国总偿付责任与 EDP 债务之间的差额存在很大差异，例如 2021 年爱沙尼亚为 GDP 的 10%，而希腊接近 GDP 的 40%。造成这种差异的原因是其他债务工具（所谓的非 EDP 债务）、非债务金融工具和金融偿付责任（不同的估值和合并方法导致的）存在差异。在非 EDP 债务中，“其他应付账款”是最重要组成部分，包括贸易信用和预

付款。非债务金融工具主要是保险、养老金、标准化保证、金融衍生品、员工股票期权等。金融偿付责任差异主要是由估值差异（票面价值和市场价值）所致。

1. 显性或有负债

显性或有负债包括政府担保（包括对金融部门干预有关的）和与表外 PPP 有关的负债。政府担保是一些会员国的潜在财政成本来源。例如，2019 年，芬兰的政府担保规模为 GDP 的 25%，相当一部分担保是出口担保、学生贷款和支持住房建设的资金。此外，常见的政府担保对象还包括社会住宅、国有企业（例如公路、铁路、基础设施公司）等。2020 年欧盟政府担保的规模约为 GDP 的 13%。PPP 一般用于促进经济以及社会发展的基础设施项目，例如交通基础设施和医院，可能会产生额外的政府责任。与 PPP 相关的资产和负债可以记录在政府资产负债表上，或记录在私人合作伙伴的资产负债表上。前者构成了政府的直接债务；对于后者，在某些情况下，政府依据合同义务需要介入。对于整个欧盟来说，2010 年以来，与 PPP 相关的政府或有债务不超过 GDP 的 0. 1%。部分成员国的 PPP 或有债务较高，例如，2020 年斯洛伐克为 GDP 的 2. 4%，葡萄牙为 GDP 的 2. 3%。

2. 与银行业相关的或有隐性负债

与银行业相关的或有隐性负债是通过一系列指标予以反映，包括私人部门信贷流量、银行贷存比、不良贷款比例及其变化、房屋价格指数变化等。如果这些指标恶化，则可能为政府未来财政状况带来显著风险，从而产生或有负债。银行危机对公共财政的潜在影响是运用银行部门所致损失系统模型（Systemic Model of Banking Originated Losses, SYMBOL）进行估计的。该模型由欧盟委员会联合开发研究中心，金融稳定、金融服务和资本市场联盟理事会共同开发。2022 年度 DSM 结果显示，在短期基线情景下，对于大多数成员国，一次重大银行危机对财政预算的影响似乎是可以忽略不计的，亏损和资本重组的综合需求不超过 GDP 的 1%。在长期基线情景下，对于所有国家损失也是可以忽略不计的。在压力测试情景下，将出现比较严重的后果，短期中，一些国家的亏损和资本重组综合需求将达到 GDP 的 2%～3%，甚至高达一个国家 GDP 的 8%；长期中，仅有个别国家超过 GDP 的 1%。在系统性银行危机中，仅有少数国家的隐性或有负债可能对公共财政产生超过 GDP 的 3%以上的影响。

（三）政府资产

2021 年，欧盟净债务比总债务大约低 GDP 的 18%，但各国间差异较大。这本质上反映了各成员国的政府金融资产的差异，养老金制度建立、过去实现的或有事件，或特定国家的财政政策（如维持大额现金缓冲）实施促成这一差异。有些国家的净债务与总债务差异超过 GDP 的 30%，卢森堡是欧盟成员国中总债务最低的国家之一，净债务甚至为负，其金融资产的价值超过已发行的政府债务的票面价值。总的来说，总债务和净债务口径下的国家负债排名是相似的。从 2009 年到 2021 年，塞浦路斯的总债务大约增加了 GDP 的 50 %，而同期净债务仅增加了 GDP 的 6%。大规模的金融部门的救援行动会导致出现赤字和债务，但也导致金融资产的积累。

第四节　国际经验借鉴的启示

一、债务可持续性的前瞻性、预测性属性

无论是低收入国家债务可持续分析框架、市场准入国家主权风险与债务可持续分析框架，还是欧盟债务可持续性监测，其方法均体现了债务可持续性的前瞻性，可见，债务可持续性的本质就是面向未来的。LIC DSF 的预测期为 10 年。SRDSF 的主权风险评估预测期包括短期

(1 年)、中期 (5 年) 和长期 (5 ~ 25 年), 债务可持续性评估预测期为 5 年。DSM 的短期预测期为 1 年, 中期预测期为 10 年, 长期预测中的 S2 指标为无限期, S1 指标预测期到 2070 年。在债务可持续性分析中, 均基于对未来债务路径的预测, 以发现可能导致债务不可持续的问题。

债务可持续性的预测性属性不代表与过去的经济及债务历史是割裂的, 相反, 二者有着紧密的联系。其一, 债务路径所依赖的宏观经济预测 (例如经济增长、利率等) 往往需要基于历史表现进行预测。其二, 债务路径预测中利用情景模拟、压力测试等反映其不确定性, 其中, 需要的基础财政盈余等数据通常也是从历史情况中抽取的。其三, 债务风险判断中, 一国的债务承受能力、债务指标的阈值, 也是利用历史数据进行计量回归所确定的。

债务可持续性的预测性意味着债务路径不是确定性的, 而是概率性的。为了提高债务可持续性预测性的准确性, LIC DSF 和 SRDSF 均采取了一些措施。其一, 利用现实性检验工具, 对预测值与过去真实情况进行比较, 考察 DSF 预测误差及其原因, 对预测系统和预测值进行适当的修订, 以提高预测的准确性。其二, 除了机械地运用预测结果外, 债务风险的判定在很多情况下需要结合主观判断, 充分考虑到的模型也不一定能反映特定因素。

二、债务可持续性分析覆盖范围广泛的公共债务

LIC DSF 和 SRDSF 分析覆盖的债务范围都比较广。LIC DSF 覆盖的是公共部门债务, 包括广义政府 (General Government), 含中央、州和地方政府、社保基金、预算外资金; 非金融公众企业; 金融公共企业 (包括中央银行)。SRDSF 默认的债务涵盖范围为广义政府, 涵盖中央政府和地方各级政府, 以及由其控制的非市场、非营利机构。DSM 的默认分析对象是指按市场价值计算的广义政府债务, 并在或有债务分析

中将债务范围扩展至政府总偿付责任（包括或有负债等）。可见，债务可持续性分析需要尽可能地将可能导致风险的债务纳入分析，因此应尽可能地拓展其涵盖的债务主体。广义政府包括中央和地方政府控制的非市场、非营利机构，这对我国地方政府控制的融资平台公司等地方国有企业债务的可持续性分析具有借鉴意义。

三、债务可持续性分析依赖宏观经济预测

债务可持续性分析是一项综合性较强的工作，需要基于科学的宏观经济预测。例如，LIC DSF 所需要的宏观经济预测数据是基于 IMF 每半年更新一次的《世界经济展望报告》（World Economic Outlook，WEO）。债务可持续性分析利用 WEO 预测构建基线情景可持续性分析。LIC DSF 的宏观经济预测数据包括国际收支平衡、公共收支、债务、其他（GDP、汇率等）、融资等六大类 46 项数据。SRDSF 的宏观经济预测数据来源包括世界经济展望报告、IMF 财政监测报告（Fiscal Monitor）等。欧盟委员会每年发布四次欧盟及其成员国的宏观经济预测，是 DSM 进行财政可持续性分析的主要依据。此外，欧盟为会员和经济政策委员会联合发布的年度人口老龄化报告提供的长期（40～50 年）的人口老龄化成本等信息也是 DSM 的重要依据。因此，开展债务可持续性分析，应当建立在科学的宏观经济预测基础上。国际经济组织在宏观经济预测方面有机构、人力和专业性的优势，一国内部开展债务可持续性评价也应当构建可供依赖的宏观经济预测数据来源。

第九章

地方债务可持续性的国际治理经验借鉴

第一节　地方政府债务治理缘何日益重要

一、财政分权与地方政府债务治理

从全世界范围看，地方政府债务以及准公共机构债务越来越重要。印度各邦的债务约占 GDP 的 27%（如果加上各邦所有的电力和水务等公司的债务，比例将更高）；在巴西，地方政府债务约占公共部门净债务总额的 30%（Liu 和 Waibel，2010）。地方政府债务在国家债务中的比重升高不仅仅发生在联邦制国家。在法国，地方政府开展的公共投资超过 70%；即便是在财政分权历史较短的国家，地方政府在公共投资中所占的份额也越来越大，例如，在印度尼西亚和土耳其，该份额大约为 50%（Liu 和 Waibel，2010）。

三个结构性趋势促成了地方政府债务融资和债务余额在国家一般公共债务份额方面的增长。首先，随着分权和地方政治力量的升高，地方政府也像中央政府一样谋求进入金融市场的权利。其次，发展中国家前所未有的城市化规模需要大规模的城市基础设施融资，以帮助吸收大量涌入的农村人口。借贷使地方政府能够立即进行重大资本投资并从中获益，而不是一直依靠储蓄，待积累到足够金额然后才进行投资。基础设施投资使子孙后代受益，因此他们也应该承担成本。地方政府举债融资建设基础设施可以体现代际公平，因为债务期限可以与资产经济寿命相匹配。基础设施服务因此可以由服务的受益人支付。最后，发展中国家地方政府债务市场正在经历显著的转变，在波兰、罗马尼亚、俄罗斯等国家，私人资本在地方政府融资中发挥的作用越来越大。地方政府债券越来越多地与传统银行贷款竞争，地方信贷市场的多元化趋势越来越显著。

二、债务危机与地方政府债务治理

很多国家的地方政府债务监管体系是在地方政府债务危机后建立的。20 世纪 90 年代，在匈牙利和俄罗斯等国家，不受监管的地方政府借款增长迅速，加剧了地方财政压力。匈牙利和俄罗斯的地方政府举债是分权的结果，地方政府被赋予了相当大的自主权，但是未能施加硬性预算约束。在不确定的宏观经济环境中，不受监管的借贷风险特别大，俄罗斯的地方政府债务危机就说明了这一点，1998—2001 年，89 个地区政府中至少有 57 个出现债务违约。地方政府借款不受限制地进入新兴、投机性强和不受监管的证券市场的负面作用，很可能完全抵消巩固财政收入和债务监管框架建设的正面作用。特别是在存在货币投机风险的宏观环境下，举借外债的代价可能非常高昂。

用于资本性投资和经济增长的借贷产生的赤字并不是问题。然而，20 世纪 90 年代的匈牙利、印度和俄罗斯等国家的地方政府大量借贷以弥补巨额经常性赤字，导致了不可持续的债务路径。在印度，20 世纪 90 年代后期，各邦财政赤字的增长大部分是弥补收入赤字借贷导致的。在危机最严重的时候，印度的某些邦，超过 70% 的新借款用于为现有债务再融资。此外，地方政府的某些债务状况可能具有内在的展期风险，宏观经济和金融冲击加剧了这些风险。在宏观经济危机之前，20 世纪 90 年代中期的墨西哥和 90 年代后期的俄罗斯，这些国家的地方政府债务特征主要是期限短、高偿债率和可变利率。宏观经济危机暴露了地方政府财政状况的脆弱性，并引发了广泛的地方债务危机。

另外，隐性和或有负债是一些发展中国家财政恶化的一个主要根源。早在 19 世纪 40 年代早期，美国地方政府或有负债就导致了各州的债务危机（Wallis，2004）。在 20 世纪 90 年代后期，印度各邦为支持亏损的公共部门企业在市场上借款而提供担保形成的或有负债增长迅速。隐性和或有负债的重要来源包括由地方政府全资或控股的预算外实体、地方政府现收现付制公务员养老金负债、地方政府拥有的金融机构的不良资产，以及现金会计制度下通过欠款进行的债务融资。

地方政府债务融资行为受到政府间财政体系和金融市场结构的强烈影响。如果市场参与者认为中央政府隐含地为地方支付的债务提供担保，就可能容忍地方政府不可持续的财政政策（Ianchovichina 等，2007）。预算软约束是财政激励的一个关键方面，它使地方政府能够入不敷出，否定竞争激励，助长腐败和寻租。中央政府对陷入财务困境的地方政府的无条件救助，导致了道德风险和救助预期，鼓励了财政不负责任行为以及轻率借款行为。在美国，不救助原则是在 19 世纪 40 年代的首次地方政府大量违约后建立的（English，1996；Wallis，2004）。在匈牙利，地方破产监管框架的建立动机是减少道德风险，对市政当局施加硬性预算约束，缩减中央政府或有负债，并改变贷方的隐含担保预期。20 世纪 90 年代，在多次救助地方政府之后，巴西采取了更严格的做法，要求地方政府以财政调整换取财政救助。

第二节　地方政府债务治理的国际经验

一、基于财政规则的法治化债务治理

地方政府债务治理需要基于法治化原则下的财政规则体系，这不仅是防范风险的考虑，也是降低融资成本的需要。一个地方政府可能出于各种原因采取不可持续的财政政策，通过“搭便车”获得好处，仅承担不可持续财政行为的部分成本。地方政府债务融资的法律和监管框架（Legal and Regulatory Frameworks）可作为承诺工具，允许地方政府在共同框架内进入金融市场。因此，地方政府集体将受益于统一的规则体系。各国制定地方政府债务监管框架的动机差异很大，包括一个国家的政治、经济、法律和历史背景以及触发事件。这些差异会影响改革切入点、框架的设计及其与地方借贷立法的关系。特别是，地方政府债务融资和重组的框架定义了政府的不同部门和层级各自的角色，而一个国家的政治和经济历史在框架形成方面起着关键作用。

地方政府违约风险可以通过两个渠道进行管理：第一，建立地方政府债务融资财政规则法律，对借款进行事前监管，并对地方财政状况进行监督；第二，在地方政府破产或无力偿还债务（Insolvent）的情况下进行事后债务重组。许多国家的框架监管仍在不断发展，建成一个完整的监管框架的进度各不相同。

事前（Ex－ante）财政规则和事后（Ex－post）破产机制是相辅相成的。破产机制增加了不遵守事前财政规则的地方政府和贷款方的痛苦，从而提高预防性规则的有效性。如果缺乏破产机制，事前监管可能变为过度的行政控制和中央、地方政府博弈。过度依赖事前法规可能会限制市场在监督地方政府借贷和债务方面的作用。在加拿大和美国，市场在监督地方政府借贷方面发挥着至关重要的作用。然而，发展市场体系需要时间，发展中国家可以逐步培育市场在监管框架中的作用。自20世纪90年代以来，财政责任法律（Fiscal Responsibility Laws，FRLs）已经成为一些国家规范地方政府债务法律和监管框架的核心组成部分。

二、财政责任法律的渊源和兴起

如果一个国家拥有中央集权的政治和财政机构，这些中央集权机构则可以制定规则并利用政治权力对地方政府进行纪律处分，此时的财政规则及立法就没有那么重要。伴随着分权的发展和地方政府权力的增加，中央减弱了对地方财政行为的行政控制。自20世纪80年代以来，阿根廷、巴西、哥伦比亚、印度、墨西哥、尼日利亚和俄罗斯等国家已将不同程度的财政权力和资源下放到地方政府。通常，在缺乏适当的事前财政规则的情况下，这会加大地方财政压力或债务危机，有些压力和危机是由宏观经济环境恶化触发的。在有较长分权历史的国家，例如澳大利亚和加拿大，地方政府也经历过财政挑战。所有这些国家随后都加强了框架规制以提高地方政府的财政可持续性，其中一些国家通过了财政责任法律，以作为该框架的一部分。

20世纪80年代，巴西联邦制随着军事统治的结束而复兴，1988年巴西新宪法赋予地方政府显著的权力和资源，包括赋予州级增值税更广泛的税基，但没有具体说明地方政府的支出责任或需制定的财政审慎规则。到20世纪90年代中期，巴西出现了两次重大的地方政府债务危机。每一项试图解决危机的安排实际上都为下一次危机的发生埋下了伏笔，因为它们强化了这样一种看法，即联邦政府将提供债务救助。联邦政府提供的救助包括：债务重组，设定偿债上限并将地方政府债务贷款转为联邦政府债务（没有惩罚）等。因此，州政府的轻率举债后果微乎其微，债权人也几乎没有遭受任何损失，事前财政规则通常很轻易地被回避。1997—1998 年，联邦政府与 25 个州达成附有条件的重组协议，这最终有效地停止了州政府的不可持续的举债行为。在此基础上，1997 年、2000 年，巴西分别制定了财政责任法律，明确进行债务重组必须以各州进行财政改革为条件，同时要遵守财政目标。

20 世纪 80 年代的阿根廷各省没有硬性预算限制，举借了很多债务，并将债务货币化，助长了恶性通货膨胀。

三、财政责任法律的目的和意义

各国政府之所以对财政责任法律感兴趣，主要是要解决以下四个问题。

（一）政策制定者的短任期

政府可能希望将控制过度赤字冲动的承诺制度化，以抵制在未来可能到来的更紧迫时期的诱惑。政策制定者任期通常比公民短，因为他们的任期比公民的寿命短，并且政策制定者面临被投票下台的风险。因此，立法者可以通过立法（例如财政责任法律）来获得长期的财政可持续性，并且获得选民的青睐。

（二）地方政府的免费搭车问题

一国的所有地方政府往往共享相同的货币、中央银行、国内信贷市场以及国际信用声誉。它们若各自维持财政平衡，可以作为一个整体获得共同利益，包括物价稳定、健康的金融体系，以及良好的国际信贷渠道。然而，选举压力等原因会诱使个别政府采取有风险或不可持续的财政行为，进而偏离共同利益。单个政府将只承担其不当行为的部分成本，前提是（大多数）其他政府继续遵循良好的财务行为，因此可能会出现囚徒困境，即最终出现的不是最优结果。因此，地方政府将受益于一套规则体系以阻止这种不良行为和“搭便车”。中央政府往往具有特殊权力，例如管理中央银行、监管金融部门、提供转移支付等，但这可能不足以约束地方政府，收入共享等制度和规则可能会限制中央政府对地方政府的管理。政治上的考虑（例如选举）也可能影响中央政府对地方政府的监管。因此，为了保护公共利益，中央政府行为也需要被约束。地方政府借款人作为代理人，有动机不偿还贷款，因为他们认为当出现违约时会得到中央政府救助，引发道德风险。

（三）中央政府与地方政府之间的委托－代理和道德风险问题

当公民或更高级别的政府（委托人）向地方政府（代理人）提供资源和赋予执行任务的责任，就产生了委托代理问题，即代理人需要保持财政稳定以执行任务，而没有违约或救助。这些代理问题的发生率差异很大，具体取决于每个国家地方债务市场的结构。例如，中央政府不救助承诺的可信度一定程度上取决于违约地方政府的债权人是国外还是国内的。

（四）展现承诺诚信

包括地方政府在内的借款人有不向贷方透露自己的负面特征的动机，这将导致逆向选择，贷款人将基于披露信息额外收取风险溢价，即使对于没有风险的借款人来说，也是如此。所以信息不对称可能导致风险定价错误。为了改善其借款条件，地方政府需要向债权人表明它与其他信用较差的政府不同，它已经放弃了过去财政上不负责任的行为方式。它可以通过用自己（或全国）的财政责任法律约束自己以展现这一承诺。一旦一个政府通过制定财政责任法律方式表明其承诺，该国其他地方政府在压力下就会效仿，以免成为财政上不负责任的孤立者。

财政责任法律也有一些缺点。最重要的是，它们倾向于使总体财政政策更具顺周期性。尽管大多数财政责任法都有一些在出现经济衰退时的退出条款，也有人呼吁建立稳定基金，但在要求继续遵守严格的财政责任的前提下，有效的反周期制度很难建立起来（Liu 和 Webb，2011）。

四、财政责任法律的层级和适用

一些财政责任法律适用于各级政府的国家法律，或至少适用于国家和中级（州、省）政府，如阿根廷（2004 年）、巴西（2000 年）、哥伦比亚（2003 年）和秘鲁（2003 年）。从地方政府的角度来看，这些都是自上而下的系统。在有些情况下，如阿根廷（1999 年）、澳大利亚和印度，联邦政府通过仅针对自身的财政责任法律，作为框架或示例，鼓励地方政府自愿通过自己的财政责任法律。在某些情况下，在尚无联邦财政责任法律之前，地方政府会制定自己的财政责任法律（例如，印度卡纳塔克邦和泰米尔纳德邦以及澳大利亚的一些州）。加拿大的一些省份制定了财政责任法律以维持财政纪律，并提高信用评级。

无论哪种类型的法律，如何执行是一个问题。然而，一个试图用一项它有权修改的法律进行自律的政府，和一个接受上级政府严格纪律约束的具有一定政治独立性的下级政府，是有区别的。在后一种类型安排下，中央政府是否拥有执法的工具以及政治决心是不确定的。

在美国和加拿大，州和省的自治政治传统，以及 19 世纪以来中央一贯的不救助政策，使地方政府的财政纪律主要依赖事后规则执行。州和省政府以自己的法律或宪法修正案设定制度化的事前约束规则，以避免地方政府坠入困境（Wallis 等，2004）。美国和加拿大联邦政府均没有适用于地方政府的财政责任法律。美国没有一个州有财政责任法律，然而自 19 世纪起，大多数州对借贷和赤字都有或多或少的严格限制。联邦政府没有足够的筹码将财政责任法律强加给各州。

五、财政责任法律的内容

（一）透明度和问责制的程序规则

所讨论国家的所有财政责任法律都呼吁制定增加预算编制和执行的透明度及合理性。财政责任法律通常要求每年对财政计划和预算进行立法讨论并公布，这通常是连续多年滚动进行的。任何新支出计划或税收变化的全部成本必须予以披露。对于如何控制预算外实体（例如地方政府控制的公司）的欠款和赤字，不同的财政责任法律做法也不尽相同。中期财政框架和透明化的预算程序要求旨在确保财政运行在可持续路径上，以更好地应对影响地方财政的关键宏观经济变量的冲击。透明的预算程序使行政和立法部门能够进行辩论优先支出事项、资金来源和所需的财政调整。在很大程度上，这些要求的有效性取决于立法机关和媒体的认真监督。来自政治压力的纪律和制裁以及获得有关承诺和后续遵从信息有助于执行财政责任法律。如果出现财政不当行为，信贷市场还可以通过施加风险溢价和提高借贷成本来帮助执行。

（二）财政目标

除了程序规则和透明度外，大多数财政责任法律都设立了地方政府财政目标，最常见的目标是赤字，其他目标包括债务余额、财政支出和对外担保。表 9－1 总结了阿根廷、巴西、哥伦比亚、印度和秘鲁财政责任法律中设定的地方政府财政目标。各国的财政目标各不相同，某些国家的地方政府财政目标也存在差异。在制定财政目标方面存在两个挑战。首先，这些目标与实现财政和债务可持续性的阈值有何关系？迄今为止，还没有一致认可的地方政府的经验阈值。其次，如何统一目标并适用于发展水平和刚性支出差异较大的地方政府？这个问题需要与旨在减少服务提供中的横向不平等的财政转移支付制度相关联。

表 9－1　　财政责任法律规定的地方政府财政目标

联邦制国家	财政目标
阿根廷	基本支出增速等于或低于全国 GDP 增速 各省的预算盈余足以将偿债率降低到财政收入（扣除转移支付）的 15%
巴西	州和市政当局的人员支出不超过净财政收入的 60%，每个政府分支机构均有上限 遵守参议院设定的强制性限制目标
印度	每年减少收入赤字 在一定日期之前消除收入赤字 财政赤字逐年减少 财政赤字/地方国内生产总值≤3% 担保限制 负债总额≤地方国内生产总值的 25%～28%

续表

单一制国家	财政目标
哥伦比亚	利息支付/运营结余 债务/当期收入
秘鲁	包括地方政府在内的非金融公共部门的财政赤字不超过 GDP 的 1% 包括地方政府在内的公共部门支出的实际增长每年不再超过 3%

资料来源：Liu（2011）。

全国性财政责任法律比地方自定财政责任法律具有更强的内在优势，因为它提供了上级政府对地方政府施加限制的法律依据。这些限制通常包括赤字、举债，偿债额占财政收入或 GDP 比例等。财政收入可能是更有效的基数，因为当情况恶化时，它比地方国内生产总值更早、更精确地反映出来。由于财政责任法律的目的是防止财政状况继续恶化到破产（Insolvency），应重点关注地方政府能够控制的指标（例如，工资支出占总支出的比例），要比仅依赖诸如负债率指标更好，因为负债率指标受外生因素（利息和汇率）影响较大，并且通常只有在问题失控后才会超过限制。

（三）强制执行和免责条款

规则的好坏取决于其执行力，财政责任法律的执法要求以及政府执法实践上相差较大。在执行和免责条款方面，各国之间有很大的差异，甚至一国内部的差异也很大（例如加拿大）。澳大利亚和加拿大的大多数省份的财政责任法律没有明确的执行条款，巴西、哥伦比亚、秘鲁和加拿大的三个省有严格的执行条款。哥伦比亚对不遵守财政责任法律的地方政府实施严厉制裁，包括禁止借款、要求制定执行削减财政支出计划等。还会对贷款人进行制裁，例如，禁止中央政府借款给地方政府或提供担保，金融机构向地方政府借款必须符合法规条件和限制，否则借款合同无效，借出的资金必须归还，且不得收取利息费用。在秘鲁，地方政府违反财政责任法律目标会使上级政府暂时中断一些转移支付项目。在加拿大的不列颠哥伦比亚省，未实现财政目标时，执行委员会的成员需要减薪20%。在加拿大的曼尼托巴省，如果年底的财政盈余为负，部长的工资在第一年削减20%，第二年如果继续为负，则削减40%。加拿大安大略省也有类似的制裁措施，当未达到赤字目标时，将削减执行委员会成员薪水。

一些国家的财政责任法律均包含在一些情况下可以放宽财政目标和债务的免责条款，例如：连续四个季度经济增长速度低于1%（巴西），经济负增长和国家紧急状态（秘鲁），国家安全及自然灾害或特殊原因（印度各邦）。有些国家的财政责任法律没有免责条款（如哥伦比亚、阿根廷），但在严重外部冲击等情况下可以进行实质上的放宽，例如阿根廷在2008—2009年全球金融危机期间暂停了财政责任法律的关键条款。

六、财政责任法律的制度背景

财政责任法律不是单独运作的，也不足以执行财政纪律。了解对中央和地方政府整体约束和执行的财政纪律制度，有助于理解财政责任法律在执行财政纪律方面的作用。

（一）借贷方关联与约束时间

赤字和债务产生于政府及其债权人的共同决定。这些决定的做出不仅依据管理债务发行的规则，还依据出现还款困难的事前预期，包括债务人和债权人将如何处理——谁会损失或谁将被迫进行痛苦的调整。这指向控制政府借贷的两个重要方面，首先是类型或时间——事前控制或事后后果；其次，事前控制和事前后后果是否作用于借款人或贷方，如表9-2所示。

巴西在20世纪90年代的经验表明，但仅靠事前控制因素是不够的。只要事后救助即将到来，借款人和贷款人就会串通一气，以逃避规则。阿根廷20世纪90年代几乎没有事前限制，在20世纪90年代中期的财政危机中，主要利用事后后果规则（主要是从转移支付中扣留应

表 9－2　　控制赤字和债务的渠道与时机

	借款人	贷款人
事前控制	适用于所有政府： 债务和赤字上限 对国外借款的限制 公布详细的财政状况 仅适用于地方政府： 依据财政能力标准（中央或地方政府、中央银行或其他机构法规）监管地方政府借款	适用于所有政府： 不允许向央行直接融资 中央银行或其他金融监管机构法规 仅适用于地方政府： 地方政府借款总额上限 向高风险地方政府提供贷款的银行必须满足更高资本充足率要求
事后后果	适用于所有政府： 对央行融资的限制 不予救助（中央政府或国际社会） 在缺乏充足附加条件下不予债务重组 公布详细的财政状况 仅适用于地方政府： 中央政府借贷给地方政府 从对地方政府转移支付中扣减应偿债务 破产制度	适用于所有政府： 对银行的严格监管 仅适用于地方政府： 央行不救助 运作良好的金融市场，对无信誉的借款人提高风险溢价

偿债务）约束地方政府。到 20 世纪 90 年代末，许多省份因财政危机积累了债务和预算外支出责任，进入 21 世纪，巴西政府开始选择有条件的救助，而不愿意付出更大的政治成本。

没有贷方，就没有借款或债务，因此对贷方的限制和激励措施要同等重视。2008 年发生的金融危机事件揭示，贷款人并不总是自动足够谨慎。银行业法规可以限制贷款人的行为，但如果中央政府或中央银行最终为债务提供担保，贷款人会认为政府借款人无风险，因此有必要对贷款人的行为进行限制（例如贷款上限），如表 9－2 右边栏所示。在哥伦比亚，《财政透明度和责任法》（2003 年）收紧了贷款人方面的法规，金融机构向地方政府提供贷款必须满足各种法规的条件和限制，否则，贷款合同无效，借入资金必须立即归还，不收取利息或任何其他费用。

理想情况下，任何贷款都应至少受到这四个方面的一些限制。仅依靠事前约束，而缺乏事后后果，将给予不负责任的借款人和贷款人很大诱因从事规避事前规则的交易并随后获得救助，就像20世纪90年代后期巴西发生的财政危机。仅依靠事后后果，将导致不负责任的地方政府和实体累积巨额债务，以至于中央政府没有执行事后规则的政治意愿，就像20世纪90年代后期在阿根廷发生的财政危机。事前约束在银行和金融机构归政府所有或金融市场不能对风险指标做出适当反应的经济体中很重要。在这样的条件下，信贷分配决策更多地受政治权宜之计考虑所驱动，而不是财政审慎使然。

必须强调的是，事前和事后控制的目的不是尽量减少债务融资，相反，它们的目的是建立竞争和多元化的地方政府融资信用体系，以鼓励可持续的债务融资。这种制度有助于确保最低成本和可持续的信贷供应。债务融资对于基础设施建设极为重要，因为这些资产的期限往往无法与当期的税收和转移支付相匹配。

（二）更广泛的财政立法

就财政责任法律作为一项财政立法而言，它并不是唯一对地方政府实施财政纪律的法律框架。很多国家有更广泛的公共财政立法，例如平衡预算法，也可以发挥同样效果。

作为一个联邦制国家，美国的每个州都为自己和下属地方政府设定了债务限制。法律框架、法律和法规因州而异，一些共同要素包括：债务融资必须用于公共（而非私人）目的；州法律或宪法中规定了债务限额，以避免过度借贷；债务限额可能不适用于由“特别基金”支付的债券，但该债券的发行需遵循一套单独的法规；由政府会计准则委员会与每个州共同确定州和地方政府将使用什么政府会计准则（GAAP）；债务发行人管治机构过半数成员参与的所有会议必须向公众开放。在美国，市场在财政监督中起着至关重要的作用。

另一个例子发生在波兰。波兰的《公共财政法》（2005 年）规定：地方政府债务占其总收入的比例不超过 60%；地方政府偿债额占其总收入的百分比不超过 15%；如果地方政府债务占收入的百分比达到 55%，则还本付息占收入的百分比不能超过 12%；偿债额需要包括特定预算年度的担保付款（即使担保没有被撤回）。

根据澳大利亚、巴西、加拿大和印度的经验，财政责任法律是一项重要的制度，因为以前的公共财政或其他立法没有能够控制包括地方政府在内的财政风险。在这些国家中，更广泛的宏观经济环境和财政危机使财政责任法律成为财政改革中的更突出的工具。例如，哥伦比亚的财政责任法律（2003）就形成了一个统一的法律框架，不仅包括了以前相关法律的关键要素，还引入了新要素。在秘鲁，21 世纪初的分权吸收了阿根廷和巴西的经验教训，制定了财政责任法律，以防止分权导致的财政风险。

第三节　美国市政债的法律规制

一、美国市政债券制度的框架

美国拥有庞大而多元化的地方政府债券市场。在美国，“地方政府”和“市政当局”的使用是可以互换的，市政资本市场还包括由各州或各州的特殊目的公司（Special Purpose Vehicles）发行的证券。2013—2016 年，每年约有 44000 个地方政府（及实体）发行债券，债券总额约为 3590 亿美元（Liu，2017）。根据美国证券和金融市场协会（Securities Industry and Financial Markets Association，SIFMA）统计，截至 2023 年 12 月，美国市政债余额约为 4 万亿美元。一般认为，美国地方政府债务主要依靠市场监管（陈志勇和程明梅，2014），然而，较为完备的监管法律体系才是美国市政债成为全世界最大和最成功的地方政府债务市场的重要基础。美国市政债的违约率非常低，市场也认为市政债非常安全。市政债的成功并非偶然，它植根于发达和具有竞争力的资本市场和健全的监管框架，是150多年以来一系列深刻改革的结果。

自18世纪后期开始，美国地方资本市场的发展就建立在一系列改革的基础上，这通常是为应对市场上发生的各种危机而进行的，具体包括：由于债务危机，19世纪40年代初各州宪法对公共债务予以限制；19世纪后期，各州要求独立债券法律顾问出具意见，以加强市场参与，让投资者对债务的合法性具有信心；大萧条时期颁布的《美国破产法》第9章，适用于市政债违约与重组问题；20世纪30年代颁布的《证券法》中的反欺诈条款适用于地方借款；20世纪70年代以来出现的市政债券银行（Municipal Bond Bank）及其监管制度开始运行。

二、19世纪40年代美国市政债制度的建立

在19世纪30年代中期，美国经济快速扩张，联邦土地出售激增，美国各州开始扩大其运输和银行业务投资。例如，1836年，印第安纳州人口约为60万人，州预算每年5万美元，授权以5%的利率发行1000万美元的债券。1839年10月，一场金融恐慌席卷全国，整个南部和西部的银行暂停纸币兑金币付款，导致物价和土地价格的下降，引发了一直持续到1843年的经济衰退。与此同时，运河、铁路和银行投资的繁荣在1839年开始的大萧条中很快结束。到1842年夏天，8个州和佛罗里达领地拖欠利息。最终，密西西比州和佛罗里达州彻底不再履行它们的债务，路易斯安那州、阿肯色州和密歇根州不再履行它们的部分债务，纽约州、俄亥俄州和阿拉巴马州勉强避免违约。在此次违约潮中，人均债务最高的10个州中有9个违约。全国各地的州立法机构都在问“我们是怎么陷入这个烂摊子的？我们如何防止这种情况再次发

生?”各州陷入困境是因为它们举债而不增税的融资，防止这种情况再次发生的方法是寻求基础设施投资融资的替代方式。各州的举措是程序性债务限制、一般公司注册（General Incorporation）和一般财产税。

1842 年至 1852 年，美国 12 个州制定了新宪法，除弗吉尼亚州外，所有州的新宪法对州和地方政府发行债务的方式施加了程序限制。程序限制的关键要素是要求提供偿还债务的“方式和方法”，例如税收。程序限制要求州和地方政府确定债务发行的目的，将当期税收提高到足以偿还债务的金额，并举行全民公决授权增税，在偿还完债务之前，这些税款是不可撤销的。程序限制并没有给州债务设置限额，只是设置了立法机关可以批准的不经过公投即可举借的债务金额。这一金额在不同州的差别很大，例如纽约州为 100 万美元，罗得岛州为 5 万美元。

然而，程序性限制还不足以限制地方政府举债行为。同一时期的新的州宪法还从以下三个方面限制了地方政府的举债活动。其一，各州必须关闭间接举债途径或卷入公司事务。多数州都规定不得利用州信用为任何个人、协会或公司借款，同时，州也不得成为任何公司的股东。其二，各州必须关闭通过赋予特殊的公司特权以换取向国库付款的渠道。19 世纪 40 年代的州宪法修改要求立法机关通过一般公司注册法，对特殊公司注册（Special Incorporation）予以限制甚至禁止。其三，各州不得通过征收特别税收为项目融资，在州内征税是平等和统一的，除奴隶外的所有财产均应按其价值的比例征税，并以法律规定的方式确定。例如，在这种类型的“一般”财产税下，纽约州在伊利运河（Erie Canal）经过的县征收特别运河税的计划就变得不符合宪法。

三、美国市政债的事前法律约束

美国每个州都具有管理市政借款的法律，每个市政借款人，无论是通过市政债券银行融资还是独立融资，都必须符合要求借款时的此类法律，包括从市政债券银行借款。

（1）债务授权的特别程序。例如，批准基础设施项目和借款的公决，以及项目和借款的公开听证会或地方议会批准。上述批准程序是发行任何市政借款的必备条件。例如，在新罕布什尔州，市政借款必须由市议会（Town Council）投票批准。在没有一般的债务限额的缅因州，几乎所有市政借款人的债务都必须通过选民公投批准。

（2）对市政当局未偿债务总额的限制。例如，在新罕布什尔州，市政当局债务必须控制在法律规定的（该类别市政主体）债务限额内。

（3）任何市政借款需要明确其还款来源。市政债务可以是市政当局以信誉和信用担保的一般债务，或者是市政当局可用于支付的某些特定收入偿还的专项债务。

（4）要求市政债务必须用于为公共资本投资提供资金，并且期限不能超过资产的使用寿命。这些要求也体现在美国税法和州的市政借款法律中。

（5）需要独立债券律师出具的关于适当授权、有效性和债务合同可执行性的法律意见。这是资本市场买方的要求，可确保债务发行已获得正式授权、有效且可根据州法律强制执行。

（6）所有市政借款人关于财务透明度的标准，包括审计和财务报表披露。这是资本市场参与者所期望的。

（7）市政债券必须遵守联邦税法才有资格获得利息免税待遇。联邦税法要求市政债券所资助的设施具有公共目的性质。

（8）市政债券必须遵守联邦证券法中的反欺诈规则。债券募集说明书对拟出售的债券的信息披露必须符合联邦证券法关于市政债务的标准，包括信息的准确性和涵盖潜在买家做出购买决定所需的所有相关信息。

四、美国市政债券的事后法律约束

美国宪法第十修正案保留了各州管理其内部事务的某些权力，市政当局必须经过州政府批准才能提交破产申请，申请破产的资格门槛要求很高，有 23 个州禁止市政当局提交破产申请。市政当局申请破产的坏处包括：其一，州政府会考虑破产对本州地方政府举债的影响，包括破产的名声对于他们借款能力、借款成本和公众对政府的看法，也包括破产申请所造成的政治影响；其二，州政府还要考虑市政当局的道德风险问题，即通过滥用破产逃废债务、侵犯债权人的合法权益等；其三，破产程序的经济成本很高，很多州都存在州政府介入程序，可以强制执行一些艰难的财政调整（例如增税和减少公共服务）。

市政当局申请破产的好处在于：其一，市政当局申请破产的最重要和最直接的优势是免受债权人可能发起的法律诉讼的制裁；其二，可以协商制订公平合理的债务重组（调整）计划，保障债权人利益最大化，并经过法院批准后执行。

实际情况表明，美国地方政府申请破产的情况是比较少的（Canuto 和 Liu，2013），因为整体上看，破产带来的坏处还是远远超过好处，破产程序实际上发挥了一种事后惩罚的作用。

第四节　国际治理经验借鉴的启示

一、债务治理的法治框架

本章前三节的内容显示，地方政府债务治理必须依靠法治化手段，法律是地方政府债务受到约束和限制的主要工具，行政手段在一定程度上也发挥了一些作用。地方政府债务治理的法律制度往往是多层级和多方面的。从政府层级上看，立法主要集中在中央政府和省、州层面。从法律形式上看，有的国家将地方政府举债的原则性规定写入州宪法中（例如美国），多数国家都出台了平衡预算法、公共财政法等法律具体约束地方政府举债，一些国家还单独制定财政责任法律，对中央及地方政府举债予以综合性约束。除了财政法律外，证券法律、破产法律等也会对地方政府举债行为进行约束。法治化的债务治理有助于预算约束硬化，也有助于建立和执行中央不救助原则，从而从根本上解决地方政府道德风险问题。

二、市场机制对债务治理的作用

对于发展中国家，地方政府债务治理主要依靠法律（和行政）手段；对于发达国家，地方政府债务治理则同时利用法律和市场两种治理手段。法律和行政手段经常会受到政治因素的干扰，例如，阿根廷等南美国家，尽管法律明定了事后惩罚措施，但中央政府往往会因为政治因素不愿意认真进行事后惩罚，进而降低了地方政府债务治理的效果。以美国市政债市场为例，得益于高度发达的证券市场，美国地方政府债务受到了市场的有效监管，从而减轻了法律和行政手段监管地方政府的压力，减轻了政治因素对债务治理的干扰，提高了地方政府债务治理的效果。中国应当重视地方政府债券市场机制建设，运用法治和市场两种手段共同监管地方政府债务，改善债务治理效果。

三、政府间财政关系

中央政府和地方政府间财政关系以及州（省）政府和下属地方政府间的财政关系对地方政府债务治理十分重要。中央政府必须先要进行自我约束，将自身的赤字和举债行为法治化。无论是联邦制还是单一制国家，中央政府必须设法推进地方政府预算硬约束，建立和维护不救助原则。除了运用法律手段准确界定中央和地方政府间的财政关系外，还应推动地方政府自治，让地方政府真正能够为自己的财政行为后果负责任，这是提高地方政府债务可持续性的必由之路。

第十章

地方政府债务可持续性面临的挑战

第一节　地方政府债务可持续性面临的挑战

一、地方政府债务规模持续扩张

真正决定债务可持续性的是地方政府举债行为及其产生的制度环境。自 2008 年以来，地方政府债务增长速度始终较快，远高于同期 GDP 和政府财力增长，甚至可以认为地方政府债务增长几乎处于失控状态。2015 年以来，在限额约束下，显性债务增长一度受到一定控制，但伴随着经济步入新常态，叠加疫情冲击，显性债务增速进一步加快。隐性债务问题尚未得到系统性的约束，增长速度较显性债务更快。从根源上遏制了地方政府债务无序扩张，是保证地方政府债务可持续性的前提。如果不能在隐性债务认识、治理方面尽快找到共识，从制度上寻求治理隐性债务的根本之策，隐性债务继续无序扩张将给地方政府债务可持续性带来极大的潜在风险。

二、地方政府债务违约风险逐步增大

（一）地方政府债务违约风险

地方政府债务规模的迅速扩张势必导致债务还本付息压力加大。地方政府债券迄今尚未出现违约情况，融资平台公司债务（主要是非标债务）违约现象时有发生。例如，贵州省融资平台公司遵义道桥建设（集团）有限公司2022年12月发布公告，宣布达成规模约155.94亿元的银行贷款重组，贷款期限调整为20年，年利率调整为3.00%～4.50%，前10年仅付息，后10年分期还本。如此规模的银行贷款重组，实际上意味着该融资平台公司已经丧失了清偿能力，如果不是国有银行予以救助，很可能面临破产。遵义道桥的处境可能是全国上万家融资平台公司的缩影，所以我们必须重视隐性债务大量违约风险。

（二）地方政府债务可能引发系统性风险

地方政府债务与金融系统密切相关，地方政府债务风险可能传导到金融部门，从而引发金融风险。财政和金融风险又有可能引发经济系统性风险。尽管我国金融部门国有化程度较高，在协调金融部门进行大规模政府债务重组方面具有制度性优势，但如果地方政府规模过于庞大，超过金融系统能够安全吸纳的能力，则将面临明显的约束。如果地方政府债务最后不得不采取货币化方式予以解决，则很可能会引发通货膨胀，如果出现严重通货膨胀，不仅危及长期经济增长，更有可能导致已经取得的、来之不易的经济发展成果付诸东流，不仅将引发严重的经济问题，更可能演化为社会和政治问题。

（三）地方政府债务对地方财政运行的负面影响

地方政府债务偿债压力的加大将直接冲击地方财政的正常运行。近年来，一些地区在庞大的债务还本、付息、化解压力下，已经出现“三保”面临困难的情况，即影响了一般公共服务的提供及公共财政的安全底线。

三、地方政府债务对长期经济增长的影响

地方政府债务规模的持续膨胀，势必降低资源配置效率，对长期经济增长构成负面影响。

（一）增加无效投资

地方政府债务资金主要投向交通运输、市政工程等基础设施建设领域。总体上，基础设施投资对中国经济增长有显著正向的影响，但这种影响呈现出明显的倒“U”形特征（毛捷和黄春元，2018）。2012 年以来，基础设施投资拉动经济增长效应出现大幅度下降情况（廖茂林等，2018）。随着基础设施逐渐饱和，地方政府债务投资倾向于经济效益相对较差的偏僻地域，面临过分超前的基础设施建设和长期难以收回成本的问题（楼继伟，2019），扭曲了全社会资源配置效率，对经济增长的拉动作用逐步减弱。在投资决策缺乏问责制约的背景下，一些地区甚至将债务资金用于建设形象工程，闲置、浪费现象较为普遍，降低了公共产品的生产效率，进一步削弱了债务资金的经济增长效应。

（二）挤出更多的私人部门投资

地方政府债务扩张的同时，地方融资平台公司出现大幅扩张，获得了大量低成本银行贷款等优质金融资源，挤占了私人部门的金融资源，加剧了民营企业面临的融资约束（余明桂和王空，2022），还可能导致私营部门全要素生产率下降（吴敏，2022）和挤出私营部门创新活动（熊虎和沈坤荣，2019）。一些地方政府为化解融资平台公司债务，甚至构建了新的行政性垄断（赵全厚和赵泽明，2021），例如，将公用事业经营权、区域性开发权、公务租赁车市场经营权、砂石料开采权等赋予融资平台公司，抑制了市场竞争，压缩了私人部门的市场空间。

（三）挤占经常性公共财政支出

其一，地方政府债务膨胀将导致一般公共预算中资本性支出增加，从而挤占和减少经常性公共财政支出。其二，地方政府债务膨胀导致债

务利息支出增加，也会占用经常性公共预算的可用资金。其三，地方政府债务膨胀加重未来还本付息压力，若投资效益不佳，或者债务压力过大导致必须进行某种程度的财政重整，可能会极大提高地方财政压力，倒逼地方政府缩减经常性公共财政支出。近年来，少数地方政府已经出现拖欠工资、削减绩效工资、缩编临聘人员、缩减部分公共福利等现象，甚至个别地方政府连“保民生、保工资、保运转”都已经成为问题，影响了保障和改善民生任务。

（四）不利于深化经济体制改革和转变政府职能

全面深化改革中经济体制改革的任务尤其重要，其核心问题是处理好政府与市场的关系（樊丽明和杨志勇，2019）。地方政府债务的持续膨胀意味着政府职能的扩张，迫于偿债压力等原因，一些融资平台公司等地方国企重新进入竞争性市场领域（例如商业房产开发、商贸流通、农业开发），进一步加剧政府职能“越位”问题，不利于发挥市场在资源配置中的决定性作用。同时，地方政府债务涉及大量基建投资和金融资源，事实上也非常容易扭曲地方政府官员行为，在政绩利益诱导下，盲目决策、任性施政，出现大量低效闲置项目和烂尾工程，导致直接经济损失、环境破坏和资源错配。地方政府债务的膨胀也容易滋生腐败，破坏地方政治生态。

第二节　地方政府债务可持续性的基本判断

一、对地方政府债务可持续性的基本判断

根据本书对我国地方政府债务可持续性的测度和分析，我们对地方政府债务负担的基本判断是：隐性债务规模较大，将隐性债务纳入后，

全口径债务规模已经过大，债务负担情况不容乐观，总体已经偏高，债务负担存在明显的地区异质性，个别地区负担过重，存在一定债务风险。债务风险是债务可能带来的危害和损失，隐性债务是违规、隐蔽、界限模糊的，比显性债务风险更大。高负债地区可能会出现债务违约，债务处置过程也可能引发流动性风险。地方财政风险会向中央财政转嫁，中央可能被迫救助违约地区或出台新置换政策，影响治理政策的可信度，强化地方救助期望，助长其财政机会主义倾向。隐性债务可能会导致金融机构不良资产增加，进而引发金融风险。极端情况下若将债务货币化，可能会引发严重通货膨胀。隐性债务会挤压财政政策空间，降低财政逆周期调控能力。隐性债务可能导致资源配置效率下降并产生挤出效应，降低经济增长速度。隐性债务偿还主要靠土地出让收益，会强化土地财政，不利于落实中央调控政策。综上，作者认为加强隐性债务治理刻不容缓。

二、地方政府债务可持续性的主要风险点

（一）融资平台公司债务

地方政府债务中的显性债务风险较小，公开发行的地方政府债券违约的可能性很小，截至 2023 年底，我国尚未出现任何违约现象。地方政府债券在地方政府所有债务中偿还优先级是最高的，因为违约的政治、经济成本都很高。另外，融资平台公司公开发行的城投债券违约迄今也较为罕见，主要是一些技术性违约。融资平台公司银行贷款等其他非公开债务的风险则不断暴露，并有逐步加重的趋势，尤其是一些资质较弱的中西部地区的融资平台公司，近年来频发债务逾期及重组。例如，贵州遵义道桥建设（集团）有限公司 2022 年债务重组就是典型案例，银行等债权人不得不接受 20 年债务展期及利率大幅下调等重组条件。融资平台公司债务原本主要靠地方政府土地出让收入等偿还，然而随着房地产市场陷入衰退、无效政府投资过多、地方财政全面紧张，融

资平台公司债务失去了地方财政支撑，若爆发大面积债务违约，可能使银行出现大量坏账。在近年隐性债务化解工作中，一些地方政府凭借行政权力强行要求债权人做出让步，很可能会损害地方政府的公信力，侵蚀来之不易的市场化、法治化建设成果。

（二）PPP 债务

自 2015 年以来，国家大力推广使用 PPP 模式，PPP 项目数量增长较快，投资总额也迅速膨胀。近年来，中央、省财政、审计部门对 PPP 项目的检查、审计中发现，PPP 项目普遍存在以下违规或不规范现象：将政府付费项目包装为可行性缺口补助项目、夸大预期收益、项目实际收入不及预期、政府付费责任增加、引入融资平台公司作为社会资本方等。在 PPP 项目整体投向偏公益、运行不规范问题突出的背景下，PPP 项目可能构成隐性债务的重要组成部分，一方面可能导致地方政府付费责任无法履行，另一方面项目公司或社会资本方从金融机构取得的项目贷款可能出现违约。

（三）地方政府专项债券

按照《关于加强地方政府性债务管理的意见》（国发〔2014〕43 号），地方政府专项债务应用于“有一定收益的公益性事业”，并以对应的政府性基金或专项收入偿还。近年来，中央、省财政、审计部门对专项债券管理的检查、审计中发现，专项债券管理使用中存在的普遍问题包括项目实际收益与预期收益相差较大、未达到项目自求平衡方案设定目标、项目收益测算脱离实际、项目实际收益难以覆盖本息等。这说明地方政府专项债券与一般债券的界限已经出现模糊，这势必导致后期专项债券本息偿还责任又落到财政上，增加地方政府偿债责任和风险。

第三节 地方政府债务可持续性面临挑战的原因分析

一、治理范围确定性与举债主体扩张性

现行地方政府债务治理的对象仅为政府及其组成部门，将政府和企业债务“切割”得非常清楚，即治理范围是确定的。从理论上看，自2015年后，政府和企业债务就应当彻底脱钩，而现实情况是地方政府不断进行“融资路径创新”，举债主体出现持续扩张，从最初的融资平台公司，扩展到普通国企、事业单位、项目公司、社会资本方等，债务界定难度加大，地方政府和企业债务界限模糊。债务治理范围的确定性和举债主体的扩张性间存在矛盾，解决好举债主体泛化问题是隐性债务治理的关键。审计署曾使用过“地方政府性债务”概念，涵盖了政府部门、融资平台公司、地方国有企事业单位等主体。在彻底厘清地方政府债务和地方融资平台公司债务之前，政府性债务的概念更适用于分析中国地方政府债务。IMF等国际组织在统计、评价国家债务时，通常使用“公共部门债务”（Public Sector Debt）概念，涵盖了政府、公共企业、社保基金等，覆盖范围较广。政府债务分析应遵循的原则之一是“广覆盖”，应将所有的政府性质的债务全部囊括其中，避免遗漏可能产生的债务风险。2015年以后，人为地将地方政府债务和地方政府性债务予以割裂，为隐性债务的继续膨胀埋下了隐患。

2014年前的“地方政府性债务”仅是一个统计口径，并未作为治理口径。如果融资平台公司等国企从事的是基本无收入或收入覆盖成本比例较低的投资及运营业务，性质上接近非营利性机构。此类机构行为具有财政性质，应当将其作为地方政府组成部分。为应对举债主体的扩

张性，有必要建立公共部门债务治理口径，囊括地方国企债务，因为只要存在国企，地方政府总是有办法将部分债务“腾挪”过去。即便是仅从事市场化生产的国企，如果出现债务违约或陷入经营困境，救助或破产的损失很可能还会加重财政负担，我国20世纪90年代以来对商业银行注资及剥离坏账、国企破产及债务重组、高校债务化解等，都是财政最终对公共企业债务兜底的例证。

二、纵向治理不平衡与横向治理缺失

（一）纵向治理的不平衡

纵向债务治理有两个维度，一是中央对地方政府的治理，二是地方政府对融资平台公司等地方国企的治理。地方政府债务治理结构如图10－1所示，其中，实线和虚线箭头分别代表有效和无效治理。第一个纵向治理是部分有效的。单一制政治结构决定了中央和地方政府间的政令畅通，随着中央出台一系列债务治理制度，隐性债务受到越来越强的约束。债务治理制度在“摸着石头过河”的演进中逐渐成形，新型隐性举债受到的规制常常是滞后的，也存在周期性、阶段性的政策放松，进而影响了纵向治理效果。另外，单一制结构下中央政府追求政令统一、全国一盘棋，中央政策要求地方必须全力配合，地方政府举债有一部分是由执行中央政策所导致，因而地方政府有理由期望获得中央救助。集中统一领导，就会导致责任上移，谁领导、谁负责，统一领导、统一负责。央地政治制度安排及其特点是制度软约束的根源。第二个纵向治理总体是失效的。融资平台公司等地方国企由地方政府直接治理，中央只是在政策上进行调节。融资平台公司等地方国企均由地方政府或其财政部门控股，其主要负责人由地方政府任免，多数来自政府部门，经营活动受到较多干预，并且是地方政府投资项目推进的主要抓手，其地位类似于政府下属机构或政府代理人。地方政府作为委托（管理）方，融资平台公司是代理方，是利益共同体，在图10－1中，二者共同处于一个虚线框内，容易出现“共谋行为”（周雪光，2012），大量举债行为被隐藏，甚至形成了债务黑箱。地方政府与融资平台公司等债务主体的复杂关系是导致第二个纵向治理失效的主因。

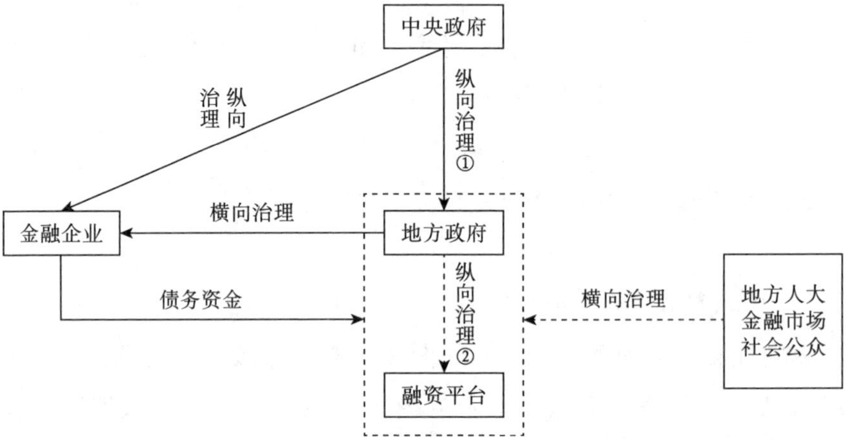

图 10－1　地方政府债务治理示意图

（二）横向治理的缺失

由于事实上的“地区权力一元化”（曹正汉等，2014）及制度供给不足，地方人大对地方政府及融资平台公司的举债行为约束严重不足，甚至个别地区人大还曾为地方举债出具保函。近年来，随着城投债、地方政府债券等金融市场的迅速发展，市场对地方政府债务的约束逐步增强，高负债地区的发债成本开始抬高。但城投债刚兑的事实并未实质改变，市场约束的有效性仍待加强。大量隐性债务举借主体是非发债企业，并不受金融市场约束。由于参与机制不健全，社会公众对地方政府举债治理缺失。金融企业受纵向、横向共同治理。中央一直实行强有力的纵向金融治理，宏观政策调控的阶段性放松是金融企业向地方政府输送金融资源的重要原因。地方政府则通过金融分权对辖区内金融企业进行横向治理，在发展冲动、地区竞争压力和政绩导向作用下，债务资金源源不断流入地方政府和融资平台公司，大部分转变成隐性债务。金融机构在地方政府债务膨胀中也有利己动机，即利用融资平台公司债务刚兑事实，提高经营业绩。

三、举债形式的创新性和复杂化

隐性债务形式不断创新，从早期的银行贷款、城投债券发展到PPP、政府购买服务、政府投资基金、信托、融资租赁、资产证券化等。从隐性债务性质上看，既有直接债务，又有或有债务。从隐性债务项目管理与运行上看，公益性、准公益性、市场类债务往往混合在一起。PPP、政府投资基金等新型债务，往往具有复杂的交易结构，甚至嵌套多层股权、债权、债务关系。从债务期限上看，隐性债务往往会形成中长期支出责任，并不能在现行基于收付实现制的预算体系中反映出来，增强了其隐蔽性。举债形式的创新性和复杂化，对债务定性和数据统计提出了挑战。例如，在合规 PPP 中，政府未来支出若控制在财政支出一定比例内，并按绩效评价结果付款，是否仍属于政府债务，存在争议。由于大部分 PPP 项目是公益或准公益类项目，很难认为合同执行与绩效评价挂钩就会减少财政未来的支出责任。

四、融资平台公司治理目标单一化

近年来，融资平台公司积极寻求市场化转型，在商业房地产开发、工业园区开发、旅游开发、城市基础设施运营等方面展开了探索，取得了一定的成效。但由于历史上市政建设投资形成的债务规模较大，仍需要大量资金进行接续。融资平台公司资产质量普遍较差，可带来收益的经营性资产少，较难形成可持续的现金流。很多融资平台公司的主要资产是政府注入的土地资产，对土地出让收入依赖程度高。隐性债务主要集中在市、县两级，其中大部分在县级。县级平台转型缓慢，受信贷政策收紧影响，存在融资难的问题，其债务化解难度较大。融资平台公司转型目标单一化，全部要转向市场化，使公益性业务和市场化业务混淆在一起，企业债务性质十分复杂，区分更加困难，不利于隐性债务的治理。融资平台公司市场化转型还将导致其进入一般竞争性领域，不利于市场经济体制的完善，不利于政府职能的深化改革。

五、新常态下保增长压力对债务治理的干扰

地方政府债务治理应当坚持实事求是原则，基于经济财政现实稳妥推进。近年来，在经济步入新常态、疫情冲击、地方财政“三保”（保工资、保运转、保基本民生）压力增大的背景下（朱丹和吉富星，2021；赵全厚和赵泽明，2021），地方政府债务治理常常要让位于更重要的宏观经济政策目标，对债务治理工作产生了干扰。一是地方财政收支压力突出。近年来，中央实施了大规模减税降费政策，地方一般公共预算收入增速大幅下降，财政支出仍保持一定增速，财政运行压力和矛盾十分突出。为应对经济下行压力，积极财政政策仍需加力提效，而化债压力使地方政府投资能力下降，进一步拖累经济和财力增长。近年来，地方政府债券还本主要依靠发行再融资债券借新还旧，而付息则通过一般公共预算支出安排，部分地区债务付息已出现困难苗头。从隐性债务的偿还来看，主要依靠融资平台公司寻求银行贷款接续解决，在隐性债务治理下的信贷收紧的环境下，偿债形势不乐观。二是保增长与防风险的权衡。保持经济增长目前仍是优先目标，控制债务风险只是次要目标。当保增长压力变大时，中央往往会被迫阶段性地放松债务管理，降低治理地方政府债务政策的刚性，导致包括隐性债务在内的地方政府债务继续膨胀，导致预算软约束问题长期存在，影响债务治理的效果。

第十一章

增强地方政府债务可持续性的路径选择

前文研究发现，地方政府债务可持续性面临问题的主要原因有：首先是预算外举债行为屡禁不止，隐性债务问题严重，地方政府债务持续无序扩张；其次是地方政府对债务资金需求一直较大；再次是地方政府债务治理体系尚不健全，债务管理存在漏洞；最后是缺乏地方政府债务可持续性评价体系。针对以上发现，本书认为应当从隐性债务载体治理、债务治理范围、举债需求治理、债务管理、债务可持续性体系构建等角度着手增强地方政府债务可持续性。

第一节　融资平台公司及地方国有企事业单位改革

一、深化融资平台公司改革的必要性

首先，融资平台公司是地方政府债务扩张的核心载体，不深化改革就无法根治地方政府债务的无序扩张。融资平台公司债务是影响中国地

方政府债务可持续性的主要问题之一。杨志勇（2017a）认为，只要政府可以干预国有企业，无论是直接还是间接，地方政府债务都可以地方国有企业债务的形式存在，这是地方政府债务问题复杂性的根源。长期以来，融资平台公司等地方国企承接政府公益项目，是地方政府推动市政、交通等基建投资的首要抓手。2010 年以来，经历多轮整治后，融资平台公司目前仍在“市场化转型”名义下继续融资，除了城投债券外，更多的是银行贷款及非标债务。2018 年以来的隐性债务存量化解工作，也未能从根本上将地方政府债务从融资平台公司彻底剥离。约束举债主体行为，不仅是要约束地方政府举债，更重要的是对融资平台公司等预算外举债主体治理，这是保持债务可持续性的关键。融资平台公司的彻底改革是控制地方政府债务增长的必由之路。

其次，深化融资平台公司改革是推进政府职能转变的重要前提。早在 20 世纪 90 年代末 21 世纪初，社会主义市场经济下各级政府对职能的进一步改革已经达成共识，例如，贾康和白景明（2002）就指出，地方政府应该退出一般竞争性领域，使其投资收缩在公共工程、基础设施、公益性投资项目上，有别于经营性的投资。但 2008 年以来，在保增长压力及其他因素共同作用下，地方融资平台公司出现持续扩张，债务累积倒逼其逐步重新进入一些本应退出的一般竞争性领域，以增加其经营性收入，筹集偿债资金，缓解财务压力。然而，融资平台公司承担的公益性项目和经营性项目混淆不清，更使其债务的隐匿性增强，导致隐性债务长期底数不清。地方政府债务问题的根本解决，需要进一步厘清政府和市场（企业）间关系。

二、融资平台公司的进一步改革方向

作者认为，融资平台公司改革应分类改革、差异化转型。基础设施仍然是我国着力要补的短板之一，融资平台公司参与地方公共投资项目的投融资格局不会改变（张立承，2018），因此，主要从事公益性项目投资的融资平台公司市场化转型并不现实。地方政府在市场经济中的主要任务是弥补市场失灵、向本辖区提供公共物品和服务，融资平台公司作为这一职能的载体之一，其公共属性与市场化转型存在深刻矛盾。美国市政债发行主体中，有很多是机场、高速公路、电力、自来水、下水道等企业，以及学校、医院等非企业机构（李萍等，2009），地方公益性投资主体作为地方发债主体的情况长期存在。

有观点认为，融资平台公司的历史任务已完成，需要转型发展，绝大多数平台应尽快退出历史舞台（温来成，2019）。作者认同这种观点，为继续发挥融资平台公司在基础设施建设中的合理作用，可以保留少量只从事公益性项目投资建设的融资平台公司，例如，每个县区只保留 1 ~ 2 家，将其他融资平台公司承担的公益性项目职能归集到保留平台上。保留的少量融资平台公司可以使地方政府从具体的经营管理活动中解脱出来，可以提高公共产品提供成本效益的透明度，提高服务质量。对于予以保留的公益性融资平台公司，其转型目标并非市场化企业，而是定位于特殊财政主体，专门从事公益性投资项目投融资、建设，不再开展市场化盈利项目经营，因此要赋予其适度的举债权，并纳入财政预算管理。对于其他融资平台公司，应当在剥离公益性项目投融资等功能后，按照一般性地方国有企业管理或者予以注销。

三、推进地方国有企业分类管理改革

（一）应推动地方国有企业分业管理

事实证明，如果允许国有企业将财政性收支和市场性经营活动混在一起，势必混淆二者界限，给厘清地方政府债务范围和规模带来极大困难。作者建议：公布地方国有企业准入行业名录，严格实施分业管理，严禁混业经营，对融资平台公司及其他地方国企进行分类业务重组。地方国有企业准入行业应当根据深化政府职能改革的目标进行确定，应只介入公益性项目和基础性项目，职能以保障民生、提供公共产品和服务为主，剥离商贸流通、商业房地产开发等一般竞争性领域。借鉴《中共中央、国务院关于深化国有企业改革的指导意见》（中发〔2015〕22号）思路，可以将融资平台公司等地方企事业单位划分为四类，即公益类、准公益一类、准公益二类、市场类。

（二）将融资平台公司等地方国有企业进行分类管理

如表11－1所示，将市政建设、城乡道路交通等基本没有现金流的基建领域业务集中到保留的融资平台公司，作为公益类企业管理；将现金流能够覆盖大部分成本，例如高速公路、地方铁路、供水、供热等有部分外部性的业务划入准公益类国企。准公益类项目很大程度上仍依赖财政投资，随着时空转移可能性质有所不同，例如高速公路，前期往往亏损，地区差异也较大，中西部地区高速公路往往长期亏损，因此并不宜“一刀切”地认为高速公路就是优质资产，不会演化成政府债务。根据对财政的依赖程度，准公益类国企可分为两类，例如，收入覆盖成本低于50%的为准公益一类，收入覆盖成本50%及以上的为准公益二类。将不属于准入行业范围的领域（例如商贸流通、商业房地产开发）等一般竞争性业务从公益和准公益类国企中剥离，其余属于准入行业范围的业务划入市场类国企。对公益类和准公益一类国企进行科层式改造，并入地方政府序列进行行政式管理，解决行政“核”和企业“皮”的分离问题（周雪光，2008）；对准公益二类和市场类国企进行深度市场化改革，政府只履行股东义务。在执行层面，中央政府可以制定业务重组指导意见，明确四类企业的业务范围，监督地方严格实施。对四类企业进行名单管理，新设企业及时纳入，注销企业及时剔除。

表11－1　　地方国有企业分类管理

类别	认定条件	业务范围
公益类	从事纯公共物品提供 基本无收入	市政建设、城乡道路交通等

续表

类别	认定条件	业务范围
准公益类一类	从事准公共物品提供 收入覆盖成本高于50%	收费公路、供水、供热、供气等
准公益类二类	从事准公共物品提供 收入覆盖成本低于50%	
市场类	从事准入目录中一般竞争性行业经营 收入可以覆盖成本	商贸、商业房地产开发等

（三）对地方事业单位进行配套改革

除了融资平台公司外，近年来部分地方国有事业单位也成为地方政府举债的载体，例如有些地区利用医院、学校等单位举债。为避免事业单位成为地方政府举债载体，应对事业单位进行相应的配套改革，参照国有企业改革，明确事业单位准入行业范围，剥离其一般竞争性业务，聚焦所承担的事业单位职能，避免形成政府隐性债务。

第二节　开展地方公共部门债务治理

一、开展地方公共部门债务管理的必要性

世界银行经济学家 Polackova（1998）提出减少政府债务风险的几项政策和制度建议具体包括：一是完全覆盖（Consider Fiscal Performance in Full），将所有财政风险放在一个框架内识别、分类和分析，囊括并披露财政行为全景；二是基于单一框架（Single Portfolio），考虑全面的财政行为，而不局限于预算和债务，应涵盖国有机构或者政府给予担保的机构的债务；三是全面披露（Disclose the Full Fiscal Picture），披

露隐性债务比权责发生制会计、预算等管理工具更重要。

边界不清晰是我国地方政府债务的重要特征。隐性债务的广泛存在，企业债务和政府债务的纠缠不清，地方政府债务底数不清，是影响地方政府债务可持续性的重要因素。因此，厘清地方政府债务边界，是确保其可持续性的前提。财政行为的主体是政府，但又不限于政府，国有企事业单位也可能有财政行为，在中国这种现象尤其普遍。长期以来，我国存在大量的“政府外”“预算外”财政行为。地方政府控制的融资平台公司等地方国有企业，是这种“表外”财政行为的主要载体。基于单一框架、全覆盖原则，为彻底根治地方政府债务无序扩张的顽疾，有必要将地方政府债务治理范围覆盖地方公共部门债务。

二、界定地方公共部门范围

开展公共部门债务治理，首先应根据公共物品理论界定地方公共部门范围。公益性项目提供的产品和服务基本上属于纯公共品或者外部效应较大的准公共物品，具有财政性质。IMF 和世界银行等国际组织将公共部门（包括政府、国企、社保基金等）债务作为衡量政府部门债务的口径（IMF, 2013b；IMF, 2014）。IMF（2014）界定的公共部门范围见表 11 -2。公共部门由广义政府部门（General Government）和公共企业（Public Corporations）两部分组成，二者的主要区别在于是否是市场化。广义政府部门在非市场化（Nonmarketable）基础上以提供公共物品为主要活动，包括所有政府单位及其控制的非市场化非营利机构（Nonprofit Institution, NPI），既包括纳入预算的主体，也包括未纳入预算的主体。非市场化生产者免费提供其产品或收取非经济显著（Economically Insignificant）价格，生产不受所收取价格影响，成本最终由政府承担，这些生产者称为非营利性机构，应归入广义政府部门。典型的非营利性机构包括公立医院、学校、图书馆、博物馆、体育馆等。地方政府控制的、主要从事公益性投资的地方政府融资平台公司，属于非市场化非营利机构（Nonmarket NPI），应归入广义政府部门。市场化生产者提供全部或大部分产品时按经济显著的价格定价，该价格显著地影响生产者的供给意愿和消费者的购买意愿，生产者的目的是获取最大利润或至少能弥补其成本，消费者有买或不买的自由。市场化生产者归入公共企业部门，例如国家航空公司、国家电力公司和国家铁路，从事市场活动并收取具有经济意义的价格，是公共非营利机构。

表 11－2　　　　　　　　　公共部门组成

<table>
<tr><td rowspan="7">公共部门</td><td rowspan="3">广义政府部门</td><td colspan="2" rowspan="2">中央政府、地方政府及其控制的非营利机构</td><td>预算内</td></tr>
<tr><td>预算外</td></tr>
<tr><td colspan="3">社会保险基金</td></tr>
<tr><td rowspan="4">公共企业</td><td colspan="3">公共非金融企业</td></tr>
<tr><td rowspan="3">公共金融企业</td><td rowspan="2">吸收存款</td><td>央行</td></tr>
<tr><td>其他吸收存款企业</td></tr>
<tr><td colspan="2">不吸收存款</td></tr>
</table>

资料来源：Government Finance Statistics Manual（IMF，2014），第 20 页。

地方政府债务之所以逐渐演变成重大风险之一，是因为现行债务治理范围仅限于“政府债务”。应当超越政府框架来看待公共部门债务问题，因为无论是政府还是国有企业，只要其从事的是现金流无法（全部）覆盖成本的社会公益或准公益性项目，这些债务大概率会落到财政上。我国地方政府债务治理应当拓展到地方公共部门债务治理，或者说是“全口径财政债务”治理。开展地方公共部门债务治理应坚持“横向到边、纵向到底”原则。“横向到边”是指同一行政层级必须包括所有财政主体，包括国有企业；“纵向到底”是指必须囊括所有层级政府，以及自治组织，例如村（居）。当前，“横向到边”的治理重点是融资平台公司债务。

三、开展地方公共部门债务治理

为了根治地方国有企业债务和地方政府债务长期纠缠不清的问题，

应当在深化融资平台公司改革基础上，将预算外举债行为全部纳入治理范围。参考 IMF（2014），建立地方公共部门债务管理单一框架，清除死角，开展地方公共部门债务治理，其具体范围如表 11－3 所示。地方公共部门债务包括广义地方政府债务、地方非金融公共企业债务、地方金融公共企业债务三类。应打破思维定式，允许将部分融资平台公司债务作为非营利机构纳入广义地方政府债务，进一步拓宽地方政府举债"前门"。其中，广义地方政府债务要涵盖予以保留的融资平台公司，并纳入准公益一类地方国企。广义地方政府债务主体的收支应纳入地方财政预算管理，其余地方非金融国有企事业单位债务应纳入地方公共部门债务范围进行管理。鉴于金融企业的特殊性，暂将地方国有金融企业纳入统计范围。公布地方政府债务、地方公共部门债务双口径数据，接受全社会监督。

表 11－3　　地方公共部门债务治理范围

<table>
<tr><th colspan="2">治理口径</th><th>债务主体</th><th>治理措施</th></tr>
<tr><td rowspan="3">地方公共部门债务</td><td>广义地方政府债务</td><td>地方政府及其部门
地方社会保险基金
融资平台公司
公益类事业单位
准公益一类地方国企</td><td>纳入财政预算管理</td></tr>
<tr><td>地方非金融公共企业债务</td><td>准公益二类地方国企
市场类地方国企
其他事业单位</td><td>纳入治理范围</td></tr>
<tr><td>地方金融公共企业债务</td><td>地方国有金融企业</td><td>纳入统计、公开范围</td></tr>
</table>

资料来源：作者自行绘制。

第三节　加强举债需求管理

一、重视举债需求端治理

提高债务可持续性，除了要加强对举债行为进行约束外，更要解决为什么债务需求那么大，债务资金都用到哪些地方去了，使用效益高不高等问题。为什么要举借那么多债务，理由是否充足，效果是否达到预期，这些是政府举债前应回答的问题。中国财政收入近年来持续以较高速度增长，财政实力有了很大的提高，全口径宏观税负也持续上升，在发展中国家中属于较高水平。但财政支出增长更快，财力仍然捉襟见肘，许多支出需要通过举债筹措资金。这些支出需求多数是合理的，但也存在一些违背艰苦奋斗、勤俭节约精神的过度支出，主观上认为国家富裕了，花钱的顾虑减少了。受官员追求政绩利益、群众追求更多实惠的影响，我国对财政支出提出了过高的要求。例如：有些城市在必要性不强、条件不成熟的情况下开建耗资巨大的轨道交通项目；有些人口外流城市仍然大规模建设新城；个别地方顶风违纪，变相建设楼堂馆所，严重违背中央相关精神。有些地方热衷于建设形象工程、面子工程，在道路、园林、绿化、旅游等方面铺的摊子太大、标准过高。在奢靡之风、享乐主义风气影响下，一些地区基础建设贪大求洋、追求面子光鲜，过度举债导致地方政府债务问题愈发严重。

如果管不住财政支出方面大手大脚的情况，就不可能改善债务可持续性。必须严肃思考如何治理对举债资金需求，分析哪些需求是现阶段必须的，哪些是可以缓一缓的，哪些是纯粹不必要的。如果债务承载了过多的目的，既要推动经济发展，又要满足超前需求，资金投向和效益又缺乏民主法治机制予以保证，那么债务可持续性必然难以为继。从总体上、中长期战略上看，财政收支必须平衡，因此，地方政府举债必须有限度。在一定时期，把财政赤字作为政策手段加以运用，来刺激需求、拉动经济增长，这是必要的、正确的，但也要有一个“度”，更不能把它作为一项长期政策。如果长期搞赤字财政，任其发展，就会导致长期过多的财政赤字，之后就会出现通货膨胀，影响经济发展、社会安定与政治稳定（邓子基，2001）。

二、预防福利刚性和福利陷阱

公共福利支出具有易升不易降、不依赖经济周期波动、呈长期不断上升的刚性特征，即“福利刚性”。一旦出现福利刚性，政府通过调整公共支出结构，实现其政策目标的难度就会变大。过早过快地提高社会保障等福利待遇水平，必然抑制长期经济发展，短期福利增加是以长期低速增长为代价，还可能因为易升不易降的“福利刚性”而落入“福利陷阱”（黄少安等，2018）。随着我国经济社会发展进入新时代，群众对社会公平的要求越来越高，对民生需求也走向了刚性及强化路径，若一味要求提升民生福利、提高保障水平，“民粹主义”必然影响社会福利支出水平（中国财政科学研究院宏观经济研究中心课题组，2016），强化支出刚性。要防范财政沦为“民粹式财政”（周小付，2014）导致的社会福利过度的风险。

我国现已面临福利待遇刚性、受益群体固化、财政负担加重、社保制度改革进入深水区等问题，必须坚持艰苦奋斗、勤俭节约思想，把福利支出控制在适度水平上，切不可在目前发展阶段就陷入福利陷阱。由公共物品的非排他性导致的免费搭车现象，社会对福利的要求总是过度的，我国应当加强预期管理，避免群众出现不切实际的过高期望。收入与支出、需要与可能的矛盾是永恒的。保障和改善民生既应尽力而为，又要量力而行，聚焦基本民生，重点对义务教育、基本医疗保险、基本养老保险等予以保障。出台民生政策，不能盲目扩大政府保障范围，过度提高财政补助标准，超越发展阶段建设民生工程，应合理引导预期，防止因过度承诺和宣传，导致不能按期实现政策目标而失信于民。按照可持续、保基本原则，社会保障待遇增长应当适度，福利性基建投资应当审慎。合理确定政府投资的边界，现阶段举债资金应当主要用于有利于提升经济活力的投资性支出。

三、对民生领域投资性支出进行分类管理

建议对民生投资支出按照重要性进行梳理，制定核心民生、重点民生、一般民生领域清单，将当前地方政府民生投资集中在核心和重点民生领域，对于债务负担较重的地区，应当限制其一般民生领域投资。已经确定为核心民生的教育、就业、医疗、养老，仍应进行进一步细分。例如，教育领域应当优先保障义务教育，学前教育、高中教育是否纳入义务教育应当基于财力承受水平谨慎推进。将一些非急需、短期内需求不迫切的投资押后，甚至取消。对于广场、公园、绿化等建设应当进行分类，对于列入重点民生领域需要举债建设的，视财力情况分期实施。制定财政民生投资成本标准，在项目建设规模、成本等方面进行规范。对民生投资项目实施事前、事中、事后全过程绩效管理，倒逼投资决策合理化。推进现有设施共享，提倡高校、企业图书馆、体育馆等对外开放，减少新建场馆需求。研究建设互联网图书馆、博物馆等新型“轻资产”设施，创新公共服务的提供形式、降低成本。

四、进一步厘清政府和市场边界

政府和市场边界从两个角度影响地方政府债务，首先，政府职能越多，相应的财政支出就越多，因此需要举借的债务就越多；其次，地方

国有企业越多，介入市场程度越深，地方政府的隐性债务问题就越严重。政府和市场边界较为模糊，影响了政府间关系的进一步完善，应构建维护市场的政府，形成有限和有效的政府（楼继伟，2013）。按照十八届三中全会提出的让市场在资源配置中发挥决定性作用的基本定位，应进一步厘清政府和市场边界，遵循市场优先原则，在此前提下有效发挥各级政府的作用。我国地方国企主要集中于竞争性领域（张馨，2013），应深化地方国有企业改革，以公益性为判断标准，退出一般竞争性行业。正确处理中央政府和地方政府的财政关系和职能分工，凡是属于中央政府职能范围内的事权应上划，而属于地方职责范围内的事权，地方应切实承担起来，只有明晰优化地方政府的职能事权，加快构建注重经济发展质量的官员政绩评价体系，为地方政府职能“减负”，才能从根本上遏制地方政府的举债冲动。

第四节　强化地方政府债务管理

一、从制度构建角度缓解预算软约束

已有研究形成的一个重要共识是中国的地方政府是预算软约束的，这是导致地方政府债务无序扩张的核心原因之一。将地方政府面临的预算约束由软转硬，是根治地方政府债务乱象的必由之路。地方政府债务问题的制度根源在于央地财政关系以及更具有决定性作用的中央和地方权力划分，后者则受宪制安排约束。在联邦制国家中，地方政府具有相对独立性，自治水平较高，因此预算约束软化问题不严重；单一制国家在宪法层面对央地权力进行了明确划分，落实地方政府自治，地方政府作为独立存在的权力主体（楼继伟，2013），对自身的财政行为负首要

责任。财政是地方自治的基本内容，深化地方分权改革，推动中央与地方关系法治化、中央与地方事权划分的制度化（闫海和曾祥瑞，2011），使地方政府作为财政责任主体，从根本上缓解预算软约束，提高地方政府债务的可持续性。

二、完善地方政府债务管理的顶层设计

从长期角度看，地方政府债务问题需要通过宪制层面的相关改革予以解决；从中短期角度看，现有地方政府债务制度的顶层设计也存在较大改进空间，主要问题是治理的范围未能覆盖到全部地方政府举债行为。笔者建议，在中央层面进行地方公共部门债务制度的顶层设计，增加制度供给，扩大治理范围，重点是在地方国企分类改革基础上建立地方政府对辖区内国有企事业单位举债的纵向治理机制。法治化的债务管理体系，是债务可持续的制度保证，应进一步明确地方政府的地方公共部门债务治理主体责任，设定债务治理目标，加强债务治理绩效考核。对纳入预算管理的地方企事业单位，应视同政府组成部分，以行政方式进行债务治理；对于其他地方国企债务，地方政府应当承担双重治理责任，一是作为所有者，敦促企业提高经营业绩，降低债务风险；二是作为公共债务风险责任者，关注、预防、处理公共企业债务风险。

三、提高债务治理刚性

应强化地方政府预算约束，提高地方政府债务纵向治理刚性。地方政府债务可持续性是一国政府债务可持续性的重要组成部分，除具备政府债务可持续性一般性质外，还受到央地政治和财政体制安排的影响，包括纵向财政不平衡和转移支付，及衍生的隐性担保、预算软约束、公共池等。债务治理是财政治理、政治治理的一部分，即便在现有治理框

架下，有些根本性的问题仍受到制约，但这不代表债务治理没有加强的空间。中央治理的刚性取决于对风险的容忍度，当债务不可持续导致的财政风险大到难以忍受时，预算软约束问题就会缓解。本书认为，应坚决打破中央救助期望，对隐性债务存量化解不再开展债务置换。在彻底清理隐性债务，在给地方举债留够合理空间的前提下，制定长期性的举债规则和债务负担红线，在任何情况下，包括经济增速放缓等条件下也要坚决执行，维护中央不救助原则的可信度，方能真正遏制地方政府债务的无序扩张。加强地方政府债务的管理，提高地方举债的透明度，及时对新型举债形式予以规范，加强违规举债行为的责任追究。允许个别高债务负担地区债务违约甚至破产重组（刘琍琍，2011），运用财政重整等手段，以接管财政收支、强制处置资产、压缩财政支出等方式，树立违规举债处理的负面典型。

地方政府除了和中央政府间存在纵向财政关系外，还与立法机关有横向关系。预算审核批准和监督权一般赋予立法机关。如果立法机关在预算运行中权力较大，则横向约束对于地方政府债务可持续性有正面影响；反之则有负面影响。当前，地方人大在预算方面的权力和监督制衡力量较弱，对地方政府举债的监督力度不足，甚至个别地方人大还为政府举债出具了担保函，对于融资平台公司等地方国企，更没有监督其举债的能力。应加强人大、政协、审计和社会对地方政府债务的监督，发挥横向治理的作用。近几年，我国地方政府债券市场已经迅速成长为全球最大的市政债券市场之一，但由于债券市场的制度建设刚刚起步，市场力量对地方债的约束和监督作用还比较有限。例如，在中西部省份债务逾期率比较高的情况下，在债券评级方面，各地方政府债券评级鲜见差异，没有反映出地方政府在债务可持续性上的差距。在债券发行利率上，各省差距仍然很小，没有体现出相应的风险溢价，没有对地方政府形成应有的压力。应进一步完善地方政府债券市场，更好地发挥投资者的监督作用，对地方债发行形成更为严格的约束。

四、强化投资项目财政风险评价

科学、严格地开展地方政府投资建设项目立项审批，在政府投资项目论证阶段引入和强化财政风险评价，明确未来支出责任有多大、谁来承担。点菜的也必须考虑买单，杜绝随意点菜，避免用隐性债务进行买单。要以提高债务透明度和地方政府债务绩效评价为抓手，对地方政府债务绩效目标和预算执行进行双监控。推动政府债务绩效评价公开和结果应用，提高政府投资项目的科学性、有效性、规范性。基于财力的承担能力和防范风险的需要，地方政府的投资行为应进一步法治化、民主化，提高公共项目投资决策的科学性，投资项目不宜过于超前。如果举债建设的项目效益不佳，则债务可持续性将面临根本约束。健全公共项目投资决策机制，统筹考虑项目必要性和财力承担能力，稳妥地推进公共项目建设是改善地方债可持续性的重要抓手。

五、提高地方公共部门债务透明度

中国地方政府债务透明度低，预算覆盖面窄，大量预算外财政和举债行为，政府其实不（完全）掌握债务情况，隐性债务问题突出，财政法规不健全，债务管理松懈，中期财政规划等工具运用效果不理想。公开、透明是促进债务可持续的重要手段，隐藏、掩盖常常是债务危机爆发的诱因。地方公共部门债务管理的一个重要方面是加强对地方公共部门债务统计和公开工作，提高债务透明度。本着全面覆盖、不留死角的精神，将地方公共部门债务信息全面公开。债务公开应当涵盖所有主体和所有债务形式。在举债主体方面，重点应将地方国有企业、事业单位纳入。在债务形式方面，重点应将 PPP、政府购买服务、政府投资基金等纳入。

第五节　建立地方政府债务可持续性评价框架

一、债务可持续性评价框架构建的必要性

债务可持续性分析不同于债务风险评价，主要的特点是预测性和概率性。例如，欧盟委员会的债务可持续性监测体系（Debt Sustainability Monitor）每年都对成员国债务可持续性进行追踪评价，揭示存在的问题，是债务可持续性管理的主要工具。国际货币基金组织和世界银行的债务可持续性框架（Debt Sustainability Framework，DSF）是多边机构和其他债权人评估低收入国家债务可持续性风险的主要工具。债务可持续性评价秉持前瞻性视角，评价结果直观，有利于预测和揭示债务风险。

近年来，我国财政部门已经建立了地方政府债务进行风险评价与预警机制，但视角的前瞻性、预测性不足，缺乏债务可持续性管理机制。笔者建议，财政部门应构建一个对地方公共部门债务可持续性的评价框架，开发适用于中国地方公共部门债务的债务可持续性测度评价体系，连续对地方债务进行追踪、监测、预测，不间断地对债务可持续性进行定期评价和公开，识别主要风险，对风险事件提前预警。

二、债务可持续性评价框架的主要内容

我国财政部门应研究建立一个适用于中国地方政府债务的可持续性评价框架，运用预测性方法，连续对地方政府债务进行前瞻性分析。测度评价的对象为地方公共部门债务，包括隐性债务和或有债务。可以参考IMF低收入国家债务可持续分析框架（Low Income Countries Debt Sustainability Framework, LIC - DSF)、IMF 市场准入国家债务可持续性框架(Debt Sustainability Framework For Market Access Countries, MAC - DSF)、欧盟债务可持续性监测（Debt Sustainability Monitor）的有关做法，构建中国地方政府债务可持续性评价框架。利用中期财政规划建立债务(负债率、债务率、偿债率等）路径演化基线预测（Baseline Forecast），运用敏感性分析、压力测试等方法对债务可持续性进行定期评价。根据债务可持续性评价结果，识别和预警债务可持续性风险。强化债务可持续性评价的应用，例如可依据评价结果确定和调整地区债务举借限额，对评价结果中可持续性出现问题或即将出现问题的地区进行预警，采取限制发债、限制投资、财政重整等方式，做好对财政风险事件的预判和干预处置工作。

参考文献

［1］哈维·S. 罗森．公共财政（第三版）［M］．北京：中国人民大学出版社，1992.

［2］李萍，许宏才，李承．地方政府债务管理：国际比较与借鉴［M］．北京：中国财政经济出版社，2009.

［3］樊丽明，黄春蕾，李齐云．中国地方政府债务管理研究［M］．北京：经济科学出版社，2006.

［4］樊丽明，杨志勇．公共财政概论［M］．北京：高等教育出版社，2019.

［5］Brixi H P，马骏．财政风险管理：新理念与国际经验［M］．北京：中国财政经济出版社，2003.

［6］刘琍琍．地方政府债务融资及其风险管理：国际经验［M］．北京：经济科学出版社，2011.

［7］毛振华，闫衍．中国地方政府与融资平台债务分析报告［M］．北京：社会科学文献出版社，2018.

［8］刘立峰．国债政策的可持续性和财政风险研究［M］．北京：中国计划出版社，2002.

［9］郑春荣．中国地方政府债务的规范发展研究［M］．上海：上海人民出版社，2016.

［10］楼继伟．中国政府间财政关系再思考［M］．北京：中国财政经济出版社，2013.

[11] 楼继伟. 面向2035的财政改革与发展 [J]. 财政研究, 2021 (1): 3-9.

[12] 傅勇. 中国的金融分权与经济波动 [M]. 北京: 中国金融出版社, 2016.

[13] 傅勇, 李良松. 金融分权影响经济增长和通胀吗——对中国式分权的一个补充讨论 [J]. 财贸经济, 2017 (3): 5-20.

[14] 杨志勇. 地方政府债务风险研判与化解策略 [J]. 改革, 2017a, (12): 26-29.

[15] 杨志勇, 张斌. 中国政府资产负债表 [M]. 北京: 社会科学文献出版社, 2017b.

[16] 杨志勇. 探究中国特色政府资产负债表 加快建立现代财政制度 [N]. 经济参考报, 2018-1-3 (006).

[17] 陈志勇, 庄佳强. 地方政府性债务管理与风险防范研究 [M]. 北京: 经济科学出版社, 2017.

[18] 陈志勇, 陈思霞. 制度环境、地方政府投资冲动与财政预算软约束 [J]. 经济研究, 2014 (3): 76-87.

[19] 陈志勇, 程明梅, 市政债的运行机制与风险监管研究: 一个综述 [J]. 经济体制改革, 2014 (5): 124-128.

[20] 邓子基. 财政平衡观与积极财政政策的可持续性 [J]. 当代财经, 2001 (11): 22-25, 80.

[21] 贾康, 赵全厚. 国债适度规模与我国国债的现实规模 [J]. 经济研究, 2000 (10): 46-54.

[22] 贾康. 我国地方政府债务风险和对策 [J]. 经济决策参考, 2010 (14): 2-28.

[23] 郭琳, 樊丽明. 地方政府债务风险分析 [J]. 财政研究, 2001 (5): 64-68.

[24] 刘尚希. 财政风险——一个分析框架 [J]. 经济研究, 2003 (5): 23-31.

[25] 刘尚希，赵全厚. 政府债务、风险状况的初步分析 [J]. 管理世界，2002 (5)：22-32.

[26] 刘尚希，赵全厚，孟艳，封北麟，李成威，张立承."十二五"时期我国地方政府性债务压力测试研究 [J]. 经济研究参考，2012 (8)：3-58.

[27] 刘尚希. 以拆弹的精准和耐心化解地方隐性债务风险 [J]. 地方财政研究，2018 (8)：4-6.

[28] 邓力平. 可持续公共财政研究 [J]. 财政研究，2008 (7)：6-10.

[29] 张馨. 再论第三财政——"双元财政"视角的分析 [J]. 财政研究，2013 (7)：31-36.

[30] 余永定. 财政稳定问题研究的一个理论框架 [J]. 世界经济，2000 (6)：3-12.

[31] 胡娟，范晓婷，陈挺. 地方政府性债务可持续性测度及对策研究 ——基于中国审计公报数据 [J]. 中央财经大学学报，2016 (6)：9-20.

[32] 龚强，王俊，贾珅. 财政分权视角下的地方政府债务研究：一个综述 [J]. 经济研究，2011 (7)，144-156.

[33] 赵全厚. 地方政府隐性债务浅析 [J]. 财政科学，2018 (5)：44-54.

[34] 赵全厚，赵泽明. 我国地方政府隐性债务化解再认识与再探讨 [J]. 地方财政研究，2021 (3)：4-9.

[35] 马万里. 中国地方政府隐性债务扩张的行为逻辑 ——兼论政府举债行为的路径转换与对策建议 [J]. 财政研究，2019 (8)：61-71.

[36] 毛捷，刘潘，吕冰洋. 地方公共债务增长的制度基础——兼顾财政和金融的视角 [J]. 中国社会科学，2019 (9)：45-67，205.

[37] 毛捷，徐军伟. 中国地方政府债务问题研究的现实基础、制度变迁、统计方法与重要事实 [J]. 财政研究，2019a，(1)：3-23.

［38］毛捷，徐军伟．新时代地方财政治理：地方债实地调研和间接金融分权视角［J］．财经智库，2019b，（6）：80－103.

［39］曹婧，毛捷，薛熠．城投债为何持续增长——基于新口径的实证分析［J］．财贸经济，2019（5）：5－22.

［40］毛捷，韩瑞雪，徐军伟．财政压力与地方政府债务扩张——基于北京市全口径政府债务数据的准自然实验分析［J］．经济社会体制比较，2020（1）：22－33.

［41］张忆东，李彦霖．地方债务清查及“排雷”风险［R］．上海：兴业证券，2013.

［42］李一花，张芳洁，亓艳萍．地方债规模增长的一个解释框架［J］．当代经济科学，2017（3）：95－101.

［43］李一花，韩芳．地方政府间税收竞争、财政压力与非税收入研究［J］．公共财政研究，2018（4）：56－72.

［44］李一花，亓艳萍，祝婕．人大预算监督能改善地方政府债务支出效率吗？［J］．财政研究，2019（11）：37－50.

［45］李一花，张芳洁．机会成本视野的地方政府举债逻辑及其风险防控研究［J］．中央财经大学学报，2020（11）：3－12.

［46］李一花，乔栋．防范化解重大风险背景下地方政府隐性债务研究［J］．新疆社会科学，2019（6）：26－34，157.

［47］李一花，乔栋．金融分权、保增长压力与地方政府隐性债务［J］．现代财经（天津财经大学学报），2020，40（8）：59－72.

［48］李一花，李佳．生态补偿有助于脱贫攻坚吗？——基于重点生态功能区转移支付的准自然实验研究［J］．财贸研究，2021，32（5）：23－36.

［49］伏润民，王卫昆，缪小林．我国地方政府债务风险与可持续性规模探讨［J］．财贸经济，2008（10）：82－87.

［50］伏润民，缪小林，师玉朋．政府债务可持续性内涵与测度方法的文献综述［J］．经济学动态，2012（11）：86－93.

［51］缪小林，伏润民．我国地方政府债务可持续性测度研究——基于单一主体模型分析［J］．当代财经，2014（8）：30－40.

［52］缪小林，伏润民．权责分离、政绩利益环境与地方政府债务超常规增长［J］．财贸经济，2015（4）：17－31.

［53］缪小林．防范中国地方政府债务风险的制度思考——基于“权、责、利”关系的分析［J］．当代经济管理，2016，38（6）：80－86.

［54］缪小林，史倩茹．经济竞争下的地方财政风险：透过债务规模看财政效率［J］．财政研究，2016（10）：20－35，57.

［55］郭玉清．逾期债务、风险状况与中国财政安全：兼论中国财政风险预警与控制理论框架的构建［J］．经济研究，2011（8）：38－50.

［56］郭玉清，何杨，李龙．救助预期、公共池激励与地方政府举债融资的大国治理［J］．经济研究，2016（3），81－95.

［57］郭玉清．地方政府债务风险的量化预警评估方法及应用［J］．财经智库，2019（3）：47－65.

［58］周茂荣，骆传朋．我国财政可持续性的实证研究［J］．数量经济技术经济研究，2007（11）：47－55.

［59］王学凯．中国政府债务可持续性研究——基于E29的财政反应函数［J］．国际金融研究，2016（8）：38－47.

［60］洪源，李礼．我国地方政府债务可持续性的一个综合分析框架［J］．财经科学，2006（4）：96－103.

［61］洪源．地方政府融资平台债务的可持续规模动态测算——以中部地区J市为例［J］．中南财经政法大学学报，2012（6）：35－42，143.

［62］洪源，秦玉奇，王群群．地方政府债务规模绩效评估、影响机制及优化治理研究［J］．中国软科学，2015（11）：161－175.

［63］洪源，胡争荣．偿债能力与地方政府债务违约风险——基于KMV修正模型的实证研究［J］．财贸经济，2018，（5）：21－37.

［64］洪源，王群群，苏知立．地方政府债务风险非线性先导预警系统的构建与应用研究［J］．数量经济技术经济研究，2018a，（6）：95－113.

［65］洪源，张玉灶，王群群．财政压力、转移支付与地方政府债务风险——基于央地财政关系的视角［J］．2018b，(9)：173－184.

［66］洪源，孟然然，胡争荣．多维偿债能力框架下的地方政府隐性债务违约风险评估与化解［A］．21 世纪数量经济学（第 20 卷）［C］．中国数量经济学会、兰州大学，2019：43.

［67］贾康．我国地方政府债务风险和对策［J］．经济决策参考，2010（14）：2－28.

［68］邓晓兰，黄显林，张旭涛．公共债务可持续性研究理论与方法评述［J］．重庆大学学报（社会科学版），2014（2）：31－38.

［69］魏向杰．地方政府债务可持续性研究［J］．财经论丛，2014（10）：22－28.

［70］闫衍，王新策，袁海霞．中国地方政府债务风险指数研究［J］．财政科学，2018（9）：1－14.

［71］周雪光．基层政府间的“共谋现象”一个政府行为的制度逻辑［J］．社会学研究，2008（6）：1－21.

［72］周雪光．中国政府的治理模式：一个控制权理论［J］．社会学研究，2012（5）：69－93.

［73］张立承．地方政府隐性债务：学理分析与政策实践——“地方政府隐性债务”专题沙龙综述［J］．财政科学，2018（5）：13－17，27.

［74］黄少安，陈言，李睿．福利刚性、公共支出结构与福利陷阱［J］．中国社会科学，2018（1）：90－113.

［75］周小付．地方治理视角下的地方债风险分析［D］．财政部财政科学研究所，2014.

［76］中国财政科学研究院宏观经济研究中心课题组．财政风险指数框架研究［J］．财政科学，2016（4）：5－23.

［77］王亚芬．我国政府债务风险的前瞻性研究［J］．宏观经济研究，2013（12）：47－52.

［78］贾晓俊，顾莹博．我国各省份地方债风险及预警实证研究

[J]. 中央财经大学学报, 2017 (3): 16 – 24.

[79] 贾俊雪, 张超, 秦聪, 冯静. 纵向财政失衡、政治晋升与土地财政 [J]. 中国软科学, 2016 (9): 144 – 155.

[80] 贾俊雪. 多维晋升激励对地方政府举债行为的影响 [J]. 中国工业经济, 2017 (7): 5 – 23.

[81] 沈沛龙, 樊欢. 基于可流动性资产负债表的我国政府债务风险研究 [J]. 经济研究, 2012 (2): 93 – 105.

[82] 陈建奇. 庞氏骗局、动态效率与国债可持续性 [J]. 世界经济, 2006 (12): 63 – 73.

[83] 马拴友. 中国公共部门债务和赤字的可持续性分析兼评积极财政政策的不可持续性及其冲击 [J]. 经济研究, 2001 (8): 15 – 24.

[84] 郭庆旺, 吕冰洋, 何乘才. 我国的财政赤字 "过大" 吗? [J]. 财贸经济, 2003 (8): 37 – 41, 53, 97.

[85] 唐文进, 苏帆, 彭元文. 财政疲劳、储备渠道与中国政府债务上限的测算 [J]. 财经研究, 2014 (10): 18 – 31.

[86] 杜威, 姚健. 地方政府债务风险——基于可持续性研究 [J]. 东北财经大学学报, 2007 (5): 43 – 46.

[87] 杨萍. 国债使用方向与国债政策可持续性分析 [J]. 宏观经济研究, 2001 (11): 41 – 44.

[88] 国家发改委经济研究所课题组, 刘国艳, 王元, 王蕴, 刘雪燕, 许生. 积极财政政策转型与财政可持续性研究 [J]. 经济研究参考, 2012 (2): 3 – 33.

[89] 杜彤伟, 张屹山, 杨成荣. 财政纵向失衡、转移支付与地方财政可持续性 [J]. 财贸经济, 2019 (11): 5 – 19.

[90] 杜彤伟, 张屹山, 李天宇. 财政竞争、预算软约束与地方财政可持续性 [J]. 财经研究, 2020 (11): 93 – 107.

[91] 马海涛, 吕强. 我国地方政府债务风险问题研究 [J]. 财贸经济, 2004 (2): 12 – 17.

[92] 马海涛，任致伟．预算透明度、竞争冲动与异质地方政府性债务：来自审计结果的证据 [J]. 广东财经大学学报，2016 (6)：27 –36.

[93] 邹瑾，崔传涛，顾辛迪．救助预期与地方政府隐性债务风险——基于城投债利差的证据 [J]. 财经科学，2020 (9)：93 –107.

[94] 刁伟涛．财政新常态下地方政府债务流动性风险研究：存量债务置换之后 [J]. 经济管理，2015，37 (11)：11 –19.

[95] 刁伟涛，徐匡迪．我国地方政府存量债务化解与债务可持续性分析 [J]. 地方财政研究，2016 (3)：16 –20，32.

[96] 刁伟涛．国有资产与我国地方政府债务风险测度 ——基于未定权益分析方法 [J]. 财贸研究，2016a，(3)：99 –105.

[97] 刁伟涛．我国省级地方政府间举债竞争的空间关联性研究 [J]. 当代财经，2016b，(7)：36 –45.

[98] 刁伟涛．债务率、偿债压力与地方债务的经济增长效应 [J]. 数量经济技术经济研究，2017 (3)：59 –77.

[99] 刁伟涛，朱军．地方债务分类纳入预算管理下央地财政分权的指标构建与度量 ——兼对金融分权的辨析与度量 [J]. 公共财政研究，2019 (4)：33 –47.

[100] 刁伟涛，傅巾益，李慧杰．信用利差、违约概率与地级政府债务风险分类测度 [J]. 财贸经济，2019，40 (6)：5 –21.

[101] 温来成，李婷．我国地方政府隐性债务边界的厘清及治理问题研究 [J]. 中央财经大学学报，2019 (7)：18 –26.

[102] 马恩涛，于洪良．财政分权、地方债务控制与预算软约束 [J]. 管理评论，2014 (2)：24 –35.

[103] 马恩涛，吕函枰．基于 GM – BP 神经网络的地方政府债务风险预警系统研究 ——以 2015 年重庆市 38 区县样本数据为例 [J]. 山东财经大学学报，2017 (3)：96 –106.

[104] 郑华．预算软约束视角下地方政府过度负债偏好的制度成因分析 [J]. 财政研究，2011 (1)：48 –51.

［105］程宇丹，龚六堂．财政分权下的政府债务与经济增长［J］．世界经济，2015（11）：3－28.

［106］马蔡琛．基于政府预算视角的地方隐性债务管理［J］．财政科学，2018（5）：18－23.

［107］王永钦，陈映辉，杜巨澜．软预算约束与中国地方政府债务违约风险：来自金融市场的证据［J］．经济研究，2016（11）：96－106.

［108］张晓晶，刘学良，王佳．债务高企、风险集聚与体制变革——对发展型政府的反思与超越［J］．经济研究，2019（6）：4－21.

［109］张晓晶，刘磊．2020年杠杆率或将有限攀升——2019年度中国杠杆率报告［N］．经济参考报，2020－2－18（007）.

［110］睢党臣，李盼．我国地方政府债务问题研究——基于财政风险视角下的动态可持续性分析［J］．云南财经大学学报，2013（5）：17－25.

［111］田新民，杜永潇．国债可持续性指标度量、因素分解与预测研究［J］．经济学动态，2015（5）：70－77.

［112］王亚芬．我国政府债务风险的前瞻性研究［J］．宏观经济研究，2013（12）：47－52.

［113］王亚芬，梁云芳．我国财政风险预警系统的建立与应用研究［J］．财政研究，2004（11）：25－27.

［114］孙超．地方政府财政可持续吗？——基于财政收支VAR模型和Ponzi偿债策略的分析［J］．公共财政研究，2019（3）：41－57.

［115］张敏强，董亮，郭艳娇．地方政府公共债务可持续性评估视角选择［J］．地方财政研究，2019（6）：20－31.

［116］冯俏彬．中国财政可持续之道：基于政府收入体系视角的研究［J］．2019（3）：4－10，23.

［117］谢承宏．中国公共财政及债务的可持续性研究——基于跨期预算约束检验和DSGE模拟预测［J］．2018（2）：27－37，52.

［118］刘延斌．关于国债可持续性问题的研究［D］．财政部财政

科学研究所, 2011.

[119] 吴许璐. 我国债务可持续性的量化分析 [D]. 东北财经大学, 2012.

[120] 亓艳萍. 我国地方政府债务资金使用效率研究 [D]. 山东大学, 2019.

[121] 孙玉栋. 我国国债适度规模的实证分析 [J]. 经济理论与经济管理, 2013 (10): 50-60.

[122] 张虎, 赵慧芳. 中国财政收支长期均衡关系变化的实证分析 [J]. 中南财经政法大学学报, 2004 (6): 67-73.

[123] 姜超, 朱征星, 杜佳. 地方政府隐性债务规模有多大? [R]. 上海: 海通证券, 2018.

[124] 时红秀. 地方政府债务出路问题再讨论 [J]. 银行家, 2010 (3): 10-15.

[125] 杨十二, 李尚蒲. 地方政府债务的决定: 一个制度解释框架 [J]. 经济体制改革, 2013 (2): 15-19.

[126] IMF. 2019 年第四条磋商—新闻发布稿 [R]. 华盛顿特区: 国际货币基金组织国别报告, 第 19/266 号, 2019.

[127] 李丹, 庞晓波, 方红生. 财政空间与中国政府债务可持续性 [J]. 金融研究, 2017 (10): 1-17.

[128] 李丹, 方红生. 中国居民储蓄、财政空间与政府债务可持续性 [J]. 世界经济, 2021, 44 (6): 27-49.

[129] 李扬. 国债规模: 在财政与金融之间寻求平衡 [J]. 财贸经济, 2003 (1): 51-57, 96.

[130] 李扬, 张晓晶, 常欣, 汤铎铎, 李成. 中国主权资产负债表及其风险评估 (下) [J]. 经济研究, 2012 (7): 4-21.

[131] 刘俊生, 赵倩. 地方政府债务风险评估及可持续性研究 ——基于 KMV 模型对苏浙两省的分析 [J]. 北方金融, 2020 (10): 38-42.

[132] 张金清, 聂雨晴. 中国地方政府债务违约风险评估 ——基

于债务可持续性分析框架［J］. 南方经济，2011（11）：13－27.

［133］占霞，汤钟尧．我国地方政府债务的可持续风险分析及评估［J］. 上海金融，2018（8）：81－91.

［134］王晓霞．财政可持续性研究述评［J］. 中央财经大学学报，2007（11）：23－27.

［135］陈宝东，邓晓兰．财政分权、金融分权与地方政府债务增长［J］. 财政研究，2017（5）：38－53.

［136］陈宝东，邓晓兰．中国地方债务扩张对地方财政可持续性的影响分析［J］. 经济学家，2018（10）：47－55.

［137］傅晓霞，吴利学．技术效率、资本深化与地区差异——基于随机前沿模型的中国地区收敛分析［J］. 经济研究，2006（10）：52－61.

［138］类承曜．我国地方政府债务增长的原因：制度性解释框架［J］. 经济研究参考，2011（38）：23－32.

［139］吕健．地方债务对经济增长的影响分析——基于流动性的视角［J］. 中国工业经济，2015（11）：16－31.

［140］罗长林，邹恒甫．预算软约束问题再讨论［J］. 经济学动态，2014（5）：115－124.

［141］匡小平．论地方财政可持续性的分析方法［J］. 财政理论与实践，2004（11）：77－80.

［142］余靖雯，陈晓光，龚六堂．财政压力如何影响了县级政府公共服务供给？［J］. 金融研究，2018（1）：18－35.

［143］王燕武，卢盛荣，李文溥．地方政府债务置换及规模控制的宏观经济效应——基于 CQMM 的模拟分析［J］. 数量经济研究，2014（2）：1－11.

［144］武彦民，竹志奇．地方政府债务置换的宏观效应分析［J］. 财贸经济，2017（3）：21－37.

［145］梁琪，郝毅．地方政府债务置换与宏观经济风险缓释研究

[J]. 经济研究, 2019 (4): 18 - 32.

[146] 李建强, 朱军, 张淑翠. 政府债务何去何从: 中国财政整顿的逻辑与出路 [J]. 管理世界, 2020 (7): 41 - 54.

[147] 白景明. 存量债务置换的宏观效应 [J]. 中国金融, 2015 (12): 46 - 47.

[148] 刘家凯. 地方政府债务置换问题研究 [J]. 财政监督, 2015 (22): 63 - 66.

[149] 崔兵, 邱少春. 地方政府债务置换: 模式选择与制度绩效 [J]. 理论月刊, 2016 (7): 130 - 133.

[150] 钟宁桦, 陈姗姗, 马惠娴, 王姝晶. 地方融资平台债务风险的演化 ——基于对隐性担保预期的测度 [J]. 中国工业经济, 2021 (4): 5 - 23.

[151] 向辉, 俞乔. 债务限额、土地财政与地方政府隐性债务 [J]. 财政研究, 2020 (3): 55 - 70.

[152] 刘瑞明, 赵仁杰. 国家高新区推动了地区经济发展吗? ——基于双重差分方法的验证 [J]. 管理世界, 2015 (8): 30 - 38.

[153] 王涛, 竹志奇, 徐小天. 债务置换背景下地方政府债务信用风险研究 [J]. 上海经济研究, 2017 (4): 58 - 66.

[154] 王涛, 高珂, 李丽珍. 基于财政可持续性视角的地方政府隐性债务治理研究 [J]. 当代经济管理, 2019, 41 (12): 63 - 75.

[155] 朱丹, 吉富星. 地方政府隐性债务风险评估及应对 [J]. 地方财政研究, 2021 (3): 17 - 23.

[156] 封北麟. 地方政府隐性债务问题分析及对策研究 [J]. 财政科学, 2018 (5): 55 - 62.

[157] 刘昆. 加力提效实施积极的财政政策 [J]. 中国财政, 2019 (10): 4 - 7.

[158] 全国人大常委会预算工作委员会调研组. 关于规范地方政府债务管理工作情况的调研报告 [J]. 中国人大, 2016 (5): 19 - 23.

[159] 陈斌开，林毅夫. 金融抑制、产业结构与收入分配 [J]. 世界经济，2012 (1)：3-23.

[160] 陈斌开，黄少安，欧阳涤非. 房地产价格上涨能推动经济增长吗 [J]. 经济学（季刊），2018，17 (3)：1079-1102.

[161] 马勇，田拓. 如何有效削减政府债务：保增长、调结构与稳金融 [J]. 经济理论与经济管理，2016 (11)：5-15.

[162] 刘方. 财政反应系数、税率调整与中国政府可持续债务 [J]. 宏观经济研究，2020 (6)：14-25.

[163] 李婧，伊楠. 美国公共债务可持续性的实证研究 [J]. 华东师范大学学报，2014 (3)：98-106.

[164] 何德旭，王学凯. 地方政府债务违约风险降低了吗？——基于31个省区市的研究 [J]. 财政研究，2020 (2)：9-26.

[165] 何德旭，苗文龙. 财政分权是否影响金融分权——基于省级分权数据空间效应的比较分析 [J]. 经济研究，2016 (2)：42-55.

[166] 傅勇. 财政金融关联与地方债务缩胀——基于金融调控的视角 [J]. 金融评论，2012 (4)：18-29.

[167] 马文涛，马草原. 政府担保的介入、稳增长的约束与地方政府债务的膨胀陷阱 [J]. 经济研究，2018 (5)：72-87.

[168] 任泽平，罗志恒，孙婉莹. 中国财政报告2019：政府债务风险与化解 [R]. 北京：恒大研究院，2020.

[169] 李平，娄峰，王宏伟. 2016—2035年中国经济总量及其结构分析预测 [J]. 中国工程科学，2017，19 (1)：13-20.

[170] "中国季度宏观经济模型（CQMM）"课题组. 2021—2022年中国宏观经济预测与分析 [J]. 厦门大学学报（哲学社会科学版），2021 (3)：68-78.

[171] 中国社会科学院宏观经济研究中心课题组，李雪松，陆旸，汪红驹，冯明，娄峰，张彬斌，李双双. 未来15年中国经济增长潜力与"十四五"时期经济社会发展主要目标及指标研究 [J]. 中国工业经济，

2020 (4): 5 – 22.

[172] 马骁, 唐清利. 遵从·背离·弥合: 我国中央与地方财政关系的重构 [M]. 北京: 法律出版社, 2014.

[173] 潘琰, 吴修瑶. 地方政府可流动性资产对其偿债能力影响的实证研究——来自城投债的实证检验 [J]. 当代财经, 2017 (7): 124 – 133.

[174] 徐占东, 王雪标. 中国省级政府债务风险测度与分析 [J]. 数量经济技术经济研究, 2014, 31 (12): 38 – 54.

[175] 徐占东, 王雪标. Ponzi 偿债策略、土地财政与省级政府债务可持续性 [J]. 经济科学, 2016 (1): 17 – 28.

[176] 姚东旻, 王东平, 陈珏宇. 中国财政可持续性研究——基于财政缺口的视角 [J]. 中央财经大学学报, 2013 (5): 6 – 13.

[177] 袁佩佳. 资产负债管理框架下的地方财政可持续性分析 [J]. 地方财政研究, 2006 (3): 26 – 30.

[178] 朱军, 聂群. 跨期预算约束条件下中国财政可持续性研究 [J]. 中南财经政法大学学报, 2014 (5): 51 – 58, 159.

[179] 朱军, 寇方超, 宋成校. 中国城市财政压力的实证评估与空间分布特征 [J]. 财贸经济, 2019, 40 (12): 20 – 34.

[180] 沈雨婷, 金洪飞. 中国地方政府债务风险预警体系研究——基于层次分析法与熵值法分析 [J]. 当代财经, 2019 (6): 34 – 46.

[181] 范子英. 土地财政的根源: 财政压力还是投资冲动 [J]. 中国工业经济, 2015 (6): 18 – 31.

[182] 谢贞发, 严 瑾, 李 培. 中国式"压力型"财政激励的财源增长效应 [J]. 管理世界, 2017 (12): 46 – 60.

[183] 罗必良. 分税制、财政压力与政府"土地财政"偏好 [J]. 学术研究, 2010 (10): 27 – 35.

[184] 陈晓光. 财政压力、税收征管与地区不平等 [J]. 中国社会科学, 2016 (4): 53 – 70, 206.

[185] 曹春方, 马连福, 沈小. 财政压力、晋升压力、官员任期与地方国企过度投资 [J]. 经济学 (季刊), 2014, 13 (4): 1415 - 1436.

[186] 卢洪友, 王蓉, 余锦亮. "营改增" 改革、地方政府行为与区域环境质量 ——基于财政压力的视角 [J]. 财经问题研究, 2019 (11): 74 - 81.

[187] 徐超, 庞雨蒙, 刘迪. 地方财政压力与政府支出效率 ——基于所得税分享改革的准自然实验分析 [J]. 经济研究, 2020, 55 (6): 138 - 154.

[188] 常晨, 陆铭. 新城之殇 ——密度、距离与债务 [J]. 经济学 (季刊), 2017, 16 (4): 1622 - 1642.

[189] 何炜, 雷根强. 财政压力、税收转移与增值税分成机制探索 [J]. 财贸经济, 2018, 39 (8): 5 - 20.

[190] 钱雪松, 唐英伦, 方胜. 担保物权制度改革降低了企业债务融资成本吗? ——来自中国《物权法》自然实验的经验证据 [J]. 金融研究, 2019 (7): 115 - 134.

[191] 陈思霞, 许文立, 张领祎. 财政压力与地方经济增长 ——来自中国所得税分享改革的政策实验 [J]. 财贸经济, 2017, 38 (4): 37 - 53.

[192] 庞保庆, 陈硕. 央地财政格局下的地方政府债务成因、规模及风险 [J]. 经济社会体制比较, 2015 (9): 45 - 57.

[193] 何代欣. "十四五" 时期中国财政空间研究 ——基础条件、国际比较与维持策略 [J]. 经济学家, 2021 (8): 61 - 70.

[194] 杨云, 林双林. 我国地方政府财政空间的测度及预测 [J]. 改革, 2019 (8): 83 - 96.

[195] 贾彦东, 刘斌. 我国财政极限的测算及影响因素分析 ——利用含体制转换的 DSGE 模型对全国及主要省份的研究金融研究 [J]. 金融研究, 2015 (3): 97 - 115.

[196] 刘自敏, 张昕竹, 杨丹. 我国省级政府卫生投入效率的时空演变——基于面板三阶段 DEA 模型的分析 [J]. 中央财经大学学报,

2014（6）：97－104.

［197］陈诗一，张军．中国地方政府财政支出效率研究：1978—2005［J］．中国社会科学，2008（4）：65－78，206.

［198］李一花，乔栋．债务置换改善了地方政府债务可持续性吗［J］．财经理论与实践，2024，45（1）：48－57.

［199］郭月梅，胡智煜．中国地方政府性债务支出效率评估［J］．经济管理，2016，38（1）：10－19.

［200］闫海，曾祥瑞．宪政、地方自治与地方财政法制——日本法的经验与借鉴［J］．行政法学研究，2011（1）：123－129.

［201］楼继伟．40 年重大财税改革的回顾［J］．财政研究，2019（2）：3－29.

［202］廖茂林，许召元，胡翠，喻崇武．基础设施投资是否还能促进经济增长？——基于 1994—2016 年省际面板数据的实证检验［J］．管理世界，2018（5）：63－73.

［203］余明桂，王空．地方政府债务融资、挤出效应与企业劳动雇佣［J］．经济研究，2022，57（2）：58－72.

［204］熊虎，沈坤荣．地方政府债务对创新的挤出效应研究［J］．经济科学，2019（4）：5－17.

［205］奥塔维亚诺·卡努托，刘琍琍．地方政府债务应急处置的国际比较——世界银行专家谈地方政府债务［M］．北京：中国财政经济出版社，2015.

［206］徐成龙．环境规制下产业结构调整及其生态效应研究——以山东省为例［M］．北京：经济科学出版社，2021.

［207］聂卓，刘松瑞，玄威．从“主动负债”到“被动负债”：中央监管转变下的隐形债务扩张变化［J］．经济学（季刊），2023，23（6）：2136－2155.

［208］李一花，李林巍，王一迪．地方债务置换与融资平台债务扩张［J］，财贸经济，2024，45（7）：40－56.

[209] Paret A. Debt sustainability in emerging market countries: some policy guidelines from a fan - chart approach [J]. Economic Modeling, 2017, 63: 26 - 45.

[210] Keynes J. A tract on monetary reform [C]. The collected writings of John May nard Keynes, Vol. IV, London and Cambridge: Macmillan and Cambridge University Press, 1971.

[211] Liu L, Waibel M. Managing subnational credit and default risks [R]. Washington, DC: The World Bank Policy Research Working Paper, 5362, 2010.

[212] Liu L, Webb S B. Laws for fiscal responsibility for subnational discipline: international experience [R]. Washington, DC: Policy Research Working Paper Series, 5587, The World Bank, 2011.

[213] Liu L, Webb S B. Laws for fiscal responsibility for subnational discipline: international experience [J]. Applied Economics and Finance, 2016, 3 (1): 118 - 137.

[214] Liu L, Pradelli J. Financing infrastructure and monitoring fiscal risks at the subnational level [R]. Washington, DC: The World Bank Policy Research Working Paper, 6069, 2012.

[215] Bohn H. The behavior of US public debt and deficits [J]. The Quarterly Journal of Economics, 1998, 113 (3): 949 - 963.

[216] Bohn H. The sustainability of fiscal policy in the United States [R]. Munich: CESIFO Working Paper, No. 1446, 2005.

[217] Bohn H. Are stationary and cointegration restrictions really necessary for the intertemporal budget constraint? [J]. Journal of Monetary Economics, 2007, 54 (7): 1837 - 1847.

[218] Celasun O, Debrun X, Ostry J D. Primary surplus behavior and risks to fiscal sustainability in emerging market countries: a "fan - chart" approach [R]. Washington, DC: IMF Working Paper, WP/06/67, 2006.

[219] D'erasmo P, Mendoza E G, Zhang J. What is a sustainable public debt? [R]. Cambridge: NBER Working Paper, No. 21574, 2015.

[220] Wyplosz C. Debt sustainability assessment: mission impossible [J]. Review of Economics and Institutions, 2011, 2 (3): 2 -37.

[221] Polackova H. Contingent government liabilities: a hidden risk for fiscal stability [R]. Washington, DC: IMF Policy Research Working Paper, No. 1989, 1998.

[222] Brixi H P, Schick A. Government at risk contingent liabilities and fiscal risks [M]. Washington, DC & New York, NY: The World Bank and Oxford University Press, 2002.

[223] Ianchovichina E, Liu L, Nagarajan M. Subnational fiscal sustainability analysis: what can we learn from Tamil Nadu? [R]. Washington, DC: World Bank Policy Research Working Paper, WPS3947, 2006.

[224] Ianchovichina E, Liu L, Nagarajan M. Subnational fiscal sustainability analysis: what can we learn from Tamil Nadu? [J]. Economic and Political Weekly, 2007, 42 (52): 111 -119.

[225] Ianchovichina E, Liu L. Subnational fiscal sustainability analysis [R]. Washington, DC: World Bank PREM Note, No. 117, 2008.

[226] Ostry J D, Ghosh A R, Kim J I, Qureshi M S. Fiscal space [R]. Washington, DC: IMF Staff position note, SPN/10/11, 2010.

[227] Ghosh A R, Kim J I, Mendoza E G, Ostry J D, Qureshi M S. Fiscal fatigue fiscal space and debt sustainability in advanced economies [J]. The Economic Journal, 2013a, 123 (566): F4 - F30.

[228] Ghosh A R, Ostry J D, Qureshi M S. Fiscal space and sovereign risk pricing in a currency union [J]. Journal of International Money and Finance, 2013b, 34 (4): 131 -163.

[229] Aldama P, Creel J. Why fiscal regimes matter for fiscal sustainability analysis and application to France [R]. Paris: OFCE Working Paper,

No. 23, 2016.

[230] Barnhill T M, Koptis G. Assessing fiscal sustainability under uncertainty [R]. Washington, DC: IMF Working Paper, 03/79, 2003.

[231] Barro R J. On the determination of the public debt [J]. Journal of Political Economy, 1979, 87: 940 – 971.

[232] Barro R J. Inflation and economic growth [R]. NBER Working Paper, No. w5326, 1995.

[233] Blanchard O. Suggestions for a new set of fiscal indicators [R]. Paris: OECD Economics Department Working Papers, No. 79, 1990.

[234] Hoshi T, Ito T. Defying gravity: can Japanese sovereign debt continue to increase without a crisis [J]. Economic Policy, 2014, 29 (77): 5 – 14.

[235] Doi T, Hoshi T, Okimoto T. Japanese government debt and sustainability of fiscal policy [J]. Journal of the Japanese and International Economies, 2011, 25: 414 – 433.

[236] Mendoza E G, Ostry J D. International evidence on fiscal solvency: is fiscal policy "responsible"? [R]. Cambridge: NBER Working Paper, No. 12947, 2007.

[237] Mendoza E G, Oviedo P M. Public debt, fiscal solvency, and macroeconomic uncertainty in Latin America: the cases of Brazil, Colombia, Costa Rica, and Mexico [R]. Ames: Department of Economics Iowa State University Staff General Research Papers, Archive 12700, 2006.

[238] International Monetary Fund. Assessing sustainability [R]. Washington, DC: IMF Working Paper, 2002.

[239] International Monetary Fund. Sustainability assessments—review of application and methodological refinements [R]. Washington, DC: IMF Working Paper, 2003.

[240] International Monetary Fund. Staff guidance note for public debt

sustainability analysis in market – access countries [R]. Washington, DC: IMF Working Paper, 2013a.

[241] International Monetary Fund. Public sector debt statistics: guide for compilers and users [M]. Washington, DC: IMF Working Paper, 2013b.

[242] International Monetary Fund, Government finance statistics manual 2014 [M]. Washington, DC: IMF Working Paper, 2014.

[243] International Monetary Fund. Review of the debt sustainability framework for low income countries: proposed reforms [R]. Washington, DC: IMF Working Paper, 2017.

[244] International Monetary Fund. Assessing fiscal space: an initial consistent set of considerations [R]. Washington, DC: IMF Staff Paper, 2016.

[245] International Monetary Fund. Guidance note on the Bank – Fund debt sustainability framework for low income countries [R]. Washington, DC: IMF Working Paper, 2018a.

[246] International Monetary Fund. Assessing fiscal space: an update and stocktaking [R]. Washington, DC: IMF Working Paper, 2018b.

[247] European Commission. Debt sustainability monitor 2016 [R]. Brussels: Institutional Paper, 047, 2017.

[248] European Commission. Debt sustainability monitor 2017 [R]. Brussels: Institutional Paper, 071, 2018.

[249] European Commission. Fiscal sustainability report 2018 [R]. Brussels: Institutional Paper, 094, 2019.

[250] European Commission. Debt sustainability monitor 2019 [R]. Brussels: Institutional Paper, 120, 2020.

[251] Abrigo M R, Love I. Estimation of panel vector autoregression in Stata [J]. The Stata Journal, 2016, 16 (3): 778 - 804.

[252] Melou M K, Sumlinski M, Geiregat C. An application of the fan –

chart approach to debt sustainability in post – hipc low – income countries [R]. Washington, DC: IMF Working Paper, WP/14/102, 2014.

[253] Hevia C. Using pooled information and bootstrap methods to assess debt sustainability in low income countries [R]. Washington, DC: The World Bank Policy Research Working Paper, 5978, 2012.

[254] Berti K. Stochastic public debt projections using the historical variance – covariance matrix approach for EU countries [R]. Brussels: European Commission Economic Papers, 480, 2013.

[255] Garcia M, Rigobon R. A risk management approach to emerging markets' sovereign debt sustainability with an application to Brazilian data [R]. Cambridge: NBER Working Paper, 2004.

[256] Medeiros J. Stochastic debt simulation using VAR models and a panel fiscal reaction function: results for a selected number of countries [R]. Brussels: European Commission Economic Papers, 459, 2012.

[257] Blanchard O, Das M. A new index of external debt sustainability [R]. Washington, DC: PIIE Working Paper, 13 – 17, 2017.

[258] Buffie E, Berg A, Pattillo C, Portillo R, Zanna L. Public investment, growth and debt sustainability: putting together the pieces [R]. Washington, DC: IMF Working Paper, WP/12/144, 2012.

[259] Reinhart C M, Rogoff K S, Savastano M A. Debt intolerance [J]. Brookings Papers on Economic Activity, 2003, 1: 1 – 74.

[260] Reinhart C M, Rogoff K S. Growth in a time of debt [J]. American Economic Review, 2010, 100 (2): 573 – 578.

[261] Buiter W H, Persson T, Minford P. Guide to public sector debts and deficits [J]. Economic Policy, 1985, 1 (1): 13 – 79.

[262] Buiter W H. The fiscal theory of the price level: a critique [J]. The Economic Journal, 2002, 112 (481): 459 – 480.

[263] Buiter W H. The fallacy of the fiscal theory of the price level

[R]. CDEP – CGEG Working Paper, No. 37, 2017.

[264] Sims C A. A Simple model for study of the determination of the price level and the interaction of monetary and fiscal policy [J]. Economic Theory, 1994, 4 (3): 381 –99.

[265] Woodford M. Monetary policy and price level determinacy in a cash – in – advance economy [J]. Economic Theory, 1994, 4 (3): 345 –380.

[266] Cochrane J H. Long term debt and optimal policy in the fiscal theory of the price level [J]. Econometrica, 2001, 69: 69 – 116.

[267] Cochrane J H. Understanding policy in the Great Recession: some unpleasant fiscal arithmetic [R] NBER Working Paper, No. 16087.

[268] Hamilton J D, Flavin M A. On the limitations of government borrowing: a framework for empirical testing [R]. Cambridge: NBER Working Paper, No. 1632, 1985.

[269] Ahmed S, Rogers J H. Government budget deficits and trade deficits: are present value constraints satisfied in long – term data? [J]. Journal of Monetary Economics, 1995, 36 (2): 351 –374.

[270] Trehan B, Walsh C E. Common trends, the government's budget constraint, and revenue smoothing [J]. Journal of Economic Dynamics and Control, 1988, 12 (2 –3): 425 –444.

[271] Afonso A. Fiscal sustainability: the unpleasant European case [J]. FinanzArchiv: Public Finance Analysis, 2005, 61 (1): 19 –44.

[272] Xu J, Zhang X. China's sovereign debt: a balance – sheet perspective [J]. China Economic Review, 2014, 31: 55 – 73.

[273] Mahdavi S, Westerlund J. Fiscal stringency and fiscal sustainability: panel evidence from the American state and local governments [J]. Journal of Policy Modeling, 2011, 33 (6): 953 –969.

[274] Zhao B, Coyne D. Walking a tightrope: are U. S. state and local governments on a fiscally sustainable path? [R]. Boston: Federal Reserve

Bank of Boston Working Paper, No. 13 - 18, 2013.

[275] Mauro P, Romeu R, Binder A J, Zaman A. A modern history of fiscal prudence and profligacy [J]. Journal of Monetary Economics, 2015, 76 (C): 55 - 70.

[276] Qian Y, Roland G. The soft budget constraint in China [J]. Japan and the World Economy, 1996, 8 (2): 207 - 223.

[277] Qian Y, Roland G. Federalism and the soft budget constraint [J]. American Economic Review, 1998, 88 (5): 1143 - 1162.

[278] Debrun X, Ostry J D, Willems T, Wyplosz C. public debt sustainability [R]. London: CEPR Discussion Paper, No. 14010, 2019.

[279] Chalk N A. The sustainability of bond - financed deficits: an overlapping generations approach [J]. Journal of Monetary Economics, 2000, 45 (2): 293 - 328.

[280] Akai N, Sato M. Soft budgets and local borrowing regulation in a dynamic decentralized leadership model with saving and free mobility [R]. Tokyo: IEB Working Papers, 2009.

[281] Broda C, Weinstein B. Happy news from the dismal science: reassessing the Japanese fiscal policy and sustainability [R]. Cambridge: NBER Working Paper, No. 10988, 2004.

[282] Persson T, Tabellini G. Federal fiscal constitutions: risk sharing and moral hazard [J]. Econometrica, 1996, 64 (3): 623 - 646.

[283] Beck T, Levine R. Legal institutions and financial development [R]. Cambridge: NBER Working Paper, No. 10417, 2004.

[284] Andrews D, Lu B. Consistent model and moment selection procedures for GMM estimation with application to dynamic panel data models [J]. Journal of Econometrics, 2001, 101 (1): 123 - 164.

[285] Painchaudl F, Stučka T. Stress testing in the debt sustainability framework for low - income countries [R]. Washington, DC: World Bank

Working Paper, 2011.

[286] Yanagita T, Hutahaean P. Maintenance of the fiscal sustainability (Chapter 4) [R] //Handbook of Fiscal Analysis. Agency of Fiscal Analysis, Ministry of Finance, the Republic of Indonesia. 2002.

[287] Chen S. The effect of a fiscal squeeze on tax enforcement: evidence from a natural experiment in China [J]. Journal of Public Economics, 2017, 147 (C): 62 –76.

[288] Heller P S. Understanding fiscal space [R]. Washington, DC: IMF Policy Discussion Paper, PDP/05/4, 2005.

[289] Heller P S, Katz M, Debrun X, Thomas T, Koranchelian T, Adenauer I. Making fiscal space happen: managing fiscal policy in a world of scaled – up aid [R]. Washington, DC: IMF Working Paper, WP/06/270, 2006.

[290] Aizenmana J, Jinjarak Y, Nguyen H T K, Park D. Fiscal space and government – spending and tax – rate cyclicality patterns: a cross – country comparison, 1960—2016 [J]. Journal of Macroeconomics, 2019, 60: 229 –252.

[291] Adedeji O, Ahokpossi C, Battiati C, Farid M. A probabilistic approach to fiscal space and prudent debt level: application to low – income developing countries [R]. Washington, DC: IMF Working Paper, WP/16/163.

[292] Fried H O, Schmidt S S, Yaisawarng S. Incorporating the operating environment into a nonparametric measure of technical efficiency [J]. Journal of Productivity Analysis, 1999, 12 (3): 249 –267.

[293] Fried H O, Lovell C, Schmidt S S, Yaisawarng S. Accounting for environmental effects and statistical noise in data envelopment analysis [J]. Journal of Productivity Analysis, 2002, 17 (1): 157 –174.

[294] Diamond P. National debt in a Neoclassical growth model [J].

American Economic Review, 1965, 55 (5): 1126 - 1150.

[295] English W B. Understanding the costs of sovereign default: American state debts in the 1840's [J]. American Economic Review, 1996, 86 (1): 259 - 275.

[296] Wallis J J. Constitutions, Corporations, and Corruption: American States and Constitutional Changes, 1842—1852 [R]. NBER Working Paper 10451, 2004.

[297] Wallis J J, Sylla R, Grinath A [R]. Sovereign default and repudiation: the emerging - market debt crisis in the United States, 1839 - 1843. NBER Working Paper 10753, 2004.

[298] Canuto O, Liu L. Until debt do us part: subnational debt, insolvency, and markets [M]. Washington DC: The World Bank, 2013.

[299] Checherita - Westphal C, Rother P. The impact of high government debt on economic growth and its channels: An empirical investigation for the Euro area [J]. European Economic Review, 2012, 56 (7): 1392 - 1405.